Pourquoi personne ne m'a aidée?

Jackie Holmes
avec Toni Maguire

Pourquoi personne ne m'a aidée?

Traduit de l'anglais par Ariane Maksioutine

ÉDITIONS FRANCE LOISIRS

Publié en Grande-Bretagne sous le titre *Can't Anyone Help Me?*
par Penguin Books

Édition du Club France Loisirs,
avec l'autorisation de City Éditions

Éditions France Loisirs,
123, boulevard de Grenelle, Paris
www.franceloisirs.com

ISBN : 978-2-298-06023-2

Lorsque j'ai écrit ma propre histoire, Ne le dis pas à maman, *je ne pensais pas qu'il en existait de pire. Malheureusement, j'avais tort. Depuis la sortie de ce témoignage, j'ai reçu de nombreux courriers et e-mails me parlant d'enfances douloureuses et abîmées. J'en ai adapté trois en livres.*

Mais rien ne m'avait préparée à l'histoire de Jackie. Son e-mail me rapportant les faits à l'état brut de son passé m'a plus que touchée. Il m'a horrifiée, bouleversée. À vrai dire, aucun mot ne peut réellement décrire ce que j'ai ressenti.

Suivirent des coups de téléphone et plusieurs e-mails avec les éditions Penguin qui, quelques mois après le message de Jackie, acceptèrent de publier son histoire. Je pris un train pour le nord de l'Angleterre afin de la rencontrer.

C'est une petite femme charmante aux grands yeux bleus et au large sourire qui m'accueillit à la gare. J'avais envie de la serrer dans mes bras. J'étais stupéfaite par ce sourire chaleureux et engageant qu'elle était encore capable d'offrir après ce qu'elle avait vécu.

Ce soir-là, armée d'un cahier et d'un stylo, je l'écoutai combler les blancs de son e-mail.

Ce n'est pas Jackie mais moi qui eus besoin de faire des pauses durant cette révélation.

Nous avons passé deux jours ensemble. J'avais rempli deux cahiers, mon bras était tout engourdi, et je me sentais à la fois épuisée et soulagée : épuisée d'avoir entendu des atrocités que je n'aurais pu imaginer, et soulagée que Jackie ait réussi à surmonter le traumatisme d'une enfance aussi terrible. Par-dessus tout, j'admirais la force qu'elle avait puisée pour y arriver.

J'estime que de telles histoires se doivent d'être racontées afin que les personnes maltraitées comprennent qu'elles ne sont pas seules. Tant que les enfants n'oseront pas parler et seront prisonniers de la honte des actes qu'ils subissent, leur maltraitance sera toujours présente dans notre société.

Alors, merci, Jackie, d'avoir été assez courageuse pour me raconter ton histoire. Tu es une femme exceptionnelle, et j'espère y avoir fait honneur.

Toni Maguire

1

Une image me hante depuis trente ans. Elle me vient quand je suis assoupie et que je ne contrôle plus le flux de mes pensées. Mais elle surgit aussi lorsque je mange, regarde la télévision ou glisse dans ce que j'espère être un sommeil sans rêves.

C'est celle d'une pièce dans laquelle une enfant nue se tient debout. Cette petite fille est immobile, silencieuse, pétrifiée. Je sais qu'elle s'efforce de penser à quelque chose, n'importe quoi, qui l'emmènerait loin de cet endroit sinistre dont elle ne peut s'enfuir.

Dehors, le soleil brille, sa chaleur rayonne dans les murs de brique de la pièce, mais elle tremble.

Elle enveloppe son petit corps de ses bras et hausse ses épaules anguleuses jusqu'à ce qu'elles touchent presque ses oreilles. Elle attend ; elle sait ce qui va se passer. Pendant un temps, elle n'entend plus que les battements de son cœur. Soudain, le silence est brisé par ce bruit qu'elle a appris à détester.

Clic clic. Une lumière vive éclaire la pièce et révèle ses murs nus et ses affreuses chaises métalliques.

La petite fille ferme fort les paupières pour ne pas être éblouie.

— Ouvre les yeux, Jackie. Ouvre-les grands pour tonton, dit la voix qu'elle reconnaît.

Consciente de ce qu'elle s'apprête à voir, l'enfant obéit à contrecœur et se retrouve face à l'objectif froid et vide de l'appareil photo.

Durant cette période de plusieurs années que j'ai nommée « quand ce qui est arrivé est arrivé », cette petite fille m'appelait, me demandait de l'aider, mais, refusant de faire face à cette vision, j'ai toujours tenté d'ignorer ses supplications.

D'autres images, d'autres souvenirs cherchent à se manifester à la suite de celui-ci, mais je les en empêche.

Seulement, parfois, je n'y arrive pas.

Il a sûrement dû y avoir des moments où j'ai été une enfant heureuse. Une petite fille qui rit aux éclats quand son père la fait tournoyer dans les airs ; qui racle le saladier ; qui mange une pâtisserie tout droit sortie du four ; qui fait un souhait en soufflant les bougies de son gâteau d'anniversaire ; qui construit des châteaux de sable sur la plage ; qui accroche une chaussette à la cheminée, qui aide à décorer la maison pour Noël et pousse un cri de joie en ouvrant un joli paquet-cadeau. D'après ma mère, j'ai connu de tels moments, mais je ne m'en souviens pas.

Chez mes amis qui ont de jeunes enfants, je distingue les sons qui composent l'essence d'un foyer heureux : le rire spontané des petits, les voix qui s'interpellent, le bruit matinal des dents qu'on brosse derrière la porte de la salle de bains, et les chansons préférées qu'on chantonne pour accompagner la radio. Dans ces moments, je me demande si ma famille a connu la même chose.

J'observe avec curiosité l'air triomphant d'un tout-petit qui fait ses premiers pas, et la confiance de celui qui est tombé et qui réclame les bras de ses parents pour avoir un baiser consolateur. Je contemple ces sourires éloquents que les mères offrent à leurs enfants, et eux, baignant dans tout cet amour, ils leur adressent une risette radieuse en retour. Ai-je un jour été une telle enfant ? Je ne pense pas.

J'aimerais me persuader que, bébé, mon monde était un endroit chaleureux et sûr où, bercée par la voix de ma mère tout au long de la journée, je me sentais aimée et en sécurité. Et la nuit, lorsque je m'assoupissais, peut-être étais-je bercée par les notes argentines du mobile qui pendait au-dessus de mon lit. Quelque chose en moi a besoin d'imaginer que mon sommeil était sans rêves, paisible. Que ma mère me câlinait en gazouillant dans mes petites oreilles roses avant de me poser dans mon lit. Mais j'ai beau m'efforcer de garder cette image en tête, elle finit par m'échapper, car, évidemment, mes souvenirs ne remontent pas si loin.

Je tente souvent de regarder par le minuscule trou de serrure qui donne sur la période précédant mes cinq ans – quand tout a commencé –, à la recherche d'un flash de ce petit bout de passé vécu dans l'innocence. De temps à autre, un souvenir que je n'ai pas réussi à supprimer me parvient, et ce que je vois m'éclaire un peu. D'autres fois, le chagrin est si grand que je peux à peine y jeter un rapide coup d'œil avant de m'en éloigner frileusement.

La nuit, des images floues, ténébreuses, et un sentiment de perte de contrôle se glissent dans mon subconscient et me tirent du sommeil. Ces rêves m'effraient, mais l'un d'eux est pire que tous les autres, celui qui revient depuis toujours, celui dont les serres m'agrippent encore quand je suis réveillée.

Dans ce rêve, il y a une petite fille. Je ne la vois pas, je ne fais que ressentir sa présence. Elle se trouve dans une pièce sans fenêtre. Elle sait qu'il y a une porte, mais elle ne la voit pas, car l'obscurité l'a aveuglée. Elle ne cesse de faire le tour de la pièce en courant, les bras tendus devant ; ses doigts cherchent désespérément sur les murs une surface lisse ou une rainure dévoilant l'emplacement de la porte. Elle est consciente que, si elle ne la trouve pas, quelque chose de terrible va arriver.

Dans mon sommeil, elle me transmet sa panique et son angoisse, et je ressens ce qu'elle ressent. Je perçois le fait que quelqu'un d'autre est là, quelqu'un qui a l'intention de la détruire. Terrifiée, je m'apprête à crier.

C'est là que des mains glaciales couvrent ma bouche pour étouffer le bruit. Un poids comprime ma gorge et m'étrangle. Je tente de me dégager pour reprendre mon souffle. Une voix m'appelle et, soudain, je me retrouve sous la lumière vive de ma chambre : chez moi, je n'éteins jamais. Mes doigts agrippent les couvertures tandis que ma bouche s'emplit de ce goût âcre : l'horrible goût de mon enfance.

Je fouille des yeux ce décor familier et, l'espace d'un instant, je crains que le monstre de mon cauchemar ne m'y ait suivie. Mais la lampe de chevet éclaire chaque recoin de ma chambre et je constate qu'elle est vide.

Je ne suis pas rassurée pour autant.

2

Parfois, au petit matin, ce rêve me réveille, et je lutte contre le sommeil, de peur qu'il ne revienne. C'est dans ces moments-là que les fragments de mon passé s'imposent à mes pensées et me tourmentent en me faisant ressentir, encore et encore, la douleur avec laquelle j'ai vécu si longtemps. Allongée sur mon lit, les mains nouées autour de mon oreiller, je fouille mes souvenirs, à la recherche de l'enfant que j'ai été. Cette petite fille qui, lorsqu'elle est venue au monde, n'avait pas conscience des horreurs qui l'attendaient. J'aimerais lui poser une question, puis lui dire de me quitter à jamais. Mais j'ai beau tout essayer, je ne la trouve pas.

Lorsque ce rêve laisse derrière lui une peur et une angoisse qui font battre mon cœur plus vite et que mes mains deviennent moites, je sors du lit et me dirige vers le placard où se trouve sur des feuilles de papier la preuve de l'existence de cette fillette. Ce n'est pas un journal intime cadenassé, dans lequel une jeune fille épanouie aurait étalé son enfance et son adolescence, mais des comptes rendus de psychologues et psychiatres des services sociaux sur papier à en-tête. Ces rapports rendent leurs avis, leurs diagnostics et leurs remarques. Le tout a été rassemblé dans un austère classeur à levier qu'on m'a donné une fois adulte. Je m'en empare et tourne les pages.

Le premier rapport sur lequel je tombe décrit un entretien avec un psychologue vers lequel mon école nous avait envoyés, mes parents et moi. Le psychologue y écrit moins sur l'enfant dont on lui a demandé d'analyser le problème que sur les détails fournis par les parents.

Ma mère l'a informé que, dès que j'ai commencé à marcher, je suis peu à peu devenue une enfant difficile. Une enfant désormais nerveuse et grognon, qui se réveillait en sursaut et pleurait au moindre bruit. L'homme n'a pas demandé si un changement quelconque s'était produit dans la vie de cette petite fille ou si mes parents se souvenaient d'un événement qui aurait déclenché ce stress.

Mais lorsque ce premier psychologue a rencontré l'enfant dont il avait fait si peu de cas, les dégâts avaient déjà fait leur effet. La fureur, un sentiment des plus intenses, avait déjà commencé à sourdre en elle.

Ce n'était d'abord qu'un soupçon, parfois dissimulé par son sourire ou son babillage, alors qu'elle apprenait à former des mots et des phrases. Personne ne la voyait ; pourtant, la fureur était bien là. Mais les sentiments n'ont pas besoin de mots pour exister : ils sont remisés dans un coin de notre esprit, inqualifiables mais présents.

Et la colère que ressentait cette petite fille, une colère clairement affichée dans ce dossier, était dirigée contre la personne la plus importante dans sa vie : sa mère. Si elle se retrouvait seule dans une pièce, ses hurlements de frustration emplissaient la maison. Quand on la nourrissait, elle jetait tout par terre. Elle ne dormait que si on lui laissait une veilleuse. Plus elle grandissait, plus sa fureur en faisait de même, jusqu'à éclater un jour.

Lorsqu'on m'a donné ce dossier, je me suis posé la même question que mes parents avaient posée aux nombreux spécialistes qui m'ont rencontrée. À quel âge la fureur, le désarroi et la peur, sentiments autodestructeurs, s'insinuent-ils dans l'esprit d'un enfant au point de le perturber ? Oui, ils ont posé cette question, mais ils n'ont pas demandé pourquoi ces sentiments étaient là.

Aujourd'hui, je connais la bonne réponse : « Au moment où le monde adulte trahit l'enfant, ce qui bouleverse son impression de sécurité. » Mais celle-ci n'a jamais été formulée. Je me demande ce que le spécialiste leur a dit à la place. Quelle que soit cette réponse, elle n'apparaît pas dans le dossier.

En revanche, sur les quelques années qui ont suivi, les psychologues ont signalé mes différentes angines, sans jamais considérer leurs raisons, et ont rédigé des pages et des pages louant la patience de mes parents face à leur fille à problèmes.

Les spécialistes auxquels j'ai été confrontée ont noirci feuille après feuille, de leur langage clinique totalement impersonnel, au sujet de ma chute : d'une enfant de trois ans perturbée à une adolescente dérangée.

Mais, à l'instar de mes parents, aucun de ces spécialistes ne m'a un jour posé la question : pourquoi ? Pourquoi une enfant provenant d'un foyer visiblement si parfait affichait-elle tous ces symptômes ? Les faits étaient devant leur nez, mais, au lieu de demander ce qui n'allait pas dans ma vie, ils posaient une autre question : qu'est-ce qui n'allait pas chez moi ? Alors, incapables d'imaginer qu'une influence extérieure aurait pu en être la cause, ils me donnaient des Lego à construire et des puzzles à faire, comme si la façon dont j'allais m'y prendre avait pu dévoiler mon niveau d'intelligence et le mécanisme de mon esprit.

Enfin, je parviens au moment où l'on rapporte que tout le village parle de mon comportement et que mes parents me reprochent de faire honte à la famille. Ici, les mots se brouillent ; je ne peux pas lire davantage.

C'est toujours à ce passage que je repose le classeur, car le souvenir de cette période est encore trop vif. La lecture de ces mots impersonnels a encore le pouvoir de faire resurgir l'humiliation et la fureur que je ressentais alors. Je préfère ouvrir un petit paquet kraft, celui qui contient mes photos et celles de ma famille. Je les sors une par une et examine chaque image, comme tant de fois auparavant.

Une enfant est vêtue d'un short et d'un T-shirt, et ses cheveux blond filasse sont tirés en une épaisse natte. Sur une autre, entourée de visages gais, elle porte, pour un mariage hivernal, sa robe de velours bleu marine de demoiselle d'honneur. La voici de nouveau ; elle doit avoir sept ans et elle regarde son père avec un sourire timide. Il y a même une photo d'elle adolescente, en train de discuter avec sa mère dans le jardin, ne remarquant pas le photographe.

Évidemment, je sais que je suis cette fille, mais je ne me souviens d'aucune des fois où ces clichés ont été pris. Je scrute chaque image, à la recherche de l'enfant que j'ai été. Mais j'ai beau insister, ces photos sont celles d'une étrangère. Je perçois sa douleur et sa fragilité, mais je ne la connais pas.

Il y a un autre cliché ; il est retourné. Ma main reste suspendue au-dessus. Le désir de m'en emparer est aussi inexplicable que celui de gratter une croûte presque guérie pour la regarder saigner.

C'est la seule photo qui détient le pouvoir de me transporter dans le passé.

Vêtue d'une robe de coton rose et entourée de peluches, une petite fille fixe l'objectif. Elle n'a ni l'air timide, comme le seraient beaucoup d'enfants dans cette situation, ni agitée. Elle observe l'appareil sans ciller.

Mais pourquoi aurait-elle été timide ? Elle avait l'habitude. De nombreuses photos avaient été prises d'elle, mais, évidemment, aucune n'apparaissait dans l'album de famille. À l'époque de cette photo, l'enfant avait non seulement déjà subi de graves sévices, mais elle endurait aussi le rejet et la trahison de ceux qui auraient dû la protéger.

Alors, l'image qui hante mes nuits est de nouveau sous mes yeux, douloureusement nette cette fois, et je suis incapable de la repousser.

— Voilà une gentille petite fille, entend-elle encore lui souffler cette voix.

La voix qu'elle reconnaît. Elle tente de voir d'où ces mots proviennent – elle sait qu'il est quelque part derrière le trépied et la lumière blanche –, mais elle ne saisit qu'une ombre à la place.

Clic clic, refait l'appareil photo.

— Souris pour moi, Jackie, dit la voix désincarnée. Baisse les mains, tourne-toi. Voilà, c'est mieux, c'est ça que je veux.

Chaque fois, elle lui obéit.

Enfin, la séance est terminée, et son oncle s'approche d'elle. Il est impeccable comme toujours, et ses épais cheveux châtain clair plaqués en arrière encadrent un visage étonnamment jeune. Il a la quarantaine, mais on le perçoit à peine derrière son bronzage provoqué à la fois par le soleil et les cabines à ultraviolets.

La petite fille regarde ce visage qu'elle connaît si bien, cette bouche à la lèvre inférieure pleine – une bouche trop petite pour ce visage aux traits anguleux et aux yeux bleus perçants – former les mots que seul cet homme lui dit.

— Tu es si gentille, et si jolie aussi… Voilà pour toi. Tu vois, ça ne t'a pas fait mal.

Il lui plaque dans la paume des bonbons, la récompense qu'on donne à un enfant qui s'est bien comporté. Des mains chaudes la caressent, passent dans ses cheveux, puis l'aident à se rhabiller.

— Je t'aime, lui dit-il. Je t'aime comme ma propre fille. Quand tu n'es pas là, je regarde tes photos. C'est tout ce que j'ai jusqu'à ton retour. Viens là, ajoute-t-il en ouvrant les bras.

Elle obéit.

— Tu es si spéciale, murmure-t-il, entourant son petit corps de ses bras. Si innocente, si précieuse.

Et la fillette, se sentant de nouveau en sécurité, se serre contre lui, petite silhouette frêle appuyée contre un corps immense.

3

C'est lorsque je vois cette image que les autres en profitent pour resurgir. C'est comme si un projecteur manipulé par des mains malveillantes les faisait défiler de plus en plus vite. Alors, je suis obligée de me rappeler ces autres fois, celles où il se livrait à ce qu'il appelait « le jeu ».

Il commençait toujours « le jeu » en lui bandant les yeux. La première fois, cela lui avait paru innocent, et la petite fille y prenait un certain plaisir. Elle avait confiance en cet homme et elle se demandait quelle surprise il lui préparait. Elle gloussait de son rire enfantin tandis qu'il lui plaçait sur les yeux le doux tissu.

— Ouvre la bouche, disait-il, et elle s'exécutait.

D'abord, il posait entre ses lèvres un petit morceau de chocolat.

— Qu'est-ce que c'est ? Si tu trouves, tu en auras un autre bout.

— Du chocolat, répondait-elle avec enthousiasme, puis elle souriait en pensant au prochain morceau qu'il finissait par lui donner.

Ensuite, il lui plaçait dans les mains un petit animal en peluche.

— Si tu trouves, tu peux la garder, lui disait son oncle. Ses petits doigts caressaient la fourrure à la recherche d'oreilles, d'une queue, d'une chose qui lui donnerait un indice quant à la nature de l'animal.

Son vocabulaire s'enrichissant, elle arrivait désormais à les nommer plus facilement, et sa collection de peluches se développait : un chat, un lapin rose et un éléphant rouge en faisaient déjà partie, ainsi que d'autres spécimens plus rares. Une tortue en feutre vert et marron, une girafe tachetée au long cou, qu'elle n'avait pas su nommer seule, et un galago d'Australie, qu'elle avait pris pour un ourson aux grands yeux. Ce n'est qu'après avoir joué quelque temps à ce jeu qu'on plaça autre chose dans sa bouche. Une chose qui la remplissait, qui gonflait ses joues et que sa gorge tentait de repousser. Elle tressaillit et leva les mains vers sa bouche, mais l'une des mains bien plus larges de son oncle la lui couvrit tandis qu'il lui murmurait des mots rassurants avant d'enfin retirer la chose.

La fois suivante où ils jouèrent au « jeu », elle se méfia, mais seules de bonnes choses furent placées dans sa bouche, et une nouvelle peluche vint compléter sa collection. La dernière chose qu'elle sentit sur sa langue fut de la crème glacée et, malgré le bandeau qui lui cachait la vue, elle savait que son oncle l'observait se régaler.

Plusieurs semaines suivirent ainsi, puis un jour, le jeu fut à jamais gâché. Il commença comme d'habitude, avec de petits morceaux de chocolat, mais à peine avait-elle avalé le dernier bout que cette chose était de nouveau dans sa bouche. Elle essaya de se dégager, mais cette fois il lui tint la tête afin de l'immobiliser.

— Gentille fille, répéta-t-il, sa voix changeant au fur et à mesure, de plus en plus rauque, jusqu'à ce qu'elle ne la reconnaisse plus.

Elle entendit un autre bruit, similaire à celui que le chien de sa mère avait émis quand il s'était blessé la patte, un gémissement suivi d'un grognement. Elle leva les mains pour se débarrasser de la chose. Celles qui lui maintenaient la tête remuèrent, et, soudain, sa bouche s'emplit d'un infect liquide âcre. Elle fut prise de haut-le-cœur quand il lui coula dans la gorge. L'homme la lâcha, mais elle continuait à s'étrangler. Puis il n'y eut plus rien. Toutefois, le goût était tenace. Son oncle retira le bandeau, mais cette fois il évita son regard, comme incapable de supporter le reproche qui brillait dans les yeux humides de la petite fille. Il lui donna de la glace.

— Viens, Jackie, tu n'as pas à avoir peur, j'ai terminé.

Elle n'avait pas confiance. Alors, elle se détourna de lui, le dos raide, indignée par ce qu'il venait de faire.

Mais quand elle l'entendit lui dire à quel point il l'aimait et qu'elle faisait sa capricieuse, elle le laissa la prendre sur ses genoux. Peu à peu, alors qu'il lui soufflait des mots doux à l'oreille, elle se détendit et posa la tête sur l'épaule de son oncle.

C'est lui qui lui donnait son bain après ces jeux.

— On va te faire toute propre avant que tata ne rentre du travail, disait-il.

Alors, il lui prenait la main et l'amenait à l'étage, dans la salle de bains où il versait une lotion parfumée dans la baignoire. Il la glissait dans l'eau chaude, et la mousse lui montait jusqu'au menton. Un petit canard jaune flottait dans les bulles, une éponge faisait couler des filets d'eau dans son dos, et, quand il la sortait du bain et séchait délicatement chaque parcelle de son corps, elle taisait ce qui s'était passé dans la pièce, en bas.

Ce sont deux des souvenirs qu'il me reste de la période précédant l'école. Un autre est niché depuis longtemps dans mon subconscient. Il est si douloureux que je ne veux pas le revivre, mais, parfois, je n'ai pas le choix.

4

J'ai grandi dans un joli village du Yorkshire, en périphérie duquel les quartiers résidentiels poussaient comme des champignons.

Beaucoup des petites habitations mitoyennes étaient des résidences secondaires de personnes aisées vivant le reste du temps en ville. Les haies étaient soigneusement taillées, et les jardins, impeccables.

Les trois pubs du village arboraient toute l'année des paniers suspendus remplis de fleurs, et les jolies façades des magasins étaient repeintes une fois l'an de couleurs éclatantes : jaune, turquoise et prune.

Les supermarchés étaient autorisés à s'y implanter seulement si on ne les voyait pas du bourg, les établissements proposant des fish and chips étaient interdits, et la mairie n'avait jamais obtenu le permis de construire les minuscules logements ternes dont la population la plus pauvre aurait eu grandement besoin.

L'école municipale était réputée pour être la meilleure de la région : aucune canaille n'étant admise, les enfants de riches ne risquaient pas d'être détournés du droit chemin. Le crime n'existant presque pas, les portes des maisons et les abris de jardin étaient rarement fermés à clé.

Quiconque ignorant la vérité me considérait comme une enfant chanceuse. J'habitais dans une magnifique maison. Mes parents étaient aisés et, aux yeux de l'extérieur, passaient pour des gens attentionnés et protecteurs.

J'avais un frère, mais, d'une certaine façon, je ne l'ai jamais vraiment connu. À ma naissance, c'était déjà un adolescent, et, lorsque je suis rentrée à l'école, il allait à l'université. Quand j'étais petite, il revenait pour Noël et les grandes vacances, mais ses visites se firent plus rares au fil de ses nouvelles amitiés. Ou alors, c'est moi qui l'empêchais de venir. C'est en tout cas ce que ma mère pensait ; je l'avais entendue en parler à mon père.

Quelle qu'en soit la raison, lorsque je fus en âge d'écarter certains souvenirs, une barrière inébranlable s'était créée entre ma mère et moi. Peut-être était-elle gênée d'annoncer qu'elle attendait un enfant alors que ses amies commençaient à dissimuler leurs cheveux gris sous des teintures et s'inscrivaient dans des cours de yoga. J'ai en tout cas compris très tôt que cela avait été une erreur.

Notre quartier était clairement dépourvu d'enfants, et les amies de ma mère, dont les adolescents étaient partis étudier ailleurs, ne composaient pas une compagnie digne de mon âge. Je dépendais donc entièrement du monde adulte.

Des amies appelaient et, affublée d'une robe en coton impeccable si c'était l'été ou d'une robe chasuble de laine et d'un pull s'il faisait froid, je restais là, muette, à écouter leur bavardage.

Comme jouer dehors et se salir ne faisait pas partie du programme de ma mère, lasse et apparemment invisible, je demeurais assise, immobile, jusqu'à ce qu'elles soient tellement captivées par leur conversation d'adultes que je pouvais enfin m'éclipser discrètement.

Mes parents, tout comme leurs voisins, habitaient une maison imitation pierre de quatre chambres, avec un garage double et un jardin irréprochable. Avec son sens du détail, ma mère avait supervisé les différents aménagements que la maison avait connus depuis leur arrivée dans cette demeure. Lorsque j'eus l'âge d'apprécier ou simplement de remarquer la décoration, un bar en bois, avec toute une panoplie de bouteilles fermées par des bouchons doseurs, siégeait au bout du long salon.

Des canapés recouverts d'une étoffe aux délicats motifs pastel et d'épais coussins auxquels on redonnait sans cesse du volume encadraient une grande cheminée de pierre, et, sur le mur d'en face, un meuble en chêne abritait la télévision et la chaîne hi-fi. D'autres meubles de bois clair composaient la salle à manger.

La cuisine, avec sa banquette rembourrée et sa table en pin, arborait de riches nuances jaunes et brillait de propreté. Le sol, étincelant, était une longue bande continue offrant les mêmes teintes éclatantes.

Cette maison était la fierté de ma mère. « La propreté mène à la sainteté » était un de ses dictons favoris, même si elle allait rarement à l'église. D'aussi loin que je m'en souvienne, j'avais conscience qu'il ne fallait absolument rien déranger. Quand des visiteurs arrivaient, il y avait toujours quelque chose de nouveau à découvrir, un tableau ou une superbe composition florale. Mais leurs paroles laissaient entrevoir un soupçon de jalousie.

« Oh ! Dora, c'est magnifique ! Tu as si bon goût ! » ou encore « Bien vu ! » s'extasiaient-ils devant la dernière acquisition de ma mère, dont le visage s'illuminait.

La seule chose qu'un œil observateur aurait pu remettre en question était la présence, dans chaque chambre, y compris la mienne, d'un énorme lit deux places. Dans notre région, il était coutume de posséder une chambre avec des lits jumeaux, au cas où un couple non marié ou deux amis viendraient séjourner. Mais ce n'était pas le cas chez mes parents. Je ne m'en étais jamais étonnée petite et, lorsque j'eus l'âge de le remarquer, j'en connaissais déjà la raison.

J'étais tout de même consciente qu'aux yeux de mes parents, la respectabilité, en tout cas en façade, importait énormément, et personne les côtoyant n'aurait pu penser qu'ils incarnaient tout sauf cela.

Ma mère, dont le teint clair de ses cheveux avait été discrètement rehaussé, méprisait tout ce qui pouvait être catalogué comme « commun », ce qui incluait les tissus synthétiques des vestes et des robes populaires dans les années 1970. Elle privilégiait les fibres naturelles, tels le coton, le lin et la laine, que les créateurs de Jaeger, Max Mara et, pour certaines occasions, Jean Muir utilisaient dans la conception de leurs vêtements raffinés. La journée, elle arborait une rangée de perles autour du cou et de petits clous aux oreilles, et elle ne quittait jamais la maison sans être coiffée ou maquillée.

L'apparence avait son importance, pas seulement pour elle, mais pour mon père aussi.

Il portait la tenue de l'homme d'affaires qui a réussi et du père de famille dévoué qu'il voulait afficher au monde entier : costume sombre rayé, chemise blanche et cravate discrète du lundi au vendredi, pantalon en velours côtelé et veste en tweed le week-end.

D'après moi, la chambre de mes parents était la plus belle pièce de la maison. Elle affichait des murs pêche clair et des rideaux crème sans dégager le moindre soupçon de masculinité qu'aurait pu préférer mon père. Un épais dessus-de-lit de soie plus foncé couvrait l'énorme lit aux côtés de nombreux oreillers placés avec soin.

Une arcade menait à la salle de bains attenante, avec son immense baignoire blanche et sa robinetterie dorée.

C'était une pièce dans laquelle ma mère aimait passer du temps seule. Elle frictionnait son corps de lotions, appliquait des crèmes réparatrices sur son visage et son cou, et prenait de longs bains embaumants. J'aimais être près d'elle quand elle se préparait pour sortir le soir, ou simplement durant la journée. Je humais les divers parfums que renfermaient les nombreux flacons autour de la baignoire. Toutefois, je n'ai jamais pu rester très longtemps : dès que ma mère me voyait errer près de la salle de bains, son visage affichait un air contrarié.

— Qu'est-ce que tu veux, Jackie ? lançait-elle.

Quand j'étais petite et que je craignais de l'énerver, j'étais incapable de répondre à cette question. Je n'arrivais pas à formuler ce que je désirais, mais je brûlais d'envie de l'entendre prononcer les paroles que mon oncle me destinait. Ce ne fut jamais le cas.

Plutôt que de m'entourer de ses bras et de me couvrir de mots doux, elle me crachait aussitôt :

— Eh bien, si tu n'as besoin de rien, va te trouver quelque chose à faire et laisse-moi tranquille.

Si je mettais trop de temps à partir, elle levait son sourcil bien dessiné, et une autre de ses répliques habituelles fusait :

— Jackie, pour l'amour de Dieu ! Je ne comprends pas pourquoi tu es toujours dans mes pattes alors que tu as tout ce dont tu puisses rêver dans ta chambre.

Elle disait cela qu'elle soit assise ou non, ce qui me perturbait. Comment pouvais-je être dans ses pattes si elle se trouvait dans la baignoire ou sur son lit ?

— Tu es assez grande pour t'occuper toute seule quelques instants, quand même !

J'avais conscience que ma présence n'était pas désirée ; alors, je partais d'un pas triste dans ma chambre or et crème et ses meubles d'adultes.

C'était là que vivaient mes amis. Il s'agissait des ours et autres animaux en peluche qu'on m'avait offerts. Je n'avais pas le droit de jouer avec certains : ma mère les appelait des « objets de collection ».

Un vieil ours fabriqué par un homme nommé Steiff se tenait hors de portée, sur une haute étagère. Elle disait qu'il était là pour être admiré, mais pas câliné. À côté, un joli ourson en mohair affichait « Merrythought[1] » sur sa patte gauche. Le dernier venu dans ma collection était Paddington, avec son chapeau de feutre marron, son duffel-coat rouge et ses bottes bleues luisantes en caoutchouc. Comme les autres peluches, ses yeux brillants observaient mes moindres faits et gestes.

Puis il y avait l'amie dont personne ne connaissait l'existence à part moi : Florence, la petite fille qui détenait les qualités de son homonyme du *Manège enchanté* : la gentillesse et la patience. Il n'y avait que dans l'intimité de ma chambre qu'elle émergeait de mon imagination et venait nous rejoindre, mes ours et moi.

C'était à ce petit groupe que je parlais quand je les asseyais en cercle autour de moi et sortais le service à thé de ma dînette. Je leur faisais part du mauvais caractère de ma mère, mais je n'ai jamais mentionné le « jeu » de mon oncle. C'était un secret que je devais garder bien enfoui dans mon esprit, un secret qui avait déjà commencé à me torturer dans mon sommeil.

1. Grande société anglaise fabriquant des ours en peluche à la main. (NDT)

5

J'ignore quand j'ai appris le mot qui définissait ce à quoi s'adonnaient mes parents le week-end. Je comprenais seulement, quand j'étais encore petite, qu'ils aimaient recevoir et être reçus. J'avais l'impression que, tous les week-ends, nous passions notre temps à apprêter la maison pour nos invités ou nous préparer à rendre visite. Ne désirant pas d'enfant dans les parages et ayant souvent besoin de ma chambre pour les amis qui restaient la nuit, mes parents m'envoyaient à des kilomètres de là, dans le village où mon oncle et ma tante, qui étaient aussi mes parrain et marraine, vivaient.

— Ce n'est pas vraiment du même standing que nous, ai-je plus d'une fois entendu dire ma mère d'un ton condescendant à propos de là où habitait son frère.

Lorsque j'eus l'âge de remarquer la différence, je vis qu'elle avait raison.

Mon oncle et ma tante vivaient dans une disgracieuse maison de briques rouges jumelée, entourée d'habitations toutes plus identiques les unes que les autres. Seuls les jardins leur conféraient plus ou moins d'originalité. Certains arboraient de simples petits carrés de pelouse, d'autres étaient une profusion de couleurs pratiquement toute l'année, et quelques-uns se montraient carrément fantasques, avec leurs nains en plâtre affichant de bêtes sourires par-dessus leurs cannes à pêche miniatures, au bord de minuscules mares.

Dans un ou deux jardins, des jouets d'enfant étaient laissés là où on les avait abandonnés, et une berline familiale cabossée avec un « bébé à bord » sur le pare-brise arrière était garée sur une parcelle d'herbe étiolée.

La maison de mon oncle et de ma tante, dont deux buis ronds dans de grands pots en terre cuite encadraient la porte, faisait partie de la catégorie des petits carrés de pelouse. Sans les portes-fenêtres dont bénéficiaient désormais de nombreuses maisons alentour, elle présentait une façade morne que seules les fenêtres en PVC et la porte venaient habiller.

Comme la plupart de ses voisins, mon oncle devait se garer dans la rue, car ils avaient transformé le garage en bureau pour qu'il puisse travailler à la maison.

Chaque week-end, quand mon oncle venait me chercher, il s'arrêtait chez le fleuriste pour acheter des roses à sa femme – des boutons inodores, sans épines et aux couleurs vives qui avaient poussé dans des serres chauffées, si différents des fleurs au parfum envoûtant dont notre jardin regorgeait. Lorsque nous arrivions chez lui, celles qu'il avait achetées la semaine précédente avaient commencé à se faner et à perdre leurs pétales.

Il les enlevait du vase et allait les mettre à la poubelle, à l'arrière de la maison. Il retirait dans un froissement le plastique transparent du nouveau bouquet, qu'il disposait avec soin dans de l'eau claire, puis il replaçait le vase sur le buffet.

Dès que ma tante rentrait du travail, ses yeux se posaient immédiatement sur les fleurs. À la vue du nouveau bouquet auquel elle s'attendait nécessairement, elle prononçait toujours la même phrase – « C'est pour moi ? » –, comme si le geste de mon oncle pouvait être destiné à une autre personne.

— Viens donc t'asseoir, ma chérie, disait-il chaque fois.

Puis il lançait la bouilloire tandis qu'avec un sourire reconnaissant, elle installait son corps corpulent sur une chaise en retirant avec ses pieds ses chaussures plates en cuir plutôt pratiques, mais qui, à cette heure de la journée, serraient ses pieds gonflés.

— Il est si bon, scandait-elle à qui voulait l'entendre dès qu'elle en avait l'occasion. Il se plie en quatre pour moi.

Son visage rond, encadré par sa coupe soignée châtain terne, s'illuminait chaque fois qu'elle faisait l'étalage des nombreuses attentions de son mari et de la chance qu'elle avait d'avoir épousé un homme si généreux.

Contrairement à ma mère, dont le salaire passait dans des articles de luxe pour la maison – salaire provenant du magasin d'antiquités que mon père lui avait acheté –, mon oncle et ma tante ne pouvaient se permettre d'écarts. Je le savais, car on me le répétait sans cesse.

Durant la semaine, mon oncle avait un emploi que je n'ai jamais vraiment saisi, et ma tante travaillait à temps partiel dans un magasin. Elle était toujours réquisitionnée le jour le plus rentable : le samedi. C'était l'unique journée où je me retrouvais seule avec lui.

Il y avait eu peu de week-ends où je n'avais pas pu aller chez eux le samedi, en dehors de ceux où mon oncle et ma tante partaient en vacances, une fois l'an. Si ma mère entendait à l'autre bout du fil quiconque éternuer ou si elle pressentait un rhume sérieux, elle annonçait avec un soupir que je resterais à la maison.

Avant que « cela n'arrive », je pleurnichais de déception, car je m'ennuyais à jouer toute seule dans le jardin ou dans ma chambre.

Durant ces rares week-ends où je restais à la maison, le programme de ma mère lui laissait peu de temps pour s'occuper de moi.

— Tu as plein de jouets, disait-elle lorsque je me plaignais de ne rien avoir à faire.

D'une certaine façon, elle n'avait pas tort : ma chambre regorgeait de tout ce dont aurait pu rêver un enfant : des poupées, des jouets et une penderie pleine à craquer des dernières créations en matière de mode pour fillettes. Mais ce que je désirais vraiment, c'était avoir quelqu'un avec qui jouer, un autre enfant à qui parler, ou même un peu d'attention de la part de mes parents. Mais je n'obtins rien de cela.

Le samedi matin, mon père jouait au golf. Malgré les protestations de ma mère qui avait besoin de quelqu'un pour veiller sur moi, il refusait d'annuler sa partie simplement parce que j'allais rester à la maison ce week-end-là.

— Bon, j'imagine que tu vas devoir m'accompagner… Il va falloir bien te tenir, soupirait-elle pour me signifier à quel point j'étais une charge pour elle.

Armée d'un cahier de coloriage et d'une boîte de crayons de cire, je la laissais nous conduire au cœur du village.

Ses habitudes variaient rarement le samedi matin. D'abord, le coiffeur, où j'attendais, en balançant les jambes sur ma chaise, qu'on lui fasse son shampoing et son brushing. On lui limait, polissait et vernissait les ongles, qu'elle séchait en battant l'air des mains.

Elle feuilletait des magazines et buvait du café. Quant à moi, j'avais droit à du jus d'orange et à un livre pour enfants que je ne pouvais pas lire.

Les jours où elle recevait, elle devait toujours acheter deux ou trois choses à la dernière minute. Nous allions chez le boucher et le maraîcher avec lesquels, avant d'acheter quoi que ce soit, elle entamait une conversation animée concernant la qualité de chaque produit qu'elle désirait. Puis nous retournions à la maison où, après avoir avalé un déjeuner sain – une petite salade et un fruit –, l'on me disait de ne pas rester dans leurs pattes et d'aller m'amuser dans le jardin.

— Ne te salis pas, me prévenait-elle tandis que je sortais.

C'est un jour comme celui-ci où j'en appris davantage concernant les occupations de mes parents, ces fameux week-ends. J'avais remarqué la table joliment dressée, dont on avait tiré les rallonges afin de pouvoir recevoir huit personnes. Ma mère l'avait couverte d'une nappe en dentelle, de sa plus belle argenterie, de verres à vin en cristal et de porcelaine. Des serviettes en lin étaient pliées sur chaque petite assiette et elle avait mis des fleurs au centre de table, aux côtés de vieux chandeliers aux hautes bougies. Sur le chemin du jardin à la cuisine, de délicieux arômes me parvenaient.

— Qui est-ce qui vient ? demandai-je, même si je savais très bien qu'on exigerait que je reste dans ma chambre.

— Oh ! juste quelques amis ; tu ne les connais pas, répondit ma mère d'une voix plus douce que d'habitude. Je te ferai manger avant, et tu pourras regarder un film dans ta chambre.

À mon manque d'intérêt évident, son impatience naturelle reprit vite le dessus.

— Jackie ! lança-t-elle sèchement. Très peu de gens ont des magnétoscopes, et toi tu en as un dans *ta* chambre. Fais preuve au moins d'un peu de reconnaissance !

Je marmonnai un « merci », mais en moi la rancœur enflait. Je n'étais pas dupe : ce film était sa façon de se débarrasser de moi.

Je pris mon dîner dans la cuisine, puis fus envoyée à l'étage, où mon père avait déjà placé dans le magnétoscope un film qu'il avait choisi pour moi. Bien plus tard, une fois le film fini, ma mère était venue me coucher, mais je remuais dans mon lit en espérant trouver le sommeil.

Une douce musique me parvenait. Après le bruit du carillon à la porte, j'entendis ma mère accueillir les nouveaux arrivants. Je finis par m'assoupir, bercée par les rires et les bavardages qui montaient du salon.

Plus tard, alors qu'il faisait nuit noire, je me suis réveillée. L'espace d'un instant, je ne savais plus où j'étais, mais peu à peu je compris que les bruits en bas m'avaient tirée du sommeil. Curieuse – de tels rires ne résonnaient pas souvent dans notre maison –, je me glissai hors du lit.

Dans le salon, les adultes ne remarquèrent pas immédiatement ma présence sur le seuil. J'observai les étrangers qu'étaient soudain devenus mes parents.

Ma mère, les joues rouges et un verre à la main, était assise sur l'un des canapés. Sa jupe était remontée au-dessus des genoux, exhibant plus de jambe que je ne l'avais vue en montrer auparavant. Au lieu de mon père, le mari d'une de ses amies se tenait à ses côtés. J'écarquillai les yeux quand j'aperçus son bras autour des épaules de ma mère et sa main lui caressant la nuque. Puis ses doigts descendirent peu à peu jusqu'à se glisser sous son haut de dentelle.

Je fouillai le salon des yeux à la recherche de mon père et le trouvai enfoncé dans un fauteuil avec l'épouse de l'autre homme se trémoussant sur ses genoux. Il avait la main sous sa jupe, et la tête blonde de la femme était posée contre son torse, les doigts enfouis dans sa chevelure. Les deux autres couples dansaient langoureusement au rythme de la musique, mais je les connaissais suffisamment pour savoir qu'ils avaient changé de partenaire. Je me sentis soudain mal à l'aise. J'assistais à quelque chose que j'étais trop jeune pour appréhender, mais cet aperçu de la vie adulte me chamboulait. Je regrettais déjà d'avoir vu cette scène. Je ne voulais qu'une chose : retourner dans ma chambre et me glisser sous les draps avant qu'on ne me voie. Mais j'étais dans l'incapacité de bouger.

C'est l'amie de ma mère qui me découvrit. Elle leva la tête et poussa un petit cri aigu avant de se retirer à la hâte des genoux de mon père.

— Dora ! lança-t-elle à ma mère. Nous avons une jeune invitée.

Ma mère ouvrit les yeux, leva la tête et me jeta un regard enragé. Son visage devint encore plus cramoisi lorsqu'elle s'écarta d'un bond du mari de son amie en repoussant sa main. Elle vint vers moi d'un pas furieux, m'agrippa le bras et me tira à l'étage.

— Je t'ai dit de ne pas sortir de ton lit, cracha-t-elle.

J'avais brisé sa règle : interdiction de descendre une fois couchée. Je restai muette et me contentai de me mettre en boule dans mon lit en cherchant de nouveau le sommeil. Mais j'avais beau m'efforcer de penser à autre chose, mon cerveau bouillonnait en essayant en vain de comprendre ce que je venais de voir.

Dans la nuit, j'entendis d'autres éclats de rire, des bruits de pas dans l'escalier et la voix habituellement bien modulée de ma mère sonnant différemment : aiguë et plus ou moins inintelligible. Une voix masculine qui n'était pas celle de mon père lui parlait. Puis les portes s'ouvrirent, se fermèrent, et les sons se firent étouffés.

Une fois encore, la curiosité était plus forte que tout il fallait que je sache ce qui se passait. Même si j'avais conscience des soucis qui m'attendaient si je me faisais prendre, je sortis discrètement de ma chambre pour me faufiler dans le couloir, jusqu'aux trois autres chambres. Celle de mes parents était fermée, la seconde aussi, mais la troisième était entrouverte. Incapable de résister à la tentation, je glissai l'œil dans l'entrebâillement et découvris mon père en compagnie d'une femme, celle avec qui je l'avais vu en bas. Cette fois, elle était agenouillée sur le lit, nue. Elle me tournait le dos, mais je reconnus ses longs cheveux blonds, qui lui tombaient désormais sur les épaules.

Mon père, nu lui aussi, était agenouillé derrière elle. Il lui tenait les hanches et bougeait d'avant en arrière. Ses mouvements se firent de plus en plus rapides, puis soudain il se cambra, et son cri se fondit dans les glapissements aigus de la femme.

Je me sentais mal. Comme plus tôt dans la soirée, je regrettais de ne pas avoir obéi à ma mère. Je n'avais peut-être pas vraiment compris ce à quoi je venais d'assister, mais cette scène renforçait mon malaise. Je m'éloignai à pas de loup. Je savais que, si les deux personnes dans cette chambre me voyaient, elles seraient furieuses.

Le lendemain, il ne fut fait aucune mention de ce qui s'était passé la veille au soir. Me chassant de la cuisine, ma mère mit de nouveau toute son énergie au profit de la confection du déjeuner dominical, et mon père leva à peine la tête de sa pile de journaux.

Mais le week-end suivant, mon oncle vint me chercher.

— Tu vas venir avec nous, trésor, annonça-t-il en m'ébouriffant les cheveux.

— J'espère qu'elle ne vous cause pas trop d'ennuis, dit ma mère, à son habitude, d'un ton qui trahissait en vérité son désintérêt total.

Il lui décocha un sourire éclatant avant de donner la réponse d'usage :

— Oh ! c'est un amour. N'est-ce pas, ma puce ?

Par ces mots, son sourire chaleureux m'était également destiné.

— Ne te fais pas de souci, Dora, nous adorons l'avoir avec nous. Elle ne nous pose aucun problème.

Alors, il a pris ma petite valise, qui comportait des vêtements de rechange, mon pyjama et mon ours Paddington, et nous nous sommes dirigés vers sa voiture.

Sur la route, il conduisait une main sur le volant, l'autre posée sur ma main ou me caressant la jambe.

— Quelque chose ne va pas ? demanda-t-il, car les images du week-end précédent me rendaient songeuse.

Je secouai la tête.

— Tu sais que tu peux tout me dire, hein ? insista-t-il.

J'acquiesçai.

— Tu es ma puce adorée, ne l'oublie pas.

À ces mots, mon estomac commença à se dénouer.

Je n'avais plus qu'une semaine de vacances avant de reprendre l'école. Ce jour-là, je serrai Paddington fort dans mes bras. L'été touchait à sa fin, le soleil se faisait plus timide et quelques feuilles tombaient déjà des arbres. Je me revois vérifier les boutons du duffel-coat de Paddington afin qu'il n'attrape pas froid.

Mais ce que je garde le plus en mémoire de cette journée est mon oncle m'emmenant chez son ami.

6

— Tu vas adorer, m'avait-il dit. Il y aura d'autres enfants avec qui tu pourras jouer.

J'étais ravie ; les occasions de m'amuser avec des enfants de mon âge étaient rares. Aux yeux de ma mère, ce n'étaient que des éléments gênants et bruyants qui ramenaient de la boue dans la maison ou laissaient traîner leurs jouets partout sur les meubles.

Ses amies qui avaient déjà des petits-enfants venaient de temps en temps, quand elles les avaient en garde. Elles me confiaient les petits pour aller jouer dans le jardin ou tout au fond du salon, où elles pouvaient garder un œil sur moi et ces bambins.

— Jackie sait si bien s'occuper des tout-petits ! s'exclamait en général une voix radieuse.

Tout en écoutant le gazouillis de l'un d'eux, je regrettais que ce ne soit pas un enfant de mon âge avec qui je pourrais discuter et faire des jeux plus intéressants.

Mon oncle continuait de me sortir des banalités tandis que nous arrivions à la périphérie de la ville. Au lieu de tourner vers chez lui, il fila tout droit en direction du vieux quartier décrépit, avec ses labyrinthes de rues étroites et ses rangées de maisons identiques.

Il s'arrêta devant une habitation qui semblait encore moins entretenue que les autres. Même s'il faisait jour, les rideaux étaient fermés, ce qui lui conférait un air abandonné.

Des mauvaises herbes poussaient dans les fissures de la petite allée pavée, et l'étroit jardin affichait à peine quelques touffes, et encore moins de fleurs ou d'arbustes. Le porche sous lequel nous nous tenions était un simple morceau de béton conçu pour protéger de la pluie.

Mais ce jour-là, il faisait beau, et je me souviens avoir regardé par-dessus mon épaule la brise traîner un sac plastique dans la rue déserte. Je l'observai virevolter dans le ciel jusqu'à ce qu'il disparaisse.

Quelques années auparavant, la porte nous faisant face avait dû être vert foncé, mais la peinture s'estompait par endroits et, en bas, le bois était bien ébréché. J'étais curieuse de savoir qui vivait là, car ce n'était pas le genre d'endroit que j'avais l'habitude de visiter.

Un homme mince et légèrement voûté dont le crâne était pratiquement chauve, hormis une mèche de cheveux blancs, nous ouvrit la porte. Le soleil fit cligner ses yeux gris pâle, puis il sourit. Sans un mot, il nous accueillit dans l'entrée minuscule. Une fois à l'intérieur, mon oncle me poussa doucement dans ce qu'il appelait le salon.

C'était une pièce miteuse faiblement éclairée qui puait le tabac froid, la bière et la crasse. Des meubles usés habillaient le vieux lino imitation parquet. Une table basse, que d'innombrables bouteilles et tasses chaudes avaient tachée de cercles blanchâtres, se trouvait au centre de la pièce, mais, ce qui attirait l'œil, c'était la grande télévision.

De toute évidence, l'homme passait son temps devant, car tout le mobilier était dirigé vers elle. Il avait coupé le son, mais des images dansaient sur l'écran, et je remarquai les lunettes posées sur le bras du canapé deux places.

— Je regardais un film, dit-il à mon oncle en ricanant, comme pour justifier les rideaux fermés en pleine journée.

Les deux hommes échangèrent un regard mystérieux et complice, un regard qui m'excluait et m'envahissait de gêne. Je voulais quitter la pièce, sortir, retourner à la voiture, et que mon oncle nous éloigne d'ici, mais, incapable de l'exprimer, je restai immobile et muette.

Un garçon entra dans le salon. Il était un peu plus âgé que moi et arborait une crinière bouclée châtain foncé. Vêtu d'un jean et d'un T-shirt gris froissé, il semblait aussi négligé que la pièce.

— Ah ! Dave, s'exclama l'homme. Emmène cette mignonne petite dans le jardin, veux-tu ? Et donne-lui de la limonade.

Cette fois, c'est le regard échangé par les deux étrangers que je ne saisis pas.

Le garçon me prit la main et m'emmena dans la cuisine, où il attrapa une bouteille contenant, selon lui, de la limonade. Puis il me conduisit dans le jardin et, lorsqu'il me passa la bouteille, je remarquai une couche de crasse sous ses ongles rongés jusqu'au sang.

La nervosité qui s'était emparée de moi dès que j'avais mis les pieds dans cette maison m'avait asséché la gorge, et j'avalai la boisson d'un trait, appréciant à peine son goût. Au fond du jardin, une barrière menait à un chemin qui longeait la rivière. Le garçon me fit signe de le suivre. Sans un mot, il commença à amasser des pierres lisses ; je l'imitai. Une fois qu'on eut formé un petit tas, il les jeta une par une dans l'eau en faisant des ricochets. Je restai derrière lui à observer les ondulations qu'elles créaient en rasant la surface.

— Laisse-moi essayer, dis-je.

Il me sourit.

— Tu as des mains trop menues, répondit-il en me donnant tout de même une petite pierre.

Il avait raison : je n'avais pas assez de force dans les poignets pour la lancer correctement, et la pierre alla s'enfoncer dans l'eau. Je ne me souviens de rien de plus, si nous avons joué à autre chose ou de quoi nous avons parlé. Je me rappelle seulement ce qui s'est passé quand nous sommes retournés à l'intérieur.

— J'ai quelque chose à vous montrer, annonça l'homme en nous indiquant le canapé.

Le garçon et moi nous sommes assis côte à côte, obéissants. Il glissa sa main sur la mienne. Avait-il de la peine pour moi en sachant ce qui allait arriver ? Ou était-ce pour son propre plaisir qu'il tenait la main d'une enfant qui n'avait pas encore six ans ?

On m'offrit plus de limonade.

— Bois tout, Jackie, ordonna mon oncle quand je m'apprêtais à poser mon verre par terre.

Je sentais le regard de l'autre homme sur moi. J'avalai ce qu'il restait de boisson, sous le poids de ce regard associé à l'injonction de mon oncle. C'était sucré, bien plus sucré que tout ce que j'avais pu boire jusque-là, et je commençais à avoir sommeil.

Le film débuta. Je me retrouvai soudain devant une femme nue à quatre pattes, avec un homme derrière elle qui lui tenait les fesses. Un autre homme apparut à l'écran et, en quelques secondes, trois corps nus étaient mêlés. J'arrachai ma main de celle du garçon et tentai de détourner les yeux. Je ne voulais pas voir ça.

— C'est naturel, Jackie, c'est ce que font les gens, dit mon oncle avec une fermeté soudaine que la chaleur de sa voix ne parvenait pas à dissimuler. Je veux que tu regardes.

Évidemment, il ne m'apprenait rien – j'en avais vu autant dans l'entrebâillement de la porte –, mais je m'obstinai à garder la tête tournée.

Mon oncle me poussa afin de s'asseoir à côté de moi. Je mis la main devant mes yeux, mais cela n'empêcha pas les grognements et les cris de me parvenir. Le garçon s'empara de mes doigts et les serra doucement dans les siens.

— Fais ce qu'il te dit, regarde, murmura-t-il en me pressant la main de manière rassurante. Ils se fâcheront, sinon.

Mon oncle ne s'étant jamais fâché contre moi, je n'avais pas peur. Je voulais simplement qu'il me sorte d'ici, de cette pièce crasseuse, dans laquelle il faisait soudain très chaud. Sur l'écran, je voyais désormais des groupes de gens nus, leurs corps tordus en diverses positions et leurs visages moites, faisant des choses qui me dégoûtaient.

Du coin de l'œil, je vis mon oncle quitter la pièce et, prise de panique à l'idée de rester seule avec les deux étrangers, je bondis du canapé pour le suivre.

C'est l'homme qui m'en empêcha. Ses doigts m'agrippèrent les épaules à m'en faire mal.

— Reste ici, fillette, dit-il. Ton oncle est parti à la voiture ; il en a pour une minute.

Je me rassis, effrayée.

Mon oncle ne tarda pas à revenir, mais il avait rapporté quelque chose : son appareil photo. Je le regardai installer son trépied tout en me demandant ce qu'il allait photographier.

— Allez, Jackie, dit-il. Déshabille-toi.

Un frisson me traversa à l'idée embarrassante de devoir me dévêtir devant deux inconnus. Je secouai la tête, mais à cet instant, je me sentis faiblir, et la pièce se mit à tourner.

— Prends encore un peu de limonade, Jackie, tu te sentiras mieux, me proposa le garçon.

Un nouveau verre rempli du liquide pâle apparut sous mes yeux. Je le pris et le portai à ma bouche tout en jetant un regard implorant à mon oncle. Il n'allait pas vraiment me faire me déshabiller devant ces étrangers, n'est-ce pas ?

Je faiblis davantage et m'écroulai. Je sentis les mains de mon oncle retirer mes vêtements à la hâte. Il ne m'avait laissé que mes chaussettes et mes chaussures.

— Très bien, Jackie, je vais faire un film, et tu seras ma petite actrice, m'annonça-t-il. Tout ce que tu as à faire, c'est la même chose que les personnes que tu as vues à la télévision. Tu comprends ?

Sa voix paraissait lointaine, mais lorsque j'ouvris les yeux, il se tenait à côté du garçon qui avait déjà retiré son jean et son T-shirt.

Il était maigre. On pouvait voir ses côtes suivre le mouvement de sa respiration. Hormis les hématomes violacés sur ses bras et son dos, sa peau était pâle, comme s'il l'exposait rarement au soleil. Dans sa nudité, il paraissait vulnérable et frêle.

— Dave va te montrer quoi faire. Il a l'habitude, hein, fiston ? lança l'homme.

Un air maussade et vaincu traversa les yeux du garçon lorsqu'il marmonna :

— Oui, papa.

J'ignore s'il acquiesçait au fait d'avoir l'habitude ou de me montrer quoi faire. Toutefois, il implora soudain son père :

— Mais, papa, elle est très jeune, je n'ai vraiment pas le choix ?

À peine les mots avaient-ils franchi ses lèvres que l'homme se renfrogna et leva le poing. C'est alors mon oncle qui parla, empêchant la main du père d'atterrir sur son fils.

— Ça suffit ! aboya-t-il.

L'homme baissa le bras.

— Dave est un gentil garçon, n'est-ce pas ? ajouta mon oncle d'un ton cajoleur.

J'entendis de nouveau le garçon marmonner son oui. Il se pencha vers moi, couvrit ma bouche de la sienne et m'embrassa. Je sentis sa langue écarter mes lèvres. Ses mains caressèrent mon corps, puis glissèrent entre mes jambes. Tout ce temps, j'entendais l'homme dire à son fils quoi faire ensuite.

Clic clic, faisait l'appareil photo.

— Tourne-toi, fiston, enfourche-la. Lèche-la, maintenant.

Le garçon entoura ma tête de ses jambes tout en se tournant et pressa ses lèvres sur la partie que je pensais m'être intime. Sentant quelque chose de doux et d'humide entre mes cuisses, je tentai de les serrer.

— Écarte les jambes, Jackie.

Cette fois, c'est mon oncle qui prononça ces mots et, vu que je n'obéissais pas, ce furent ses mains que je sentis les écarter à ma place.

Des flashs crépitaient tandis que mon oncle photographiait le garçon en train de lécher et explorer chaque once de mon corps tremblant.

Ensuite, l'homme me souleva et me plaça dans la même position que le garçon.

Des mains d'adulte me tinrent la tête, et quelque chose de dur fut plaqué contre ma bouche. Je voulais bouger, mais j'étais trop somnolente pour simplement essayer.

Enfin, ils eurent fini, et je m'endormis. Des voix s'infiltraient dans mon sommeil. Je voyais le visage de l'homme dodeliner vers moi, je sentais quelque chose dans ma bouche, quelque chose que je voulais recracher, mais je n'en avais pas la force. Puis le rêve disparut.

À mon réveil, j'étais rhabillée et seule avec mon oncle dans la pièce. Les rideaux étaient encore fermés, mais la télévision était éteinte et il n'y avait plus d'appareil photo. Un goût âcre flottait dans ma bouche, et j'avais mal à la gorge. Ma tête martelait et j'avais envie de vomir. Mon oncle me tendit un verre. Cette fois, la boisson n'était pas aussi sucrée que la précédente.

— Tu te sentiras mieux avec ça, m'assura-t-il, bien que je ne lui aie pas dit que je me sentais mal.

— Où sont-ils ? marmonnai-je.

— Dis donc, Jackie, tu as dormi tout l'après-midi ! lança-t-il sans répondre à ma question. Tu as eu un sommeil agité.

Quelque temps, je l'ai cru, j'ai cru que rien ne s'était passé et, comme mes cauchemars, j'ai repoussé au fin fond de mon esprit ce qui était arrivé cet après-midi-là. J'y ai cru jusqu'à ce qu'il me présente un autre ami, puis un autre.

Mais cette première fois, j'avais encore l'impression de pouvoir lui faire confiance. J'attrapai Paddington, assis à côté de moi, rejoignis la voiture sur mes jambes flageolantes et grimpai.

7

Le jour que je craignais approchait à grands pas. Toute la semaine, ma mère m'avait traînée de magasin en magasin pour m'acheter des chaussures et des vêtements neufs.

— Tu vas adorer l'école, disait-elle avec une confiance que je ne partageais pas. Tu vas t'y faire plein de petits amis.

L'école. Ce simple mot me tordait l'estomac.

Je n'avais pas envie de me retrouver entourée d'inconnus, de devoir leur parler ou m'asseoir avec eux.

Désormais, j'avais peur des inconnus.

Une semaine avant la rentrée, des cauchemars se mirent à hanter mon sommeil. Je rêvais que je tentais d'échapper à quelque chose que je ne pouvais pas nommer, que je sentais une pression dans ma gorge, que j'étouffais. Lorsque je me réveillais, c'était en pleurs, avec un goût épais et âcre dans la bouche. Une fois, je criai si fort que mon père se précipita dans ma chambre.

— Qu'est-ce qui se passe, Jackie ? Encore un cauchemar ? demanda-t-il en m'entourant de son bras.

Je me raidis. Le simple fait d'imaginer des lèvres humides se poser sur ma joue me dégoûtait. Je réussis tout de même à murmurer un oui.

Il me recouvrit délicatement de ma couette et dégagea les cheveux de mon visage. Je sentais qu'il m'observait, debout à côté du lit. Il poussa un profond soupir avant de me laisser recroquevillée sous les draps, feignant de m'être déjà rendormie. Lorsque ce fut vraiment le cas, d'autres rêves se glissèrent dans mon subconscient, des rêves qui m'agitaient. Quand les sons matinaux de la maison me tirèrent de cet enfer, des bribes de cauchemar s'attardèrent dans mon esprit. J'avais la tête lourde, mal au ventre, et j'étais submergée par un sentiment d'angoisse.

Peu lui importaient mes contestations ou les évidents cernes noirs sous mes yeux, rien n'allait empêcher ma mère de me préparer ce matin-là. Elle dégagea sans cérémonie les draps auxquels je m'accrochais et me tira debout. J'agrippai le montant de la porte en gémissant que je ne voulais pas y aller, mais elle resta indifférente à mon désarroi et décolla mes doigts de la porte.

— Jackie, tu iras à l'école, que tu le veuilles ou non. Alors, cesse ce cinéma immédiatement ! cria-t-elle, hors d'elle.

Entre deux sanglots, je lui annonçai que je refusais d'y aller, mais cela ne fit qu'attiser sa colère.

Elle m'enfila mes nouveaux habits, me fit une natte rapide nouée par un ruban, força mes pieds trépidants à entrer dans les chaussures, puis elle me tira de force au rez-de-chaussée.

Je prenais rarement mon petit-déjeuner avec mes deux parents. Lorsqu'il était à la maison, mon père privilégiait le calme pour ce premier repas.

— C'est ce moment qui conditionne ma journée, m'avait-il expliqué. Une journée qui commence mal finira mal, souviens-t'en, Jackie.

En principe, assis sur une chaise, une tranche de pain ou une tasse de thé à la main, il avait en grande partie le visage dissimulé par le journal du matin. De temps à autre, quand un gros titre l'interpellait, il en faisait part à ma mère qui, un carnet sous les yeux, rédigeait l'une de ses nombreuses listes de choses à faire.

Le début de ma scolarité marqua la fin des moments calmes dont mon père m'avait confié avoir besoin. J'entrepris de prendre sur moi, mais je ne tins pas longtemps.

Ce matin-là, je repoussai mon petit-déjeuner, consistant en un œuf à la coque et une tranche de pain complet. Quelque chose était comme coincé dans ma gorge, et je savais que si j'essayais d'avaler quoi que ce soit, je m'étoufferais.

— Jackie, mange, dit ma mère.

Ne faisant preuve d'aucune compassion, elle semblait seulement résignée et agacée par mon comportement.

Craignant de la fâcher davantage, je me forçai à prendre un peu de pain, mais, à la première bouchée, j'eus un haut-le-cœur. Les yeux soudain humides, je n'arrivai pas à avaler, et la mixture ramollie retomba dans mon assiette.

— Jackie ! hurla ma mère.

Mon père se leva d'un bond.

— Pour l'amour de Dieu, Dora, fais quelque chose ! lança-t-il d'un ton laconique.

Il quitta la pièce avec son journal.

— Je mangerai dans le train, ajouta-t-il par-dessus son épaule.

J'étais à la fois gênée et effrayée.

Ma mère me jeta un regard furieux.

— Merci d'avoir gâché notre petit-déjeuner en famille, fulmina-t-elle en m'entraînant dans la salle d'eau du rez-de-chaussée.

Pendant qu'elle me frottait rudement le visage à l'aide d'un linge humide et vérifiait que je n'avais pas sali ma robe, sa colère bourdonnait dans mes oreilles.

Je lui hoquetai encore que je ne voulais pas quitter la maison, mais je ne pouvais pas lui dire que mon cauchemar avait pris pied dans la réalité et s'emparait peu à peu de tout mon être. J'allais à l'école, un point c'est tout.

Je ne me souviens pas de ce qui s'est passé en chemin ou une fois arrivée là-bas. Je ne me revois qu'assise dans une salle de classe, sans ma mère, les yeux fixés sur la porte, convaincue de devoir m'y précipiter et m'enfuir.

La maîtresse se retourna pour écrire quelque chose au tableau ; c'était le moment ou jamais. Je bondis de mon siège et piquai un sprint. Derrière moi, les images de mon cauchemar et l'écho d'une voix me disaient de courir.

La maîtresse m'attrapa avant que je n'atteigne la porte. Elle me maintint fermement contre elle pendant que je gigotais en criant que je voulais rentrer à la maison. Finalement, incapable de me raisonner, elle m'accompagna dans le bureau de la directrice. Il y eut alors la voix d'une nouvelle femme, cette voix qui réussit à m'apaiser. Peu à peu, mon pouls se ralentit et ma peur s'estompa.

Elle finit par me considérer assez calme pour me renvoyer en classe.

Nous avons partagé des bouteilles de lait et, plus tard, on nous emmena à la cantine pour déjeuner. On me fit m'asseoir à côté de la maîtresse ; je savais que c'était à cause de mon récent comportement. Ça ne me dérangeait pas : elle était gentille et essayait de m'inclure dans la conversation. Je lui confiai que j'adorais dessiner.

Elle m'annonça alors qu'elle comptait justement beaucoup nous faire pratiquer cette activité.

L'après-midi, nous avons joué dans le bac à sable de la cour avant d'écouter une histoire. Alors que je commençais à tomber de fatigue, la cloche sonna : ma première journée scolaire prenait fin.

À partir de ce jour, je me mis à apprécier l'école. Il y eut même des fois où je levais la main pour répondre à une question et arborais un sourire ravi lorsqu'on me félicitait. La maîtresse m'incitait à interagir davantage avec les autres élèves en me faisant distribuer des livres ou des crayons de couleur.

Un jour, elle nous donna des feuilles de papier et nous dit de dessiner une chose qui nous était familière.

— Et si vous faisiez votre maison ? Allez, les enfants, on va commencer par ça, décida-t-elle alors que vingt bouilles perplexes la regardaient en quête d'inspiration.

Je traçai un grand carré et d'autres plus petits à l'intérieur, pour représenter les fenêtres et la porte d'entrée.

— C'est très bien, Jackie, m'encouragea-t-elle.

Je poursuivis mon travail. Des petits bâtons avec des cercles en guise de visages apparurent.

— Très joli ! s'exclama-t-elle en faisant le tour des élèves.

Elle s'arrêta devant mon dessin.

— Qui est-ce ? demanda-t-elle.

— Maman et papa.

— Non, ici.

Elle désigna un bâton plus petit, à l'écart des deux autres.

— C'est moi, répondis-je.

Elle n'insista pas, mais, contrairement aux dessins des autres élèves, qui représentaient des groupes de gens ensemble, je m'étais dessinée seule, à part.

Au fil des jours, j'essayais de reproduire des animaux ou des fleurs pour imiter mes camarades. Une fois, je dessinai une maison bien plus petite que celle où je vivais. Je l'avais tracée dans un coin de la feuille.

— C'est la maison de qui, Jackie ? demanda la maîtresse.

— Mon oncle.

Je n'en dis pas davantage et, là encore, elle n'insista pas.

À côté de moi, un garçon dessinait un grand soleil jaune dont les rayons s'étalaient sur la feuille. Je m'emparai du crayon le plus sombre dans la boîte et traçai des nuages noirs au-dessus de gouttes de pluie.

Les semaines suivantes, la maîtresse nous montra les lettres de l'alphabet, qu'elle avait punaisées à côté d'images sur les murs de la classe. Je m'efforçais de faire prendre à ma bouche la forme adéquate afin d'imiter les autres élèves qui répétaient les sons que la maîtresse produisait.

— A pour abeille, récitions-nous, B pour bateau.

Mais alors qu'elle montrait l'image du chat, mon esprit s'était déjà égaré, et les lettres se brouillaient. À la fin de la première semaine d'apprentissage, je ne me souvenais pas davantage que « A pour abeille ». J'avais du mal à compter, mais quand la maîtresse nous désignait une grande horloge en carton et tournait les aiguilles, j'avais chaque fois la bonne réponse.

On apprit des chansons, la maîtresse marquant le tempo sur un triangle. J'entrepris de mémoriser les paroles des *Roues du bus*. Lorsqu'elle commençait, nous nous mettions debout et levions les bras en cercle afin d'imiter les roues qui tournent. Vingt bambins se dandinaient en chantant avec davantage d'enthousiasme que de justesse.

Mais le dessin restait mon activité favorite, et les bons points qui venaient récompenser mon travail faisaient ma fierté. Je fus la première élève à ajouter au nez et aux yeux habituels une bouche bien rouge truffée de grandes dents. Ce dessin me valut de nouvelles félicitations.

Certains de mes travaux se retrouvaient accrochés dans la classe, aux côtés de ceux d'autres élèves. J'en emportais certains à la maison pour les montrer à mes parents. Mais, contrairement à ceux de mes camarades, je savais que mes dessins ne viendraient pas orner le frigo ou les murs de la cuisine.

Chaque fin d'après-midi, une fois mon manteau enfilé, j'attrapais mon cartable et rejoignais ma mère à la sortie de l'école.

— J'espère que ta journée s'est bien passée, Jackie, disait-elle tout en souriant aux autres mères qui avaient au moins dix ans de moins qu'elle.

Puis nous nous éloignions tranquillement.

— Qu'as-tu appris aujourd'hui ?

C'était la seule question qu'elle me posait, aussitôt mon manteau accroché dans l'entrée. Je lui montrais mes dessins.

— C'est très bien, chérie, lâchait-elle avant de les plier soigneusement et de me les rendre afin que je les garde dans ma chambre.

Dès le second jour, j'avais cessé de protester pour ne pas aller à l'école. Chaque matin, après m'être lavée et brossé les dents, j'enfilais les vêtements propres que ma mère avait sortis la veille au soir.

Je tirais une certaine fierté de pouvoir me préparer toute seule, hormis mes cheveux qu'elle devait tresser. Une fois le petit-déjeuner terminé, c'était l'heure de partir. Je marchais aux côtés de ma mère jusqu'aux portes de l'école, où des groupes de femmes bavardaient en regardant leurs petits entrer dans la cour.

Mais cette période où mon changement de comportement dut soulager ma mère n'était pas faite pour durer.

Elle se détériora lorsque mon oncle me présenta à un nouvel ami qui, pour la première fois, vint chez lui.

8

Je n'ai jamais su le nom de cet ami, un petit homme joufflu aux yeux pétillants et de bonne composition. Je ne me suis pas méfiée lorsque je l'ai rencontré. Honnêtement, rien n'aurait laissé imaginer ce que dissimulait cette apparence sympathique.

— Je t'ai apporté un cadeau, Jackie, annonça-t-il en s'asseyant.

Il enfonça dans la poche de sa veste ses doigts pâles et boudinés dont l'auriculaire était orné d'une bague scintillante. Il en sortit un petit paquet. Je l'ouvris et découvris une nouvelle peluche : un cochon rose avec une clé sur le côté.

— Tu peux l'ajouter à ta collection, dit-il.

À l'époque, je ne me suis pas demandé comment il avait eu connaissance des autres peluches que mon oncle m'offrait quand nous jouions au « jeu ».

Il me montra comment le remonter. Une fois posé par terre, le cochon tournait en rond. J'étais une enfant ravie qui s'extasiait devant un nouveau jouet, une enfant qui applaudissait de bonheur. Le visage illuminé par un large sourire, je me retournai vers les deux adultes pour partager mon hilarité face aux cabrioles de mon cochon.

— Elle est bien mignonne, cette petite ! lança l'homme joufflu à mon oncle, qui approuva dans un murmure.

Je ressentais un mélange de timidité et de plaisir, comme toutes les petites filles qui surprennent un compliment qui leur est destiné. Ils m'offrirent de la limonade et, oubliant le jour où on m'avait forcée à en boire, je l'avalai avec enthousiasme.

Le liquide était encore sucré et sirupeux. Après quelques gorgées, je commençais à rire bêtement.

L'homme joufflu sortit un jeu de cartes de sa poche. Il les mélangea rapidement et, pour mon plus grand plaisir, me montra quelques tours avant de les étaler sur la table.

— Tu aimes jouer ? demanda-t-il.

Ne sachant pas ce qu'on attendait de moi, je le regardais avec une crainte grandissante.

C'est le moment que choisit mon oncle pour marmonner qu'il avait oublié de faire une course pour ma tante.

— Je file au magasin. Je n'en ai pas pour longtemps. Sois sage, Jackie, dit-il. Occupe-toi bien de mon invité.

Il me laissa avec cet homme dont le sourire ne quitta jamais le visage tandis qu'il m'expliquait le jeu que nous allions faire.

Alors qu'il me récitait les règles, je serrai Paddington tout contre moi.

C'était un jeu de sept familles, mais il voulait le pimenter un peu. Si je prenais la bonne carte, j'avais droit à un bonbon. S'il en faisait de même, il avait droit à un baiser. Mais si l'un de nous piochait la mauvaise carte, il fallait retirer un vêtement.

Il distribua les cartes. Des visages inoffensifs de boulangers, de facteurs et de membres de diverses familles me souriaient. Il m'en tendit une autre. Comme j'avais demandé la bonne, il tint sa promesse et me donna un bonbon. Lorsque ce fut son tour cependant, il poussa un cri triomphant : il avait gagné lui aussi. Il me tira vers lui.

— Un bisou, dit-il en présentant sa joue.

Je m'exécutai. Son contact était désagréable ; il n'était pas rasé de près comme mon oncle, et le baiser fut piquant.

Au tour suivant, je me trompai.

— Il va falloir enlever quelque chose, Jackie.

Je secouai la tête, et son regard perdit aussitôt tout éclat chaleureux.

Il m'empoigna et défit le nœud qui attachait mes cheveux.

— Voilà. Il n'y a pas de quoi en faire tout un plat, tu vois ?

Je me dégageai et pris une gorgée de limonade. La pièce se mit à tourner, et je l'entendis m'annoncer que j'avais une nouvelle fois pioché la mauvaise carte. Il m'ordonna d'enlever mes chaussures. J'obéis maladroitement en me débattant avec les lacets.

En l'espace de quelques minutes, il ne lui restait plus que son maillot de corps et son caleçon.

Je fixais mes cartes pour ne pas avoir à le regarder. Je ne voulais pas voir les poils grisâtres sur son torse ou les grosses veines qui ressortaient sur ses jambes pâles – et, par-dessus tout, ce qui semblait grossir sous son caleçon.

Je piochai une nouvelle fois la mauvaise carte, et il se mit debout.

— Encore à toi, Jackie, dit-il en désignant ma robe. Lève les bras, je vais t'aider.

Je m'exécutai à contrecœur. C'était comme si j'avais perdu la moindre volonté de protester ou capacité à résister. Il enleva ma robe, et je me retrouvai vêtue seulement de ma petite culotte blanche.

Puis elle finit par m'être retirée, son caleçon aussi. Pendant tout ce temps, une question m'obnubilait : que faisait donc mon oncle ?

L'homme me prit dans ses bras, me serra délicatement contre lui, puis me coucha sur le tapis. Il me frictionna d'une espèce d'huile froide avant de glisser le doigt entre mes jambes. J'étais tétanisée. C'est alors que mon esprit se déconnecta de mon corps, et je me retrouvai à planer au-dessus de la scène. De ce nouveau point de vue, je voyais une petite fille allongée par terre, les bras plaqués contre son corps et ses jambes fluettes écartées.

Je voyais son visage blafard, son regard bleu et vide fixé au plafond tandis qu'un homme aux cheveux gris, aux bourrelets de peau flasque et pâle pendant de son ventre, gémissait et grognait de plaisir en la violant.

Il détruisit les dernières parcelles de son innocence avec autant de rapidité que s'il avait fait bouillir de l'eau ou griller une tranche de pain. Il n'en avait rien à faire de cette fillette qui ne représentait qu'un objet de son plaisir parmi tant d'autres. Lorsqu'il eut fini, il la laissa par terre, telle une poupée brisée dont la petite culotte blanche traînait encore là où il l'avait jetée.

Avec les années, le souvenir de ses traits aurait pu s'estomper, mais je vois encore son regard soudain froid et indifférent, j'entends son souffle haletant, je me rappelle même son odeur. J'ai souvent pensé que, si le mal avait une odeur, ce serait celle du joufflu. Elle a envahi mon nez, s'est mêlée à mes larmes et a laissé une trace profonde et vive en moi. Encore aujourd'hui, une certaine tonalité de voix ou un rire la fait resurgir, et, dans ces moments-là, ma bouche s'emplit du goût âcre de mon enfance.

Rien ne l'a jamais effacée. Le joufflu est piégé à jamais dans le labyrinthe de mes pires souvenirs.

9

Ce jour-là, lorsque mon oncle revint et aperçut mon visage pâle et mes yeux secs – le choc avait séché mes larmes avant même qu'elles ne coulent –, il demanda au joufflu de partir.

— Tu n'aurais pas dû être aussi brusque avec elle, l'entendis-je s'énerver.

— Ça va aller, répondit le joufflu d'un ton dédaigneux. Elles sont toutes pareilles.

Mon oncle me souleva, plaça un comprimé entre mes lèvres et me laissa m'assoupir dans ses bras. En état de somnolence, je ne cessais d'entendre sa voix murmurer qu'il était désolé.

Plus tard, il me donna le bain, puis me rhabilla. Comme je refusais de porter les vêtements que l'homme m'avait retirés, il sortit mon pyjama de ma valise – le haut arborait de jolies petites souris roses – et le glissa sur mon corps déchiré.

Pourquoi, après ce qui s'était passé ce jour-là, n'ai-je pas parlé ? Je me pose souvent la question. Mais même si j'avais pu mettre des mots sur la situation, à qui les aurais-je adressés ? Mon oncle était le seul à me dire qu'il m'aimait, et il était déjà au courant.

Pourquoi ma tante ne m'a-t-elle pas demandé pourquoi je portais mon pyjama si tôt lorsqu'elle est rentrée du travail ? Et pourquoi n'a-t-elle pas remarqué mon air pâle et fatigué ? En tout cas, elle n'en a rien dit et s'est contentée, comme toujours, de s'affairer dans la cuisine pour le dîner tout en racontant sa journée.

Ce soir-là, le menu était composé de poulet et de légumes, mais la viande semblait sèche, et les légumes, gluants. Je mis des petits bouts dans ma bouche et me forçai à les mâcher tranquillement, mais je compris vite que, si je m'acharnais, je vomirais.

Je repoussai alors mon assiette.

— Qu'est-ce qu'il y a, Jackie ? Tu n'as pas faim ? demanda ma tante.

— Oh ! laisse-la donc, intervint mon oncle afin de m'empêcher de répondre. Elle mangera quand elle en aura envie.

Mais je ne pus avaler rien d'autre, même lorsqu'elle posa devant moi mon dessert préféré : tarte aux pommes et crème.

Je crois que nous avons regardé la télévision ensuite, car c'est toujours ce que nous faisions. À l'heure d'aller me coucher, c'est mon oncle qui me borda et glissa Paddington dans mes bras. Je m'endormis en serrant mon ours en peluche.

Peu de temps après, voyant que j'avais survécu au joufflu, mon oncle m'annonça qu'il allait me montrer ce que cela donnerait, de la part de quelqu'un qui m'aimait autant que lui.

Chaque fois qu'il retirait mes vêtements et faisait courir ses mains sur mon corps, il me soufflait des mots doux avant de me violer. J'entendais ses grognements de plaisir, suivis de ses excuses quand il avait conscience qu'il m'avait fait mal, et il m'assurait qu'il m'aimait.

Avec le temps, je finis par comprendre que la limonade n'était pas pure. Je vis mon oncle ajouter à la boisson gazeuse quelque chose provenant d'une bouteille plus petite. J'ignore ce que c'était, mais ça me tournait la tête et, surtout, effaçait la douleur et la peur.

Chaque fois, j'avais le sentiment que ce qui se passait n'était pas réel. Il me fallut du temps, mais je finis par réussir à déconnecter mon esprit de mon corps assez facilement. Alors, à l'instar de mon oncle, je devenais spectatrice. J'avais ainsi l'impression que tout cela arrivait à quelqu'un d'autre.

Mais mes cauchemars me rappelaient à la réalité. Ces rêves alarmants étaient désormais récurrents. Les images se glissaient dans ma tête même lorsque j'étais éveillée : je voyais des adultes se tordant dans tous les sens en faisant des choses répugnantes, leurs visages vides de toute expression.

J'entendais un mélange confus de sons, comme si mon cerveau me jouait un vieux disque rayé donnant des ordres. Au début, je ne comprenais pas leur sens, puis, peu à peu, ils devinrent des voix me disant de fuir.

Quelquefois, lorsqu'on posait devant moi une assiette pleine de nourriture, j'avais l'impression que quelque chose enflait dans ma gorge au point de m'empêcher d'avaler quoi que ce soit. J'avais beau essayer de l'ignorer, cette chose ne partait pas sans avoir été précédée de nombreux haut-le-cœur. C'était la peur, puis la colère qui m'envahissaient avec la menace d'éclater.

Dans la cour d'école, je me battais avec les autres enfants. Je hurlais et frappais gratuitement. Ce n'était qu'au moment où les institutrices se précipitaient sur moi que je me calmais.

À six ans, j'étais encore assez petite pour être maîtrisée ; c'était donc de ma sécurité qu'elles se souciaient, et non de la leur ou même de celle des autres enfants.

Quand mon besoin de courir devint irrépressible, elles s'inquiétèrent davantage. Incontrôlable, agitant les bras, je partais en sprint jusqu'au mur de l'école, puis m'y jetais de toutes mes forces.

J'avais compris que la douleur physique était la seule façon de faire cesser le supplice que causaient mes cauchemars. Je me projetais contre les briques en hurlant, et la douleur de l'impact coupait au moins court à mes pensées.

Encore et encore, les institutrices m'attrapaient et moi, affolée et en larmes, je ne me souvenais de personne ni du lieu où j'étais.

Tandis qu'on me maintenait en place, une plainte aiguë, continue et perçante résonnait dans toute l'école.

10

D'autres bribes de souvenirs me reviennent.

L'école recommanda vivement à mes parents – insista, devrais-je dire – pour qu'ils m'emmènent voir un médecin suite à ces crises violentes. La directrice avait précisé qu'il me renverrait probablement vers un psychologue. Elle voulait également leur faire part d'un autre point important : mes haut-le-cœur et mes vomissements réguliers. Elle expliqua à ma mère qu'au déjeuner, ou dès que je me retrouvais face à de la nourriture, j'avais souvent la nausée. Je ne semblais pas me l'infliger volontairement – mais je suis certaine que tous ces adultes en doutaient. D'après elle, il fallait de toute urgence me prendre un rendez-vous.

Mes parents acceptèrent alors de m'emmener voir le médecin du village, qui me renvoya vers un spécialiste travaillant dans un hôpital de Manchester.

La salle d'attente était bondée de gens avec des bras en écharpe, des jambes dans le plâtre, la respiration sifflante ou pris de quintes de toux. Ma mère et moi fûmes conduites dans une autre pièce.

— Il va falloir te déshabiller, trésor, annonça l'infirmière.

Je me mis à trembler sous les lumières vives de cette petite pièce. Je ne pouvais m'enlever de la tête que, quelque part, un appareil photo était dissimulé et que, derrière, des yeux m'observaient.

Je secouai la tête.

Prenant cela pour de la timidité, l'infirmière tenta de me mettre à l'aise.

— Tu n'as rien à craindre, trésor, dit-elle d'une voix douce avant d'ouvrir la porte d'une petite cabine. Tu peux te changer là-dedans. Ta mère et moi te laisserons tranquille.

Devant mon air toujours méfiant, elle pointa du doigt ce qui pendait derrière la porte.

— Regarde, Jackie, c'est un peignoir.

Je posai les yeux sur le vêtement de coton taille enfant muni d'une ceinture.

— Tu l'enfiles dès que tu t'es déshabillée, puis tu frappes à la porte quand tu es prête, d'accord ?

Sur ces mots, elle me laissa. Ne voyant aucune trace d'appareil photo et rassurée d'avoir quelque chose à mettre une fois nue, je me dévêtis à la hâte et endossai le peignoir.

Mais j'hésitai avant de frapper à la porte. Qu'allaient-ils me faire ?

L'infirmière finit par m'appeler ; je sortis donc de la cabine.

— Voilà une gentille petite fille, dit-elle en me prenant la main pour me ramener auprès de ma mère. Assieds-toi ici, le docteur ne va pas tarder, ajouta-t-elle en désignant une chaise.

J'obéis. À travers le tissu fin de mon peignoir, la chaise en plastique me faisait mal. Je remuai afin de trouver une position plus confortable et eus droit au regard irrité de ma mère.

— Tiens-toi tranquille, Jackie, s'énerva-t-elle.

Sans lui répondre, je me laissai glisser sur mon siège.

Les yeux baissés, je jetais des regards furtifs vers ma mère, espérant qu'elle me rassure, qu'elle me dise que tout allait bien se passer. Je voulais l'entendre dire que personne n'allait me faire de mal, mais elle se contentait de fixer le vide devant elle.

Le silence sembla se prolonger un long moment. Je regardais les aiguilles de l'horloge sur le mur se déplacer avec lenteur tout en me demandant encore combien de temps on allait nous faire patienter. Enfin, l'infirmière réapparut pour nous annoncer que le médecin était prêt à nous recevoir. Elle nous conduisit dans la pièce où il nous attendait, assis derrière son bureau. C'est ma mère qui parla et à elle que furent posées les questions. Devant lui, j'aperçus un dossier marron avec mon nom dessus.

D'abord, il voulut prendre ma température.

— Ouvre grande la bouche, dit-il. Je veux juste placer ça sous ta langue.

Au lieu de lui obéir, je pinçai les lèvres en lui jetant un regard peureux.

— Voyons, Jackie, nous essayons de t'aider !

Mais je ne desserrai pas les dents.

— Bon, il n'y a rien à faire, j'ai l'impression, soupira-t-il. Infirmière, placez ça sous son bras, je vous prie.

Tandis qu'il prenait mon pouls et écoutait ma poitrine, ma mère et lui parlèrent de moi comme si je n'étais pas là. Des mots tels « hystérique » ou « difficile » furent échangés, et le regard chargé de compassion du médecin était dirigé vers ma mère, non vers moi.

— Il ne semble pas qu'un problème physique soit à la source de ces vomissements, déclara-t-il à ma mère à la fin de son examen. Je vais lui prescrire quelque chose qui devrait la calmer.

Il sortit un bloc sur lequel il griffonna avant de donner la feuille à ma mère.

Puis il nous regarda toutes les deux et annonça sur un ton grave qu'il allait me renvoyer vers quelqu'un d'autre.

— Quelqu'un qui pourrait l'aider davantage que moi, ajouta-t-il.

Ma mère accepta alors de prendre un nouveau rendez-vous, cette fois avec un psychologue pour enfants.

Je me souviens ensuite de m'être rhabillée dans la cabine, puis ma mère et moi sommes sorties, elle d'un pas rapide et moi trottant derrière en essayant de ne pas me laisser distancer.

Des nuages s'échappaient de sa bouche dans l'air glacial tandis qu'elle marmonnait des reproches :

— Je ne sais vraiment pas quoi faire de toi, Jackie, fut tout ce qu'elle prononça, une fois dans la voiture.

Elle était parvenue à la conclusion que je me rendais malade volontairement et que j'étais donc entièrement responsable de mes cauchemars et de mes crises de panique.

Une semaine plus tard, on m'emmena voir le psychologue, qui rédigea le premier compte rendu présent dans mon dossier, celui sur lequel il est écrit que, d'après ma mère, j'ai toujours été une enfant difficile.

11

Je ne me souviens pas de ce que m'a demandé cet homme mince à lunettes. Je me rappelle seulement m'être assise à côté d'une femme – son assistante, m'avait-il dit – dans une pièce où on me donna à assembler des petits morceaux de plastique représentant des formes géométriques.

Après cela, on me montra des cartes sur lesquelles figuraient des images ou des mots que je devais faire correspondre. Puis je dus mettre dans l'ordre des cubes avec des nombres.

Après m'avoir observée, il me laissa de nouveau avec son assistante pour discuter avec ma mère. Le rapport indique que j'avais des problèmes de lecture et que j'étais dans l'incapacité de me concentrer plus de quelques minutes.

Il signale également l'inquiétude et le soutien de mes parents. Entre les lignes, cet homme me qualifiait donc d'enfant difficile et ingrate.

Ce fut le premier expert que je rencontrai et, comme ceux qui suivirent, il n'envisagea jamais l'éventualité que le problème pût résider dans ma vie, et non en moi. L'autre médecin lui-même n'avait pas demandé pourquoi une enfant avait peur d'ouvrir la bouche lorsqu'on voulait y placer un corps étranger. Comment cela se fait-il ? Beaucoup de ses jeunes patients refusaient-ils d'ouvrir la bouche face au thermomètre ?

Au lieu de cela, ils me disaient que j'avais de la chance, que j'étais privilégiée. Je possédais tout ce dont pouvait rêver une petite fille : des jouets, de jolis vêtements, un foyer agréable et des parents attentionnés.

Je me souviens très bien de ces mots, car on me les répéta sans cesse au cours des années qui suivirent.

12

J'ai lu des témoignages d'autres personnes qui, enfants, ont été violées par leur beau-père, des membres de leur famille, des amis en position de confiance, ou même dans certains cas leurs parents.

J'ai appris à travers leur discours comment elles avaient géré le fait d'être violées par un membre de leur famille qu'elles aimaient avant que cela ne se passe – et il n'était pas rare qu'elles l'aiment toujours après. Souvent incapables de faire face à l'horrible réalité de ce qu'ils subissaient, ces enfants créaient deux personnes dans leur tête : dans la plupart des cas, un papa gentil et un papa méchant. Le gentil les câlinait et leur offrait des cadeaux. Le méchant leur faisait des choses innommables.

De mon côté, je différais d'eux : c'est l'enfant que je séparais. Ces choses n'arrivaient pas à moi, elles lui arrivaient à elle ; je me contentais d'observer. Elle m'appelait, cette petite fille, me suppliait de l'aider, mais je décidai de l'ignorer.

C'est à ce moment-là que Florence, mon amie imaginaire, s'est mise à apparaître plus régulièrement. C'est elle qui se glissait dans mon lit la nuit, qui m'enveloppait dans sa douce étreinte et me disait qu'elle resterait avec moi jusqu'à ce que je m'endorme. J'avais cinq, six, sept ans, et ces délires n'empêchaient pas ce qui m'arrivait, mais ils le rendaient plus facile à supporter.

À travers le brouillard du monde dans lequel je me repliais, j'entendais ma mère me réprimander. Elle avait honte de mon comportement. J'étais une gêne pour elle et mon père. Désormais, tout le village parlait de sa famille. Pourquoi ne posais-je aucun souci à mon oncle ? De toute évidence, je savais me tenir quand je le voulais. Qu'avait-*elle* donc fait ? Qu'avait-*elle* fait pour mériter une enfant si difficile ? La liste des reproches était sans fin. Je haussais les épaules et ne répondais pas.

— Tu es trop accaparée par ta vie pour te rendre compte de ce qui ne va pas dans la mienne ! hurlait la voix dans ma tête, mais ma mère ne l'entendait pas.

Elle poussait un soupir de soulagement quand nous étions vendredi, sachant qu'elle serait débarrassée de moi jusqu'au dimanche soir.

Et moi ? Que ressentais-je quand mon violeur m'emmenait dans sa voiture et que ma mère nous faisait au revoir de la main pour sauver les apparences devant les voisins ?

Je consentais sans un mot, car, malgré ce qu'il faisait, n'était-ce pas la seule personne qui m'aimait et me consolait ?

13

En tant qu'adulte, j'ai de nombreuses fois demandé à l'enfant que j'ai été : « Pourquoi n'as-tu rien dit ? », mais l'enfant reste silencieuse, et c'est à moi de trouver les réponses.

Lorsque j'eus terminé les livres qui attestaient que je n'étais pas seule, que d'autres enfants avaient également tu leur viol, je partis en quête de plus d'informations sur Internet. Je tapai les mots « viol » et « enfants » : des pages et des pages apparurent sur mon écran.

C'est en lisant article après article que je compris peu à peu pourquoi les enfants font si peu pour s'en sortir. J'ai appris que certaines victimes de kidnapping se rangeaient du côté de leurs ravisseurs. J'ai découvert le syndrome de Stockholm, tirant son nom d'une prise d'otages lors d'un braquage. Après avoir passé des heures un revolver sur la tempe, les otages essayèrent d'aider leurs ravisseurs lorsqu'ils furent libérés.

Plus je lisais, plus je découvrais que, quand une personne répandant la douleur ou l'angoisse fait preuve d'une once de gentillesse, leur victime commence à se lier à elle et à s'y identifier. Ce qui aurait pu être au départ une stratégie de survie de la victime prend une tournure bien plus sérieuse. Sa conscience est alors pervertie par la compassion sincère qu'elle éprouve vis-à-vis de son persécuteur.

Le plus célèbre de ces cas est sans doute celui de Patty Hearst. Fille d'une famille américaine aisée, elle fut kidnappée par un groupe de terroristes.

Pendant cinquante-sept jours où elle demeura les yeux bandés, on la priva de manger, de boire et on la viola. Pourtant, non seulement elle essaya de protéger ses ravisseurs, mais, plus tard, elle se joignit à eux. Les images de cette femme participant à un braquage ont choqué le monde entier. Lors de son procès, son avocat mit en avant le fait qu'elle avait été manipulée.

À la lumière de ces articles, je commençai à comprendre un peu mieux mon enfance : mon oncle avait peu à peu non seulement créé un lien entre nous, mais il l'avait renforcé. Vis-à-vis de ses amis, je ressentais au pire une haine profonde, au mieux une froide indifférence, mais il contrôlait mes sentiments à son égard.

Jusqu'à mon adolescence, même si je craignais ses actes, il arrivait à me faire culpabiliser en prétextant que je lui avais fait mal.

Dans mon esprit embrouillé, c'était lui dont j'avais besoin. N'était-ce pas lui qui me rassurait ?

À la lecture de ces nombreux cas, j'en parvins à ce triste constat : si ces hommes arrivent à contrôler l'esprit d'un adulte, jusqu'où peuvent-ils aller avec celui d'un enfant ?

En tout cas, après l'expérience du joufflu, mon oncle est parvenu à faire croire à une petite fille qu'elle était responsable de ce qui s'était passé, qu'au lieu d'avoir été droguée et agressée, elle avait participé de son plein gré aux actes sexuels que lui et ses amis lui avaient fait subir. Mais, même avec cette explication, je suis toujours en colère après cette fillette, cette enfant qui n'a rien dit.

Pendant quelque temps après le viol du joufflu, seul, mon oncle me toucha, prenant photo après photo de mon corps nu. Je pense que l'état de choc dans lequel m'avait laissée le joufflu l'avait effrayé.

C'est pour cette raison qu'il évita de me « prêter » à ses amis durant un petit moment. Il mit cette période à profit pour tester mon obéissance jusqu'à être assuré de mon silence et de ma soumission. C'est à cette époque qu'il fit en sorte de renforcer ma vision de lui en tant que protecteur, celui pour qui je comptais le plus, ce qui n'était pas le cas de mes parents.

14

Dans l'année, il y avait deux jours durant lesquels je restais à la maison, que ce soit le week-end ou non. D'abord, mon anniversaire, où j'enfilais un habit neuf, m'asseyais sur une chaise et attendais que les amies de ma mère arrivent. Dans un tourbillon de parfum, de bises et de « Mon Dieu, que tu as grandi ! », elles pénétraient chez nous les bras chargés de jolis paquets-cadeaux.

— Joyeux anniversaire, Jackie ! disaient-elles en me tendant leurs présents.

On faisait passer de petits sandwiches dont on avait retiré la croûte et on versait du sherry doux dans des verres en cristal. On me donnait du jus d'orange, puis l'autorisation d'ouvrir mes cadeaux. Les adultes m'observaient, le visage plein d'attente.

J'avais droit à des livres que je ne pouvais pas lire, des poupées qui ne m'intéressaient pas et des vêtements qui rempliraient davantage mon armoire. Ma mère formait une pile ordonnée de tous ces objets et pliait soigneusement le papier qui les contenait.

— Oh ! comme c'est joli ! s'exclamait-elle chaque fois que j'ouvrais un nouveau cadeau. Qu'est-ce qu'on dit, Jackie ?

Je m'empressais alors de remercier poliment la personne qui me l'avait offert. Puis on m'apportait mon gâteau d'anniversaire garni de minuscules bougies. Évidemment, ma mère ne prenait pas la peine de réaliser un gâteau au glaçage bancal affichant « Joyeux anniversaire » ; elle préférait acheter une sublime création chez le pâtissier. Une année, le gâteau représentait une fillette faisant du patin sur un lac bleu. Une autre, le glaçage et la pâte d'amandes se mêlaient de façon à former un bouquet de fleurs. J'ai toujours trouvé dommage de gâcher ce travail lorsque le couteau venait le trancher, répandant des miettes partout et brisant les jolies images.

— Souffle les bougies, Jackie, disait ma mère chaque année. Il faut que tu fasses un vœu.

Je prenais alors la plus grande inspiration possible, la bloquais un instant, puis soufflais un bon gros coup. Tout le monde applaudissait lorsque la dernière bougie s'éteignait enfin, et j'avais droit à la première part du gâteau.

Évidemment, le plus gros cadeau ou le plus cher venait de mes parents. On me l'offrait après le petit-déjeuner, et je le gardais en bas afin de l'afficher aux yeux de toutes mes « tantines » quinquagénaires qui arriveraient plus tard. Elles tombaient toujours d'accord : j'étais une petite fille qui avait vraiment de la veine. Avant mes dix ans, je possédais une grande maison de poupée en bois à laquelle je ne m'intéressais plus depuis longtemps et qui traînait dans un coin de ma chambre ; un petit médaillon en or enfoui dans un tiroir de ma coiffeuse ; un radiocassette coûteux laissé à l'abandon sur une étagère, aux côtés de mes livres et de mes films ; toute une collection de disques ; beaucoup trop de jouets pour une seule enfant, et une armoire pleine à craquer des dernières créations.

Le seul cadeau que je n'avais pas à garder dans ma chambre était mon vélo. C'était d'ailleurs mon cadeau préféré, mais, à part le jour où on me l'a offert, neuf et donc tout propre, il devait rester dans le garage. L'année où mon gâteau allait arborer six bougies, ma mère estima que je devais fêter mon anniversaire en compagnie d'autres enfants.

— Tu peux inviter tous tes petits amis de l'école, dit-elle d'un ton jovial, ignorant le fait que je ne semblais pas en avoir et que, durant l'année, je n'avais été conviée à aucun goûter d'anniversaire.

Mais comme ma mère en avait décidé ainsi, elle prépara les invitations. Elle déposa à l'école des petites enveloppes comportant de jolis cartons afin que chaque enfant en apporte une à ses parents. Elle avait convié tous mes camarades, même ceux que je lui avais expressément demandé de ne pas inviter.

— Arrête ton cinéma, Jackie ! me lança-t-elle lorsque je contestai. Il faut inclure tout le monde. Tu ne peux pas en inviter certains et en ignorer d'autres.

Mais je savais très bien que c'était la réaction des parents qu'elle craignait, et non celle des enfants.

Je ne pense pas que mes camarades aient répondu positivement parce qu'ils m'appréciaient. Ce qu'avait noté ma mère dans l'invitation eut sans doute davantage de poids : pas besoin d'emporter de cadeaux, et il y aurait un magicien et quelqu'un pour surveiller les enfants. Les parents n'avaient qu'à les déposer et revenir les chercher quelques heures plus tard.

Évidemment, ils acceptèrent. Après tout, que pouvait espérer de mieux la mère d'un enfant de six ans qu'un après-midi tranquille pendant qu'on s'occupait, et bien, de son petit ?

On m'offrit tout de même des cadeaux : des livres, des cahiers de coloriage, des crayons de couleur et des bonbons que je dus partager avec mes « amis ».

Lors de ce premier goûter d'anniversaire, tandis que ma mère et ses amies proches sirotaient tranquillement du sherry en papotant, un magicien nous exécuta ses tours. Il fit apparaître des pièces derrière nos oreilles, des foulards de nos poches et, évidemment, il sortit une carte de nulle part. L'année d'après, pour le plus grand plaisir de ma mère, je reçus quelques invitations. À mon anniversaire suivant, il y eut une chasse au trésor, et chaque enfant trouva quelque chose. Mais ce fut mon dernier goûter d'anniversaire. Je ne recevais plus d'invitations. Mes crises de plus en plus violentes faisaient de moi non seulement une enfant perturbée, mais également destructrice. Les parents demandaient à leurs enfants de ne pas jouer avec moi, mais ce n'était pas nécessaire. Ils étaient nombreux à avoir assisté à mes accès de violence et à mon comportement imprévisible.

— Jackie, je pense que nous ferions mieux de fêter ton anniversaire calmement, cette année ! lança sèchement ma mère. Ça ne sert à rien de t'exciter inutilement.

Je passai donc mon huitième anniversaire avec ses amies. Cette année-là, mon oncle et ma tante firent une apparition, ce qui n'avait jamais été le cas. Ils préféraient en principe me donner leurs cadeaux quand je venais chez eux.

Ils m'offrirent un énorme nounours jaune. Ils n'avaient pas pu l'emballer, du fait de sa taille, mais le gros ruban autour de son cou faisait office de papier-cadeau.

— Comme c'est gentil ! s'exclama ma mère, à son habitude. Qu'est-ce qu'on dit, Jackie ?

Je portai sur l'ours, qui éclipsait toute ma collection de peluches, un regard proche du dégoût. Il était en nylon, bien trop gros, et je ne lui trouvais absolument pas un air amical. Lorsque je m'en emparai avec précaution, il poussa un grognement. « Le jeu » me revint immédiatement en tête, et je me sentis faiblir. Je m'efforçai de déglutir afin de dissimuler le fait que la bile me brûlait la gorge. Quelque part, ma mère s'était donné tellement de mal pour cette « fête » que je ne voulais pas la gâcher, ce qui aurait été le cas si j'avais vomi sur le tapis.

— Merci, dis-je en posant un baiser sur la joue de mon oncle et de ma tante.

La présence de cet homme chez moi me rendait toujours mal à l'aise. Je n'aimais pas qu'il soit là, car, malgré l'indifférence évidente que j'inspirais à ma mère, c'était le seul endroit où je me sentais en sécurité.

Mais lorsque ma mère proposa à mon oncle et à ma tante de dormir chez nous pour Noël, il ne me resta plus rien à quoi me raccrocher.

— Si vous voulez boire un peu, il vaut mieux éviter les barrages de police, leur conseilla-t-elle.

Sur les routes qui reliaient les villages, on postait de plus en plus de policiers qui effectuaient des tests d'alcoolémie. Les adultes s'attendaient donc à voir, durant les fêtes de fin d'année, des voitures banalisées sur les bas-côtés entre notre village et celui de mon oncle, prêtes à surgir au moindre signe de fêtard en état d'ébriété. Étant donné que mes parents et leurs invités aimaient boire, il fallait s'arranger autrement.

Noël était le second événement pour lequel je portais mes plus beaux vêtements et devais remercier chaque personne m'ayant apporté un cadeau. Dans le coin du salon trônait un énorme sapin dont on apercevait à peine la verdure derrière la masse de guirlandes argentées que ma mère sortait chaque année. On y avait empilé sous les branches les cadeaux soigneusement emballés. Certains étaient destinés aux proches ; d'autres, plus petits, étaient pour les amis que mes parents invitaient le lendemain de Noël pour déguster des tartelettes aux fruits secs autour d'un verre. Le 24 au soir, j'avais l'autorisation de veiller plus tard que d'habitude. Juste avant d'aller me coucher, j'accrochais ma chaussette à la cheminée de pierre afin que le père Noël la remplisse de présents.

On s'échangeait les cadeaux après le petit-déjeuner, et les miens rejoignaient aussitôt les montagnes de jouets dans ma chambre.

L'année où mon oncle et ma tante dormirent à la maison fut celle où on m'offrit mon vélo. Comme chaque Noël, ma mère avait choisi en fond sonore *Le Messie* d'Haendel.

— L'orchestre est dirigé par George Solti, me déclara-t-elle, comme si cette information allait me persuader de partager ses goûts musicaux.

Je n'aimais pas cette musique ; en revanche, j'adorais entendre le magnifique timbre de Kiri Te Kanawa emplir la maison. Mais je me souviens surtout d'elle parce que je la trouvais jolie, contrairement à certaines chanteuses d'opéra à la voix tremblante que j'avais vues à la télévision. Aussitôt le petit-déjeuner terminé, mes parents me demandèrent d'aller chercher quelque chose dans le salon. C'est là que je découvris le vélo bleu foncé et argenté dans un coin de la pièce. Abasourdie, je me précipitai dans la cuisine.

— Tu peux apprendre à en faire ici, si tu veux, m'annonça mon père.

La cuisine était si vaste qu'il y avait largement la place pour manœuvrer un vélo. Je brûlais de me jeter dans ses bras et lui dire que j'en avais désiré un plus que tout, mais la timidité m'en empêcha.

— Merci, pus-je seulement articuler.

En dehors du vélo, il ne me reste que quelques fragments de cette journée. Il y eut les habituelles tartelettes de fruits secs, des plats de dattes, de noix et de mandarines, une grosse boîte de Quality Street et des dragées. Mon oncle et ma tante arrivèrent en début d'après-midi les bras chargés de cadeaux, de bouteilles de vin et d'un énorme bouquet de fleurs pour ma mère. Les « Que c'est gentil ! » et « Vous n'auriez pas dû » d'usage précédèrent les échanges de bises et les embrassades pour moi. Je ne me souviens pas de ce qu'ils m'avaient apporté, ni de mes autres cadeaux d'ailleurs.

Je revois la table mise pour sept personnes. Mes parents avaient invité un couple d'amis de leur âge dont les enfants, à l'instar de mon frère, passaient Noël avec leurs camarades étudiants. À leur arrivée, je reconnus la femme aux longs cheveux blonds : c'était celle que j'avais vue avec mon père, cette fameuse soirée où ils avaient passé la nuit ici. Mes parents les présentèrent à mon oncle et ma tante et, après l'apéritif, on se mit à table.

Le plat principal consistait en une énorme dinde et ses accompagnements traditionnels : des petites saucisses, des montagnes de purée de légumes et marrons et tout un tas de pommes de terre au four. Des commentaires approbateurs accueillirent l'arrivée du volatile, que ma mère donna à couper à mon père. Il plaça une aile dans mon assiette – c'était la partie que je préférais.

— Tu veux aussi de la poitrine, Jackie ? demanda-t-il tout en en posant un morceau devant moi.

Je croisai alors le regard de mon oncle, qui me fit ce sourire qui n'était destiné qu'à moi. Je baissai aussitôt les yeux sur mon assiette et ses bouts de viande blanche. La sauce aux canneberges avait commencé à les tacher de rouge, et je sentis soudain ce poids dans ma gorge qui m'empêchait de déglutir. Devinant le regard de ma mère posé sur moi, je mis un morceau de viande dans ma bouche. M'implorant intérieurement de ne pas vomir, je puisai dans mes plus profondes ressources pour avaler. Je bus une gorgée de jus de fruits après chaque bouchée et finis par terminer chaque plat. Ma mère méprisait les chapeaux en carton qu'elle considérait comme communs, mais nous avons tout de même tiré sur les chics crackers or et rouge qu'elle avait trouvés dans le catalogue de Noël d'Harrods. Ils ne comportaient que des cadeaux pour adultes : des mignonnettes. Selon ma mère, il fallait boire celle sur laquelle nous tombions.

— Je prendrai la tienne, Jackie. Je ne suis pas certaine que tu apprécies la crème de menthe, s'esclaffa mon père quand une bouteille au liquide vert atterrit dans mon assiette.

Une fois le repas terminé et le porto débouché, on m'autorisa à monter dans ma chambre.

Là-haut, je vomis tout ce que j'avais ingurgité. Malgré le chauffage, je frissonnais et avais la chair de poule.

— Je t'en prie, suppliai-je Florence, fais qu'il me laisse tranquille.

Ce soir-là, mon souhait fut exaucé.

Le lendemain, épuisés par ces deux jours de festin, mes parents allèrent se coucher tôt. Il vint dans ma chambre. Je dormais, mais sa présence me réveilla. Je n'eus pas besoin d'ouvrir les yeux pour savoir qu'il se tenait debout près du lit. Je percevais sa respiration et, faisant semblant de dormir, immobile, je sentis ses doigts frôler mon visage.

— Je sais que tu es réveillée, Jackie.

J'agrippai ma couette et ouvris les yeux.

— Je t'ai manqué ? demanda-t-il.

Dans la panique, je lui soufflai qu'on allait l'entendre, qu'il ferait mieux de partir. Persuadé que j'essayais de le protéger, il s'empressa de me rassurer :

— Ne t'inquiète pas, Jackie, nous ne craignons rien. Tes parents sont épuisés et ils ont bu. Ils ne risquent pas de se réveiller. J'ai dit à ta tante que je sortais fumer une cigarette – tu sais ce qu'elle pense de cette sale habitude.

Je savais également ce qu'en pensait ma mère, mais je n'en dis rien. Je serrai plus fort ma couette en priant secrètement qu'il s'en aille.

Il éteignit ma lampe de chevet, mais je le voyais quand même.

— Il va tout de même falloir faire vite, dit-il en me prenant la tête.

Il enfonça ses doigts dans ma chevelure et me tira vers lui tandis que, de son autre main, il s'affairait à ouvrir son pantalon. Mes oreilles bourdonnèrent du bruit de la braguette. Il me plaqua contre lui. J'avais beau retenir ma respiration, je sentais quand même cette odeur de transpiration sur cette peau brûlante. Puis il souleva les draps et se glissa dans le lit. Dans l'obscurité de ma chambre où seuls mes ours en peluche pouvaient nous voir, il écarta mes jambes et me tint fermement jusqu'à ce qu'il ait terminé.

Une fois certaine qu'il était parti, après avoir entendu ses légers bruits de pas longer le couloir qui le menait à la chambre qu'il partageait avec ma tante, je rallumai ma lampe. J'évitai de regarder mes ours ; je ne voulais pas voir leurs yeux qui, je le savais, m'avaient observée.

J'invoquai plutôt Florence, qui vint me souffler des paroles réconfortantes.

Le lendemain matin, on mit mon teint cadavérique sur le compte des repas trop riches des derniers jours.

— Terminé, les tartelettes aux fruits, déclara quelqu'un.

Je me souviens de ce Noël.

Après cela, la seule pièce que je considérais comme un havre de sécurité ne l'était plus. Désormais, mes oursons connaissaient mon secret. Je les avais tournés face au mur. Je ne voulais plus voir leurs visages et je ne voulais plus dormir dans cette chambre. C'était la douce et patiente Florence qui me consolait, la nuit.

— Pourquoi as-tu fait ça à tes oursons ? demanda-t-elle un soir où j'étais recroquevillée dans ses bras, sous les draps.

Je lui répondis qu'ils avaient vu ce que mon oncle et moi avions fait.

15

Ma mère brandissait une petite culotte bleu marine en désignant une tache au niveau de l'entrejambe. Je me mis à paniquer, car je savais ce que c'était : une minuscule tache ayant sans doute échappé à la surveillance étroite de mon oncle qui lavait et inspectait ma culotte chaque fois que j'étais chez lui.

— Qu'est-ce que c'est que ça, Jackie ?

Sa question était teintée de peur.

— Je ne sais pas, mentis-je, mais nous savions très bien que c'était du sang.

— Comment cette tache est-elle arrivée là ? insista-t-elle.

Elle devait forcément s'en douter ; il n'y avait pas mille possibilités. La tête me tournait. Je n'allais pas m'en tirer comme ça ; il fallait que je trouve quelque chose, quelque chose de crédible. Pourquoi ne lui ai-je pas dit la vérité ? Si je l'avais fait, il ne me serait plus rien arrivé. Mais cette idée ne me traversa même pas l'esprit. Je n'avais qu'une chose en tête : lui livrer une sorte de demi-vérité, afin qu'elle me laisse tranquille.

— Je jouais, articulai-je lentement en cherchant une excuse crédible. Avec un garçon, à l'école.

Un éclair de soulagement traversa son visage, mais elle garda ses lèvres pincées et son regard sévère en attendant la suite.

— Continue, insista-t-elle devant mon refus de mentir davantage.

— Bah…, on jouait, quoi, tranchai-je dans le mur de silence qui s'installait entre nous. Il m'a montré son zizi, et je lui ai montré ma zézette.

— Et ? On n'a pas de taches si on se contente de regarder.

— Bah, euh…

J'hésitai un instant, craignant la portée de ce que j'allais dire.

— … il a mis un doigt dans ma culotte.

Ma mère explosa et m'inonda de sa furie. J'étais une petite fille ignoble, une honte pour la famille. Je la dégoûtais. Je restai là, tremblante, à l'écouter m'accabler de reproches. Enfin, elle m'envoya dans ma chambre.

— Et que je ne te voie pas en sortir tant que je ne te l'aurai pas demandé ! cria-t-elle.

Je grimpai les marches à la hâte avant qu'elle me hurle de nouveau sa colère.

— Comment aurait-elle réagi si je lui avais dit la vérité ? interrogeai-je Florence entre deux sanglots.

Cette fois, mon amie n'avait pas de réponse à me fournir. Elle me confirma seulement que, si je l'avais fait, nous aurions eu de gros soucis, comme l'avait signalé mon oncle.

Ce fut le début d'une nouvelle période dans ma vie. Aux yeux de mes parents, mon comportement empirait de jour en jour. Je ne voulais plus du tout aller dans ma chambre et je piquais une crise dès qu'on me disait de monter me coucher.

Je luttais aussi longtemps que possible contre le sommeil et les cauchemars qui l'accompagnaient.

Et quand, incapable de résister davantage à la fatigue qui me fermait les paupières, j'entrais dans la pièce où se trouvait la petite fille, sa peur m'envahissait. J'ouvrais grands les yeux et j'avais l'impression d'être au bord de l'asphyxie. Alors, à moitié endormie, j'emportais mes couvertures sur le palier où je finissais ma nuit en boule.

C'est mon père qui tomba sur moi la première fois.

— Qu'est-ce que tu fais là, Jackie ? s'étonna-t-il en me ramenant dans ma chambre.

Il ne se mit pas en colère, cette fois-là, mais, à force de me découvrir encore et encore sur le palier, mes parents se montrèrent moins patients. Ils se demandaient si l'enfant qui les désespérait en affichant ces nouveaux troubles n'était pas somnambule. Peu de temps après, ils me retrouvèrent recroquevillée dans un coin de ma chambre, le pouce dans la bouche et les yeux fermés, en train de me balancer d'avant en arrière.

Ils m'appelèrent, mais je ne les entendis pas. Lorsqu'ils me touchèrent, je tressaillis et ouvris brusquement les paupières. Mais, totalement dans un autre monde, je gardai les yeux dans le vide.

À l'école, ce n'était pas mieux. La directrice informa ma mère que je m'étais encore échappée de la salle de classe en poussant des hurlements pour aller me jeter contre le mur, dehors. Lorsque les institutrices tentèrent de me maintenir immobile, de peur que je ne me blesse, je ripostai avec fureur jusqu'à l'épuisement.

Lorsqu'on m'emmena dans le bureau de la directrice, je me mis à pousser ces cris aigus, continus, perçants et désespérés. Et l'on signala à mes parents que, même une fois calmée, je semblais être ailleurs, comme si je ne reconnaissais pas l'endroit où je me trouvais ou les personnes qui m'entouraient. On suggéra alors qu'un internat qui accueillait les enfants à problèmes me conviendrait davantage. Mais ma mère, incapable d'accepter les stigmates d'avoir une fille perturbée, persuada l'école qu'il était mieux pour moi que je reste à la maison.

Une nouvelle visite chez le psychologue s'ensuivit, mais, une fois de plus, aucune conclusion ne fut tirée concernant *la raison* d'une telle dégradation de comportement. Ils parlèrent de régression, mais ils avaient tort :

ce n'était pas si simple que ça, car je n'avais aucun souvenir de moi-même bébé. Je me suis renseignée sur cela bien plus tard, lorsque des psychiatres m'ont aidée à comprendre ma situation et ce qui s'était passé.

Je n'avais pas simplement régressé, j'évoquais l'enfant que j'avais été avant que « ce qui était arrivé soit arrivé ». Lorsque j'y parvenais, je me sentais de nouveau en sécurité et je redevenais ce bébé.

C'est sûrement à cette époque que ma mère commença à douter d'une éventuelle amélioration de mon état. Je percevais sa peur, la peur de ce que je pouvais faire, mais aussi celle de la honte qu'une enfant mentalement dérangée infligerait à sa famille et à sa situation sociale.

Mais même elle n'aurait pas pu imaginer ce que les prochaines années allaient me faire faire.

J'avais conscience que ma mère attendait avec impatience les week-ends durant lesquels la maison ne résonnait plus de mes crises et de mon tourment.

Mon oncle était si gentil, si bon et si serviable, me confiait-elle. Et chaque vendredi, nous attendions toutes les deux que la personne qui disait toujours m'aimer vienne m'emmener loin d'ici.

Devant le désespoir de ma mère, l'avis de l'école et l'incapacité des psychologues à diagnostiquer mon problème, mon père décida de me faire changer d'air. Cela pourrait peut-être me faire du bien.

16

— Nous partons dans le nord de l'Espagne, cet été, annonça-t-il quelques jours avant le début des vacances scolaires.

Il y avait acheté une maison après être tombé amoureux de la région lors d'un de ses nombreux voyages d'affaires.

Ce n'était pas un appartement côtoyant les plages populaires, qui commençaient tout juste à être à la mode, mais une grande *finca* de pierre ancienne avec un jardin où poussaient des citrons et des avocats.

— L'Espagne typique, se réjouissait-il.

J'avais déjà surpris plusieurs conversations où ma mère se plaignait de ne pas être plus proche de la plage.

— Je t'assure que tu n'aimerais pas cela, Dora. Les plages propres sont bondées de touristes tout l'été. Beaucoup de voyages organisés bon marché partent d'Irlande et de Manchester, ajouta-t-il pour interpeller le côté bourgeois de ma mère. Des ouvriers louent des appartements pour leur marmaille.

Ma mère capitula.

— Assurément, nous profiterons de l'Espagne typique, conclut mon père.

— Quand partons-nous ? demanda ma mère avec un sourire qui m'excluait. Il va falloir s'organiser, pour Jackie.

— Tu n'as pas saisi, Dora. Jackie nous accompagne. Ces vacances lui sont destinées.

J'imagine que cela ne plut pas vraiment à ma mère. En surprenant d'autres conversations, je crus comprendre que mon père pensait que le fait de passer tout l'été dans un environnement totalement différent pourrait me faire du bien. C'est pour cela qu'il avait pris plus de deux mois de congés. Ses rares présences à la maison pouvaient être en partie la cause de mon comportement, et il voulait apporter son aide.

— J'ai conscience que tu as dû supporter cela toute seule ; j'ai donc décidé de voir ce que je pouvais faire à mon tour, Dora, l'entendis-je dire.

Je jetai un coup d'œil derrière la porte et vis ma mère, un verre de vin à la main, déclarer qu'elle ne savait pas ce qu'elle ferait si ça ne fonctionnait pas.

— Ce n'est pas un problème, pour toi. Tu es tout le temps absent. Moi, je suis avec elle vingt-quatre heures sur vingt-quatre ! Les autres parents ont pitié de moi. De moi ! Notre famille n'a jamais connu un tel déshonneur.

Le bruit du liquide qu'on verse me laissa imaginer qu'elle se servait un nouveau verre, puis elle se mit à crier :

— Je ne sais pas ce qui ne va pas chez elle ! Et honnêtement, je ne pense pas que ces satanés psychologues que l'école ne cesse de me conseiller le sachent non plus. Quand ils lui posent des questions, elle reste là à regarder dans le vide. Je ne peux pas deviner ce qu'elle pense !

Mon père tenta de la rassurer, mais ma mère avait éclaté en sanglots.

— Je ne sais plus quoi faire !

— Elle est trop jeune pour qu'on lui porte un diagnostic, Dora, murmura mon père. Ils nous l'ont dit. Nous n'avons pas le droit de baisser les bras.

Je compris par son ton que ce qui n'allait pas chez moi l'affligeait, ce qui m'embarrassa. J'avais entendu ce qu'on marmonnait à l'école, et j'avais vu les enfants lever un doigt sur le côté de leur tête : je savais qu'ils me prenaient pour une folle.

À six ans, j'avais juste conscience que l'école m'effrayait, mais, en grandissant, l'idée que quelque chose ne tournait pas rond en moi commença à me préoccuper.

J'entendis ma mère protester. Ce n'est pas ce qu'elle voulait dire, mais elle était au bout du rouleau. On versa encore du vin dans un verre. J'avais déduit que les adultes buvaient du vin quand ils étaient au bout du rouleau ou avaient passé une mauvaise journée au travail. D'un autre côté, il semblait tout de même très apprécié lors des soirées où tout le monde s'amusait. Je ne saisissais pas cet illogisme.

— Allez, Dora, il faut essayer. Peut-être le fait d'être tous ensemble loin d'ici améliorera-t-il son état.

— Je sais que tu as raison. Je pensais juste que des vacances sans elle me reposeraient.

Elle ne voulait donc pas que je vienne, conclus-je, furieuse. Dans la crainte de me faire prendre, je filai.

Mon père attendit le lendemain matin pour m'informer de son projet. Nous avions terminé notre petit-déjeuner, et la table était débarrassée. Il se pencha vers moi :

— Jackie, ta mère et moi avons une excellente nouvelle à t'annoncer.

Prétendant ne pas être au courant, je lui jetai un regard curieux.

— Nous partons en Espagne. L'été entier.

L'Espagne était un mot. C'est tout ce que cela représentait à mes yeux de petite fille. Mais mon père s'empressa de m'en dresser le portrait et m'assura que j'allais beaucoup m'amuser.

Il me parla du village où nous allions – il n'avait pas changé en cent ans – et de la gentillesse de ses habitants. Il décrivit la vieille maison qu'il avait achetée et où, des fenêtres, l'on voyait les vergers de citronniers. Il mentionna les montagnes, l'eau scintillante qui y courait et les fleuves qui se jetaient dans la mer.

— Un cours d'eau traverse notre terrain et, pas très loin, il y a une forêt pleine de pins. L'air est empli de leur parfum, on peut même le sentir des fenêtres des chambres.

Il s'exalta en me révélant que nous allions prendre le ferry et que nous traverserions la France entière en voiture dès que l'école prendrait fin. Je voyais bien qu'il essayait de déclencher en moi une lueur d'intérêt ; en vain.

— On n'y va pas en avion, alors ? finis-je par demander.

J'avais entendu des camarades de classe dire qu'ils étaient partis à l'étranger de cette manière, ce qui avait attisé ma curiosité.

Mon père éclata de rire.

— Non, Jackie, nous y allons en voiture. Tu verras bien plus de choses ainsi. Dans un avion, tu ne vois que des nuages, et le tarmac à l'atterrissage. Je peux te l'assurer, je fais ça tout le temps pour le travail, et ce n'est franchement pas emballant. Et puis, nous n'aurions pas pu prendre ton vélo, n'est-ce pas ? Nous pourrions partir en exploration là-bas, tous les deux.

— Mais tu n'as pas de vélo, toi, répondis-je avec cette logique dont font preuve les enfants.

— Eh bien, je m'en achèterai un.

Le silence de ma mère me fit clairement comprendre qu'elle ne se joindrait pas à nous dans ces moments-là, mais les paroles de mon père réchauffèrent mon cœur. Ces projets estivaux accaparèrent toutes nos pensées, à ma mère et moi, et mon père ne cessait d'être bombardé de questions.

— Parlent-ils au moins un peu anglais, là où nous allons ? demanda ma mère.

Il l'ignorait : il n'avait fait que discuter en espagnol avec la population locale. Mon père parlait couramment le français et l'espagnol. Il traitait avec l'Amérique du Sud, pour son travail, et il avait appris la langue à l'aide de cassettes audio.

— Ce n'est pas une langue difficile à apprendre, Dora. J'ai toujours les cassettes…, proposa-t-il timidement.

Elle répondit sèchement qu'elle n'avait pas l'intention de se replonger dans les études à son âge. Elle se contenterait de se reposer sur lui, ce qui ne semblait pas déplaire à mon père.

Pour une fois, j'avais hâte que l'école soit finie, et le lendemain, nous chargions nos valises dans notre spacieuse voiture familiale. D'après mon père, nous avions seulement besoin de shorts, de sandales, de T-shirts en coton et de deux ou trois pulls. Mais ma mère semblait l'avoir oublié. Elle apparut avec une énorme valise, une trousse de maquillage presque aussi grosse que le sac qu'elle avait préparé pour moi, et une boîte pleine de magazines de luxe et de livres.

On m'avait autorisée à prendre Paddington. À l'un de mes anniversaires, j'avais eu comme cadeau un maillot de bain pour lui. Avec une paire de lunettes de soleil pour enfants, il était fin prêt à partir en vacances. J'emportai également son petit pyjama à fleurs : un duffelcoat et des bottes en caoutchouc ne conviendraient pas au climat.

— Prends des livres, aussi, m'avait dit mon père.

J'embarquai mes cahiers de coloriage, car j'avais encore des difficultés à lire.

Le long trajet jusqu'au village reste assez flou dans mon esprit. Nous avions passé la nuit en France, mais lorsque notre route prit fin, je m'étais endormie à l'arrière de la voiture, au milieu des valises.

J'ouvris mes yeux fatigués sur les ombres des nuages coupant la lumière argentée de la lune. Elle se répandait sur le long bâtiment à un étage qui allait être notre maison pour les prochaines semaines.

Dehors, le silence régnait. Je sentis le parfum envoûtant des citronniers et des pins, comme me l'avait promis mon père.

Il me porta à l'intérieur.

— Je vais la mettre directement au lit, dit-il.

Je l'entendis murmurer à ma mère que j'avais l'air tellement sereine dans mon sommeil qu'il n'avait pas voulu me réveiller. Pour une fois, je lui offris un sourire et me laissai emporter dans une chambre.

Ma mère m'aida à enfiler mon pyjama, me couvrit d'une couette et partit.

Le lendemain matin, je me suis réveillée dans une pièce baignée de soleil avec ce qui s'approchait d'un sentiment de bien-être. Impatiente de voir l'extérieur, je me suis penchée à la fenêtre pour inspecter les alentours.

Durant la nuit, la brise avait chassé les nuages, révélant une vaste étendue de ciel bleu. Je n'avais qu'une envie : sortir.

J'apercevais des petits arbres et leurs fruits jaune vif et, au loin, des prairies luxuriantes aux fleurs sauvages rouges et jaunes clairsemées, qui s'étalaient jusqu'au bas de la toile vert et gris de la chaîne montagneuse.

Avec cette chaleur et cette vue, la peur qui nouait constamment mon estomac commença à s'estomper. Les bribes de cauchemars s'évaporèrent lorsque j'ouvris davantage la fenêtre et inhalai les parfums de jasmin, de pin et d'air frais. Cette matinée ensoleillée me soufflait de redevenir une enfant libre, de jouer dans ces prairies et de ne pas avoir peur.

Mon père entra dans la pièce en souriant devant mon émerveillement. Il me demanda de m'habiller.

Dès que j'aurais terminé mon petit-déjeuner, nous allions faire quelques courses pendant que ma mère faisait la grasse matinée.

Nous avons traversé le verger de citronniers pour nous rendre au village, qui consistait en quelques rues pavées bordées de maisons blanchies à la chaux.

Il était si différent du nôtre, où les intérieurs des maisons de pierre étaient dissimulés par des rideaux de tulle. Ici, des jardinières chargées de géraniums roses et rouges paraient chaque rebord de fenêtre fraîchement repeint. Des odeurs d'ail, d'herbes aromatiques, de pain frais et de café s'échappaient des cuisines.

Tout autour de nous, j'entendais des conversations dans une langue que je ne comprenais pas. Des matrones aux larges hanches discutaient dans la rue pendant que leurs enfants s'amusaient avec des jouets faits main. De vieilles femmes se tenaient assises à l'entrée de leurs maisons, les jambes cachées par de longues jupes noires, dans un cliquetis d'aiguilles à tricoter, leurs doigts affairés transformant des pelotes de laine en vêtements. Un sourire fendait leurs visages lorsqu'elles nous apercevaient.

— *Hola*, disaient-elles, et mon père leur rendait à la fois leur sourire et leur bonjour dans la même langue.

On s'arrêta chez le boulanger pour acheter des petits pains, puis dans une autre boutique où mon père remplit son panier de chorizo bien épicé, d'épaisses tranches de jambon et d'une douzaine d'œufs fraîchement pondus. Puis il m'emmena dans un petit café.

— Nous allons prendre notre café du matin ensemble, Jackie.

Je lui fis un grand sourire.

— *Dos café con leche, por favor*, dit-il à l'homme qui vint nous accueillir.

— Qu'est-ce que ça veut dire ? demandai-je.

— Oh ! rien de compliqué. J'ai commandé deux cafés crème. Je pense que tu es assez grande pour y goûter, tu n'es pas d'accord ?

C'est ainsi que, assise à la terrasse du petit café, le soleil cognant déjà à cette heure matinale, aux côtés de mon père vêtu d'une chemise légère et d'un jean, je bus ma première tasse de ce mélange crémeux et fort.

À chaque gorgée, je me disais que je n'avais jamais rien goûté d'aussi bon.

Plus tard dans la journée, je fis la connaissance de quelques enfants du village. Peut-être est-ce parce que nous ne parlions pas la même langue que nous avons joué rapidement ensemble. Sur leurs visages, je ne percevais rien d'autre qu'un intérêt purement amical alors qu'ils m'expliquaient leurs jeux avec des signes.

Parmi les plus populaires : se faire des passes avec une balle, lancer des cailloux et voir combien on pouvait en rattraper sur le dos de la main, puis viser des petits trous avec des noyaux de pêche secs.

Je pris conscience que ces enfants n'avaient pas besoin de jouets luxueux. La seule chose qu'ils m'enviaient, c'était mon vélo : ils en voulaient tous un. Quand je sortais, les voix chaleureuses de mes nouveaux amis me criaient « *Hola*, Jackie ! » et, à la fin de la première semaine, je répondais « *Hola* » à Pedro, Maria ou Antonio.

Dès les premiers jours, fidèle à sa promesse, mon père m'emmena explorer la forêt. On dut traverser le village et le pont, par-dessus lequel je me suis penchée pour observer les poissons dodus et argentés tachetés de marron qui filaient dans l'eau claire. Lorsque nous avons pénétré dans la forêt, la partie de cache-cache des écureuils dans les arbres me fit éclater de rire.

Si on levait la tête, on apercevait à peine les rayons du soleil, dissimulés par l'épaisse frondaison des arbres. Mon père nous mena dans une clairière un peu plus clairsemée où coulait un ruisseau. Des paillettes de lumière dansaient à travers les feuillages, et les seuls bruits qui venaient briser le silence étaient le bourdonnement d'un essaim de moucherons et les coassements des grenouilles. Mon père avait apporté des sandwiches qu'on fit tranquillement descendre à coups de boisson fraîche, assis au bord du ruisseau où les frondes vert pâle des fougères épaisses traînaient dans l'eau.

C'est dans cette clairière que je vis l'aigle royal.

Mon père aperçut l'énorme volatile et me tapota doucement l'épaule.

— Regarde, Jackie, dit-il en désignant le ciel.

Je suivis la direction de son doigt et découvris l'oiseau majestueux dont les ailes semblaient plus longues que nos bras. Il montait en flèche avec dans ses serres un petit rongeur qu'il venait sûrement d'attraper. On ne le quitta pas des yeux jusqu'à ce qu'il disparaisse à l'intérieur d'une fissure, dans la montagne.

Ce fut le plus beau moment de la journée, et je ne l'ai jamais oublié. Cet oiseau pouvait survoler librement le monde entier. Combien de fois essaierai-je de l'imiter afin d'échapper à mes démons ?

Certains jours, je partais seule sur mon vélo, mais je n'allais jamais bien loin, car je croisais très vite les visages olivâtres et souriants des autres enfants. Ils couraient après mon vélo pour m'arrêter, me prenaient par la main et m'attiraient dans leurs jeux. Nous allions à la sortie du village, où nous escaladions des barrières. Nos pieds s'enfonçaient dans les bouses de vache et les crottes de mouton, et les épines des roses sauvages accrochaient nos vêtements et égratignaient nos bras et nos jambes tandis que nous traversions en courant les prairies qui menaient aux bois touffus. Euphoriques à la pensée des aventures qui nous attendaient, nous ignorions les réprimandes auxquelles nous aurions droit plus tard. Le soleil colorait ma peau et éclaircissait mes cheveux, et le vent déposait un éclat rosé sur mes joues. Nous nous baignions dans les ruisseaux, grimpions dans les arbres, nous défiant d'aller plus haut et, assis sur une grosse branche en laissant balancer nos jambes, nous restions là à l'affût des ramiers et des buses. Mais je ne revis jamais l'aigle.

Notre *finca* était une maison de quatre chambres où la cuisine, avec ses poutres basses et son énorme poêle à bois noir, prenait presque la totalité du rez-de-chaussée. C'était là que nous nous rassemblions pour manger, lire et discuter, et que ma mère, un verre de vin rouge à la main, préparait nos dîners.

Même elle semblait plus sereine. Le soir, nous nous installions dans la grande pièce ou dans le jardin ombragé simplement pour admirer le coucher du soleil, puis j'allais au lit. Épuisée par mes journées mouvementées et par le fait de pouvoir me comporter comme une enfant normale, rien ne venait troubler mon sommeil.

Lorsque ma mère se plaignait d'en avoir assez de cuisiner, mon père nous emmenait dans un vieux restaurant où l'on servait des tapas : des olives, des petits carrés de fromage, du poisson pêché du jour, rapporté de la côte, à moins de cinquante kilomètres de là, et une omelette épaisse composée de pommes de terre et de légumes.

Le dimanche, nous aimions nous y rendre pour observer les familles nombreuses vider de grands plats de paella dans un brouhaha continu.

C'est un jour comme celui-ci où on nous convia à ce que les Espagnols appelaient une *fiesta*.

— Il faut que vous voyiez ça, nous annonça mon père malgré la réticence de ma mère.

Des femmes et des jeunes filles vêtues de longues jupes et de corsages serrés, avec des anneaux d'argent dans les oreilles, marchaient aux côtés d'hommes aux pantalons et aux gilets grisâtres. Les têtes des hommes et des garçons arboraient de façon guillerette des bérets bleu marine, et des fichus blancs couvraient les longues chevelures des femmes. Des petits couraient à leurs côtés en se bousculant et, pris au jeu, nous les avons rejoints derrière le restaurant, où les festivités avaient lieu.

Non seulement tous les villageois semblaient être présents, mais les bourgs alentour avaient également l'air d'être de la partie.

On avait posé sur l'herbe des plaids colorés, métamorphosant l'endroit en une tapisserie bigarrée. On ouvrit des paniers de fruits, des bouteilles de vin, et les festivités de l'après-midi débutèrent.

Indifférente au fait que je venais de manger une grosse portion de riz et de fruits de mer, je saisis le pain frais croustillant qu'on m'offrait et une tranche de chorizo rouge foncé bien épicé. Je le dégustai avec contentement, comme tout le monde, et attendis que la musique commence.

Ce dimanche après-midi, sous le soleil intense du ciel clair, les jeunes de cette région montagneuse buvaient du vin, accompagné d'assiettes de fromage et de viande. Ils souriaient, riaient et flirtaient en discutant, tandis que les vieux couples maigres, leur peau acajou brunie par des années de dur labeur dans les champs, restaient assis sur d'épais coussins, appuyés contre des troncs d'arbres. Leurs mains bleuies de veines reposaient sur leurs genoux saillants, alors qu'ils observaient à travers des yeux mi-clos les festivités.

L'un après l'autre, les musiciens s'emparèrent de leurs instruments. Le premier plaça le *txistu*, une petite flûte noire, entre ses lèvres, et fit s'envoler un son délicat et pur. Puis les mains de deux hommes se mirent à tapoter la peau tendue des tambourins. Les baguettes percutèrent les tambours avant que l'accordéon ne vienne ajouter son timbre exaltant. Une fille qui n'avait pas plus de dix-huit ans se joignit à eux. Elle fit claquer ses doigts, bouger son corps, puis se mit à chanter. Sa voix aiguë et douce lança d'abord quelques notes qui vibrèrent dans la prairie. Le tempo accéléra, jusqu'à ce que la *jota* batte son plein. Le public se leva aussitôt. Enfin, les hommes et les garçons tendirent les mains vers leurs partenaires.

Les longues jupes des filles, certaines étant encore très jeunes, tournoyaient sur leurs hanches qu'elles balançaient au rythme hypnotique de la musique.

Leurs mères, dont la taille avait épaissi avec l'âge, avançaient à chaque temps. Leurs mains battaient au rythme de la musique, leurs dos et leurs têtes se dressaient, leurs doigts claquaient, et les yeux des jeunes filles qu'elles avaient été brillaient sur leurs visages ridés, alors que leurs pieds entamaient involontairement les pas de danse qu'elles avaient effectués jadis.

Vêtus de costumes basques miniatures, des enfants qui commençaient tout juste à marcher imitaient les plus grands en balançant leurs hanches inexistantes et en tapant le sol de leurs pieds minuscules.

La grande sœur de ma nouvelle amie Maria, son fichu blanc duquel s'échappaient quelques mèches de ses cheveux noirs bouclés, entra dans la danse.

Sa jupe longue tourbillonnait et laissait entrevoir ses jambes blanches gainées de bas. Ses pieds virevoltaient dans ses chaussons de danse souples, et elle tournoyait en rythme. Les bras levés et en claquant des doigts, elle effectua une chorégraphie tout en sautillements avec l'un de ses nombreux jeunes admirateurs.

— Viens, Jackie, tu peux le faire, m'appela-t-elle avec son fort accent quand elle m'aperçut, sur la touche.

Je ne me fis pas prier.

Je vis ma mère comme je ne l'avais jamais vue auparavant, la tête levée en arrière vers mon père, le visage fendu d'un grand sourire et les yeux brillants. Mon père la releva, entoura sa taille de ses bras et la fit tourner au rythme de la musique.

Mais il avait beau tenter d'imiter les pas gracieux des Espagnols, il ne pouvait faire illusion : c'était un touriste anglais, grand et maigre, avec aucun sens du rythme, mais qui avait bien l'intention de s'amuser. Les gens les applaudirent et, après un dernier tour endiablé, mes parents s'écroulèrent, hilares.

Les voir ainsi me submergea d'amour et de confiance. *Si seulement nous pouvions rester ici*, pensai-je, *tout s'arrangerait*. Mais évidemment, ce n'était pas possible. Et rien ne s'arrangea.

Plus tard, sur un terrain improvisé, mon père, muni d'une longue raquette en osier, joua avec nous à la *pelota*. En fin de journée, j'assistai à la préparation des *piñatas* : ces cônes de papier mâché aux couleurs vives étaient remplis de bonbons avant d'être suspendus à un poteau. Les adultes nous donnèrent alors à chacun un long bâton.

— Il faut essayer de les trouer, Jackie, m'expliqua mon père. Lorsqu'elles seront transpercées, les bonbons tomberont, et tu pourras garder ceux que tu auras attrapés. Viens.

Il me prit la main et me rapprocha de la cible.

D'autres pères mettaient des bandeaux sur les yeux de leurs enfants, mais mon père vit la panique sur mon visage lorsqu'il tenta de faire la même chose.

— Ce n'est pas grave, Jackie, me rassura-t-il. En tant que visiteuse, tu n'es pas obligée d'en porter un.

Il m'attira alors au beau milieu du groupe d'enfants.

Un hurlement d'excitation explosa lorsqu'un bâton toucha la cible. Le papier mâché s'ouvrit dans un craquement, et une pluie de bonbons colorés s'abattit sur nous. Dans un brouhaha de cris de joie, on rassembla chacun de notre côté autant de bonbons possible en se les fourrant dans la bouche et dans les poches avant d'aller montrer notre butin à notre famille.

Lorsque le ciel se zébra des teintes rouges et orangées du coucher de soleil, il était l'heure de rentrer. Les plaids furent rassemblés, les paniers, ramassés, les enfants, regroupés, et les adolescents, sommés de prendre congé de leurs amis.

Cet événement eut lieu à la fin de nos vacances, et les derniers jours passèrent trop vite. Je dis au revoir à tous mes nouveaux amis du village et leur promis de revenir l'année suivante en ayant un peu appris l'espagnol.

Tout en remplissant la voiture, j'ignorais encore que rien de tout cela n'arriverait.

17

On revint à la maison une semaine avant la rentrée scolaire. Curieusement, mon oncle ne se manifesta pas, et on ne m'envoya pas chez lui.

Tous les jours, j'enfourchais mon vélo et tirais jusqu'aux routes de campagne. Sur ces chemins, je sentais le vent fouetter mon visage et l'odeur des champs et de l'herbe fraîchement tondus.

Mais je regrettais l'Espagne, la chaleur des gens, mes nouveaux amis. Par-dessus tout, je regrettais cette impression que nous soyons enfin une famille normale, et la façon dont m'avaient traitée mes parents là-bas.

Je me consolais en me disant que j'y retournerais l'année suivante. Et entre-temps, j'avais plein d'histoires à raconter à mes camarades de classe. Mon père avait pris des photos et les avait fait développer en double rien que pour moi. Il y en avait certaines de notre maison qui montraient les citronniers, une partie du village et la campagne environnante.

Mais c'étaient surtout des clichés de moi. Sur celui-ci, je semblais heureuse, ma peau bronzée se fondant dans le groupe d'enfants avec qui je jouais et dansais à la *fiesta*. Sur celui-là, je chevauchais mon vélo, le visage illuminé par un sourire destiné à mon père qui me demandait de regarder vers lui. Sur d'autres, on me voyait tout simplement m'amuser avec mes amis.

Je les avais déjà mis dans mon cartable pour les montrer à tout le monde, et les anecdotes les illustrant étaient bien au chaud dans ma mémoire.

Si j'avais ces photos aujourd'hui, vous y verriez l'abîme que ces vacances avaient creusé entre elles et les images de mon oncle et de ce qu'il me faisait faire. Elles démontreraient que, s'il n'avait pas été présent dans ma vie, j'aurais pu être une enfant normale.

J'ai compris cela adolescente, quand je les ai à nouveau regardées. C'est pour cette raison que, folle de rage face à tant d'injustice, je les ai déchiquetées. Mais cela s'est passé plus tard, et ce sera la seconde partie de mon histoire.

Pendant six semaines de bonheur, aucune maîtresse ne m'avait crié dessus et aucun docteur ne m'avait étudiée d'un œil sévère derrière son bureau. Ma mère avait cessé ses regards froids oscillant entre l'inquiétude et l'antipathie. Par moments, elle avait même fait preuve de tendresse envers moi.

Et mon père m'avait dit qu'il ne désirait que mon bien. Le souci qu'affichait si souvent son visage quand il me regardait avait disparu.

Et enfin, il n'y avait pas eu mon oncle et son appareil photo.

18

C'est mon vélo fraîchement lustré qui me permit de trouver une nouvelle amie. Tout à mon astiquage, je me pensais seule jusqu'à ce qu'on m'interpelle.

— Ouah, joli vélo ! entendis-je.

Je me retournai et découvris une fille appuyée sur notre mur. Nous nous sommes observées quelques instants, elle d'un air amical, moi d'un air surpris, car je ne l'avais jamais vue auparavant.

— Bouge pas, ajouta-t-elle. Je fais le tour.

Mon chiffon dans une main, j'attendis qu'elle arrive, quelques minutes plus tard, en poussant son vélo.

— Moi, c'est Kat. On a emménagé pendant ton absence.

Voilà pourquoi elle ne me disait rien. Elle avait deux ou trois années de plus que moi, elle était grande pour son âge et, comme moi, elle portait un short et un T-shirt. Elle avait noué ses cheveux bruns en une haute queue-de-cheval, ses yeux étaient marron, et son visage arborait de légères taches de rousseur.

— Je t'ai vue traîner dans le coin ! lança-t-elle d'un ton désinvolte. Si tu vas faire un tour, je peux venir avec toi ?

— Pourquoi pas ? répondis-je en dissimulant mon plaisir d'avoir été remarquée.

Étant la plus âgée, elle roulait devant. Ses jambes minces et bronzées pédalaient furieusement, et sa queue-de-cheval remuait quand elle se mettait en danseuse pour gagner de la vitesse. De temps à autre, juste pour vérifier qu'elle ne m'avait pas trop distancée, elle se tournait vers moi et me faisait un large sourire.

— Alors, t'as du mal à suivre ?

À ce défi, je rentrais la tête dans les épaules et l'imitais en me levant pour donner plus d'impulsion à mon vélo.

Une fois en haut de la colline, elle me montra comment descendre sans pédaler. Lorsque nous passions sur une bosse, nous nous voûtions par-dessus nos guidons, les roues décollant presque du sol. Lorsqu'on s'est arrêtées pour nous reposer, elle m'apprit que ses parents étaient divorcés et que sa mère s'était récemment remariée.

— Papa a une nouvelle copine aussi. Elle m'emmène faire du shopping et me laisse choisir ce que je veux. C'est papa qui paye, évidemment, annonça-t-elle en riant.

Elle n'aimait pas le nouveau mari de sa mère.

— Oh ! il est assez sympa avec moi, mais je sais très bien qu'il aimerait que j'aille vivre chez mon père. L'autre jour, je l'ai entendu parler de m'envoyer en internat. Et il m'appelle toujours Kathleen, et pas Kat. Mon vrai père m'appelle Kitty. C'est bête, hein ?

Je sentais que, malgré tout, elle aimait ça.

Elle sortit d'un air nonchalant un paquet de cigarettes de la poche de son short.

— Je les ai fauchées, déclara-t-elle avec désinvolture. Ils ne remarquent jamais rien, ajouta-t-elle tout en en allumant une et en aspirant.

Un panache de fumée flotta au-dessus de sa tête. J'étais stupéfaite ; il était interdit de fumer, chez moi. « C'est une sale habitude dégoûtante, ne cessait de répéter ma mère. »

Elle envoyait ses amis et mon oncle dans le jardin lorsqu'ils cédaient à ce qu'elle appelait « leur addiction ».

Ne voulant pas que Kat me prenne pour un bébé, je tendis la main pour en avoir une.

— Tu n'as jamais fumé, pas vrai ? se moqua-t-elle.

— Si, si, répondis-je avec défi en m'emparant d'une cigarette.

Je la glissai entre mes lèvres, pris la boîte d'allumettes, en craquai une et aspirai la fumée, comme je l'avais vue faire. Lorsqu'elle m'envahit la gorge, je me mis à tousser et à crachoter. Je sentais les larmes couler sur mes joues en essayant de reprendre mon souffle. Kat riait.

Je ne vois vraiment pas ce qu'y trouvent les adultes, pensai-je en réprimant un haut-le-cœur.

— Cool, réussis-je à dire au bout d'un moment.

À la fin de l'après-midi, tout en faisant attention à ne pas inspirer, je crapotais comme une experte.

Ce fut le début de notre amitié, durant laquelle elle m'initia à ses goûts musicaux et me confia plus tard le récit de sa vie – ou plutôt, sa version. Je n'aurais pas pu imaginer que tout cela me causerait de gros soucis avec ma mère. Ravie que je me sois fait une nouvelle amie, même si elle était un peu plus âgée que moi, elle se montra plus douce les premières semaines après notre retour d'Espagne.

— Je peux rester ici ce week-end ? ai-je demandé dès que mon oncle proposa de m'inviter.

Cette fois-là, ils acceptèrent sans discussion. Non seulement m'étais-je fait une nouvelle amie, mais j'avais plein de choses à préparer pour la rentrée.

En flânant près d'une porte ouverte, j'entendis mes parents parler de moi.

— Peut-être ira-t-elle mieux, désormais, dit mon père, comme si ce qui n'allait pas chez moi n'était pas pire qu'un rhume que quelques semaines au soleil avaient suffi à guérir.

À la réponse de ma mère, je déduisis qu'elle ne partageait pas son optimisme :

— On verra bien, Stewart. Il n'y a plus qu'à croiser les doigts.

Une semaine après la reprise, ma mère m'annonça que mon oncle allait venir me chercher pour que je passe le week-end chez lui et ma tante.

— Ça fait très longtemps qu'il ne t'a pas vue, et il a vraiment hâte, ajouta-t-elle devant mon air décomposé.

J'aurais voulu enfourcher mon vélo et partir me promener dans la campagne avec Kat. Je craignais de le voir, mais je savais qu'il était inutile de discuter. J'avais remarqué qu'on avait rempli le frigo et j'avais surpris des coups de fil : mes parents organisaient un de leurs dîners. Je me rappelai aussi ce que j'avais vu cette fameuse fois et je compris d'après quelques bribes de conversations glanées ici et là que c'était pour ça qu'ils ne voulaient pas de moi à la maison. Même si je ne savais pas exactement ce que signifiait le mot « échangisme », j'avais une certaine idée de ce qui se passait ces soirs-là.

Un jour, en revenant de chez mon oncle, je découvris un préservatif usagé sous mon lit. J'aurais pu ne pas savoir ce que c'était, mais j'ai reconnu l'odeur quand je l'ai jeté. Ma mère avait changé les draps et avait dû oublier de vérifier sous le lit. J'étais curieuse de savoir qui de ses amis s'était trouvé ici.

Lorsque je compris pourquoi on me chassait de la maison, j'étais furieuse. Si les vacances m'avaient aidée, elles n'avaient rien changé à la situation ni aux sentiments de ma mère. Je commençais à prendre conscience que je la gênais, ainsi que son mode de vie, et qu'elle pouvait facilement y remédier en me confiant à la famille dès que ça l'arrangeait.

19

Quand la cloche sonnait la fin de la journée, le vendredi, les bruits étaient toujours différents des autres jours. Mes camarades qui allaient profiter de leur week-end bavardaient avec animation.

Tout en gambadant vers la sortie, ils braillaient leur programme et s'arrangeaient pour voir leurs meilleurs amis. Je traversais la cour lentement. Je n'étais pas pressée de rentrer chez moi et d'entendre ma mère accueillir mon oncle avant de se tourner vers moi pour me dire au revoir avec un de ses sourires éclatants.

Lorsque je sortis ce jour-là, il m'attendait devant la grille.

— J'avais trop hâte de te voir, Jackie, dit-il en m'ouvrant la portière de la voiture.

Il me tendit sa joue que je dus embrasser. Un baiser chaste entre un oncle et sa nièce dans un lieu public qui n'aurait même pas pu choquer le spectateur le plus prude.

— Tu as l'air en pleine forme ! s'exclama-t-il et, peu à peu, comme d'habitude, son charme commença à faire effet.

Je ne ressentais ni de l'amour ni même de l'admiration, mais un besoin. Le besoin d'avoir quelqu'un dans ma vie qui me considérait comme la personne la plus importante de la sienne.

On passa chez moi, où je pris ma valise qui était déjà prête et écoutai ma mère me demander d'être sage. Chaque fois que la voiture ralentissait, je me crispais

– j'avais peur qu'il ne prenne la direction de la maison de l'un de ses amis. À mon plus grand soulagement, il nous conduisit directement chez lui.

Ce week-end là, il joua le rôle de l'oncle attentionné et me fit passer le samedi dans la ville la plus proche au nord, avec ses grands magasins et ses restaurants.

— Quelque chose te fait envie ? demanda-t-il alors que nous faisions le tour d'une vaste boutique.

Incapable de trouver une réponse, je haussai les épaules. Il ne se laissa pas décourager par cette indifférence et m'offrit une chose que je désirais vraiment : un walkman. Dans le journal et dans des magazines, de jeunes gens et des adolescents charmants en faisaient la publicité, des écouteurs vissés dans les oreilles. Je n'avais qu'une envie : en posséder un, mais j'optai pour l'attitude cool que Kat m'avait apprise.

— Tu peux l'emporter quand tu vas faire du vélo, m'annonça mon oncle. Mais ne l'utilise pas sur la route. Tu n'entendras pas ce qui se passe autour de toi si la musique est trop forte.

Avec la promesse de faire attention, je m'emparai de mon nouveau cadeau.

Notre prochain arrêt fut un magasin de musique où il me laissa flâner et choisir ce que je voulais : où était l'intérêt de posséder un lecteur sans cassettes ? Kat m'avait fait part de quelques chanteurs qu'elle aimait. Ne connaissant pas grand-chose à la pop, je pris des cassettes de ces artistes. Enfin, on termina dans le tout nouveau restaurant de hamburgers – McDonald's – où, perchée sur un tabouret en plastique rouge, je dévorai un gros hamburger avec des frites, suivis d'un milk-shake crémeux à la framboise. Puis on retourna chez lui pour passer la soirée devant la télévision avec ma tante.

Pendant tout le week-end, il ne mentionna pas un seul instant ce qu'il avait pu me faire et ne parla que de l'Espagne, m'interrogeant sur ce que j'y avais vu et fait.

Sur la route du retour, le dimanche soir, il m'annonça que lui et ma tante prenaient deux semaines de vacances.

— Nous partons à la fin de l'été, quand l'école aura repris. C'est bien plus calme.

Quelque part, même s'il ne m'avait pas touchée et n'avait rien dit à propos de ce qui s'était passé entre nous, je n'allais pas me sentir rassurée aussi facilement. Pendant ses vacances, l'appréhension me gagna peu à peu. Mon instinct me disait qu'il n'avait aucune intention d'arrêter. Je me demandais ce qu'il me préparait.

J'avais beau avoir des soupçons, à presque neuf ans désormais, je n'étais pas assez mûre pour comprendre pourquoi il n'avait pas fait allusion à ses sentiments pour moi, ou pourquoi il s'était contenté d'agir comme un homme de son âge doit le faire avec sa nièce. Il n'avait pas changé ; il attendait seulement le bon moment.

Mon oncle me réservait d'autres choses, et il voulait s'assurer qu'après avoir été loin de lui pendant deux mois, j'allais m'y plier. Il ne pouvait pas se le garantir en une journée.

20

Trois semaines plus tard, mes soupçons furent confirmés. Mes parents m'envoyèrent de nouveau chez mon oncle.

Là, sur son territoire, il me rappela ce que nous avions fait, me mit en garde sur ce qui se passerait si quelqu'un l'apprenait, et, pour me garder dans la toile qu'il avait tissée, m'assura qu'il prendrait toujours soin de moi et me protégerait.

Il ne lui fallut que deux week-ends pour m'emmener là où il voulait.

Une fois assuré qu'il avait récupéré le contrôle, le joufflu réapparut. Ce devait être en octobre, car je revois ma mère parler d'« été indien », en référence aux chaudes journées que nous avions. La matinée était bien avancée, et mon oncle et moi avions sorti des chaises dans le jardin pour profiter du soleil ensemble. Mes écouteurs dans les oreilles, je sirotais un verre de coca que mon oncle m'avait servi.

Je rêvassais de l'Espagne ; lui lisait son journal.

Rien dans son comportement ne m'avait laissé craindre ce qu'il avait prévu. Alors, quand on sonna à la porte, je ne me méfiai pas.

Mon oncle partit ouvrir, puis m'appela :

— Viens dans mon bureau, Jackie, on a de la visite.

À ces mots, l'angoisse m'envahit. Je retournai à l'intérieur et découvris l'homme dont j'essayais en vain d'effacer le visage depuis tout ce temps.

— Salut, Jackie, dit-il en s'asseyant près de là où je me tenais debout.

Mes jambes se mirent à flageoler.

— Tu te souviens de moi ?

La peur sur mon visage lui révélait évidemment que, oui, je me souvenais de lui.

Cette fois, il n'y eut ni cadeau, ni tours de cartes, ni clins d'œil. Rien qu'un petit homme grassouillet qui écarta les jambes sur son fauteuil et me tira vers lui en me disant d'une voix plate ce qu'il voulait me faire.

Il était si proche de mon visage qu'il soufflait dans ma bouche son haleine aigre à chacun de ses mots.

— Allez, tu vas me montrer ta chambre, aujourd'hui.

Je lançai un regard suppliant à mon oncle, mais, lorsqu'il se détourna, je compris que tout avait été prévu et qu'il ne m'aiderait pas.

Les doigts boudinés du joufflu me poussèrent en direction de la porte menant dans la maison. Je la passai en chancelant et grimpai l'escalier dans le même état tout en percevant derrière moi sa respiration bruyante. Il ne prononça pas un mot.

Une fois dans la chambre qui était la mienne quand je restais là-bas, il ferma les rideaux, barrant le soleil et surtout la vue aux voisins éventuellement curieux.

Il porta alors son attention sur moi et me déshabilla. Il fit passer ma robe par-dessus ma tête et baissa ma culotte. Je me retrouvai en sandales.

— Retire-les, ordonna-t-il.

Je me penchai, les détachai et les posai lentement. Lorsque je relevai la tête, je fus prise d'un vertige.

Le joufflu connaissait le point faible des fillettes qui avaient atteint l'âge où elles étaient gênées qu'on les voie nues. Il savait que l'humiliation qu'il pouvait me faire subir aurait un impact bien plus grand que la douleur infligée par l'acte lui-même.

C'était l'humiliation ainsi que les menaces à peine déguisées – on me répéta maintes fois que l'on me tiendrait responsable de tout cela si c'était découvert – qui assuraient mon silence. Par ailleurs, parler signifiait revivre ces moments d'avilissement.

J'étais comme un lapin pris au piège par les feux d'une voiture. Il doit se douter, en voyant cette grosse machine de métal foncer vers lui, que, s'il ne bouge pas, il se fera écraser. Mais, paralysé par les feux, le lapin se résigne à son destin. Je n'avais de la même façon ni la volonté ni la force de refuser de faire ce que l'on attendait de moi. L'expression sur son visage me disait que, si j'essayais, il prendrait encore plus de plaisir à m'y forcer.

Alors, je fis tout ce qu'il m'ordonna.

— Tiens-toi là, lâcha-t-il en bougeant les oreillers et en me posant sur le lit, le dos contre le chevet en laiton. Écarte les jambes, maintenant.

Mon oncle entra avec son appareil photo, et je le regardai installer le trépied en frémissant. Un flash éclaira mon visage lorsque le joufflu m'intima de me toucher.

Puis il retira uniquement son pantalon, grimpa sur le lit et me fit m'asseoir sur lui. Il tenait mon corps fragile fermement tout en s'agitant et en poussant des petits grognements. Plus son plaisir augmentait, plus ses gémissements se faisaient aigus et amplifiaient.

Soudain, son corps gras tressaillit. Il me dégagea alors de ses genoux, et je n'étais plus sur le lit qu'une petite boule recroquevillée aux yeux secs.

C'est lorsqu'il eut fini que, pour la première fois, il me frappa. Je me mordais la lèvre pour m'empêcher de crier tandis que sa grosse main baguée me brûlait les fesses. Il rit quand il me vit grimacer.

— Tu vas apprendre à aimer ça ! lança-t-il. La douleur peut devenir un réel plaisir.

A ces mots, que j'allais entendre, les cinq années suivantes, bien plus de fois que je ne souhaite me le rappeler, il se leva et se rhabilla.

— À ton tour, maintenant, dit-il à mon oncle.

Le joufflu prit alors le contrôle de l'appareil photo.

Une fois l'homme parti, il ne pouvait plus reprendre son rôle d'oncle attentionné vis-à-vis de sa nièce qui dépendait de lui. Je retournai dans le jardin en silence. Il ne tenta pas de m'amadouer. Il se doutait que son pouvoir sur moi n'avait pas diminué.

Il savait aussi bien que le joufflu que je ne pourrais plus parler, désormais : j'avais bien trop honte de moi pour me confier à qui que ce soit. Je ne pourrais jamais sortir les mots pour décrire ma douleur ou le cauchemar que je vivais de nouveau.

Je m'assis sur l'herbe, mes bras entourant mes genoux. L'espace entre mes cuisses m'élançait et mon esprit me rejouait les images de ce qu'ils m'avaient fait.

Lorsque j'étais rentrée, je n'avais pas totalement vidé mon verre de coca. Plusieurs guêpes s'y étaient engouffrées. Certaines étaient déjà mortes, d'autres luttaient pour grimper la surface glissante du verre, mais leurs ailes trempées ne les faisaient que tourner en rond. Je saisis le verre et le retournai.

Puis je m'emparai du journal que mon oncle avait laissé ouvert sur sa chaise et le tendis sous le verre. Une par une, elles tombèrent dessus, et le papier commença à absorber le liquide qui les maintenait prisonnières.

Elles séchèrent et reprirent suffisamment de force pour remuer doucement leurs ailes et partir vers la chaleur du soleil et la liberté.

Ce jour-là, mes vacances en Espagne devinrent un souvenir lointain. Ce fut la fin de la chance qu'on m'avait donnée pour guérir et mener une vie normale.

Ce fut le début d'une période où j'allais rencontrer d'autres joufflus, ces hommes qui utilisèrent, humilièrent et détruisirent l'enfant que j'étais.

Ce jour-là, la fillette au visage bronzé qui avait crié « *Hola* » à ses amis, avait tournoyé au son de la musique lors de la *fiesta* et s'était ruée à l'école avec plein d'histoires à raconter disparut, laissant la place à une fillette qui entendait des cris dans sa tête.

21

Les jours où je n'allais pas voir mon oncle, Kat et moi prenions nos vélos et pédalions sur les chemins jusqu'aux landes pourpres couvertes de bruyère.

Parfois, lorsque nous trouvions un champ sans animaux ni paysans, nous posions nos vélos contre une haie et passions par-dessus la barrière. Alors, nous nous allongions sur le dos, les bras sous la tête, les derniers rayons de soleil automnaux nous réchauffant le visage.

Les poignets vissés devant les yeux pour imiter des jumelles, je guettais la faune, mais je n'apercevais que de petits oiseaux communs entre mes doigts. L'Espagne, ses forêts et sa paix me manquaient terriblement, et j'avais envie d'assister de nouveau à l'envol d'un aigle solitaire.

C'est durant l'une de ces excursions que Kat m'apprit comment les femmes se retrouvaient enceintes. J'avais remarqué son humeur maussade lorsque nous étions parties, ce matin-là. Sa bouche tombait en une moue boudeuse, ce qui lui conférait un air grave et fatigué, mais ce n'est qu'une fois sur les landes qu'elle me confia ce qui n'allait pas.

Dès qu'elle eut quitté son vélo et pénétré dans le champ, elle se jeta par terre et leva des yeux tristes vers le ciel. J'attendais qu'elle dise quelque chose. Enfin, elle poussa un profond soupir et me regarda d'un air désolé.

— Devine ce que vient de m'apprendre ma mère ! lança-t-elle en roulant les yeux.

Tout ce que je savais au sujet de la mère de Kat était ce qu'elle avait bien voulu m'en dire. À part ça, cette femme était très gentille avec moi quand elle me voyait. N'ayant aucune idée de ce qu'elle avait pu faire, je demeurai silencieuse.

— Elle est enceinte. À son âge ! Dans cinq mois, elle aura un putain de bébé. Une petite sœur ou un petit frère pour moi, comme si j'en avais envie ! Elle me l'a annoncé ce matin. On aurait dit qu'elle s'attendait à ce que ça me fasse plaisir. Elle était tout émue et gnangnan, avec ses mains sur son ventre pour le sentir donner des coups de pied. Sérieusement, c'est la honte.

Puis elle m'apprit comment on tombait enceinte.

— Mais comment elle a pu faire ça ? s'exclama Kat avec un air de dégoût. C'est répugnant.

Mes bras entourant mes genoux, je l'écoutai proférer son écœurement vis-à-vis de ce que sa mère et son nouveau mari avaient pu faire.

Mais plus elle manifestait sa peine et sa frustration, plus j'étais envahie par une peur terrible.

— On tombe enceinte chaque fois qu'on fait ça ? interrogeai-je timidement.

Kat, obnubilée par son propre problème, ne se demanda pas pourquoi une fillette de huit ans ne se montrait pas choquée par la description de l'acte sexuel mais plutôt curieuse des conséquences.

— Je crois. Pourquoi ils le feraient, sinon ? C'est tellement dégueu, déclara-t-elle avec l'assurance d'une gamine de dix ans, convaincue d'avoir raison.

Je repoussai au fin fond de mon esprit l'angoisse qu'avait causée l'information de Kat, car je ne voulais pas qu'elle la remarque. Je tentai alors de la consoler, mais rien ne pouvait lui arracher un sourire.

— Tu as apporté ton walkman ? demanda-t-elle.

Soulagée de pouvoir faire quelque chose pour elle, je le sortis de mon sac en toile. Elle avait pris ses écouteurs et ses cassettes.

— On va écouter ça, pas tes trucs pour bébé.

Je réprimai une riposte sur l'injustice de cette remarque : n'avais-je pas choisi des stars qu'elle avait prétendu aimer ? Elle glissa une cassette et, pour la première fois de ma vie, j'entendis un style de musique différent de ce qu'on passait chez moi. Cette cassette était celle d'un groupe nommé les Sex Pistols.

— Ma mère pète toujours un câble quand elle l'entend ! cria Kat par-dessus la musique – nous avions chacune un écouteur dans l'oreille.

Je ne lui demandai pas pourquoi elle laissait sa mère l'entendre si elle avait son propre walkman et pouvait donc l'écouter en silence. En revanche, j'avais compris que faire « péter un câble » à sa mère et à son beau-père était quelque chose qu'elle appréciait particulièrement.

— Mais ils ne peuvent pas m'empêcher d'écouter ce que je veux : c'est mon père qui m'achète mes cassettes lança-t-elle d'un air de défi.

Dans ce champ, une cigarette à la bouche et une bouteille de coca mousseux à la main, nous traînions, unies au walkman via nos écouteurs.

— C'est comme ça qu'il faut faire dans un pogo ! cria-t-elle en sautant sur la musique du groupe le plus controversé de la décennie.

Il avait suffi d'un seul facteur pour que nous nous sentions obligées de l'écouter : elle avait scandalisé nos parents. Nous délectant des paroles qui avaient choqué la génération précédente, nous chantions en chœur la version de *God Save the Queen*, de Johnny Rotten.

Mais, tout en dansant et en fumant, je ne pouvais sortir de ma tête ce que Kat m'avait dit. Aux yeux des adultes, un bébé pouvait sembler tout petit, mais pour moi, c'était plutôt le contraire. Si l'un d'eux poussait dans mon ventre, le ferait-il éclater lorsqu'il serait prêt à sortir ? Je fus prise de sueurs froides à cette pensée.

L'inquiétude ne me lâcha pas pendant plusieurs jours. Tous les matins, je vérifiais que mon ventre n'avait pas enflé. J'étais certaine de sentir quelque chose bouger à l'intérieur. Étaient-ce des coups de pied ? me demandai-je, paniquée. Finalement, après plusieurs jours d'angoisse, je décidai de faire face à ma mère.

— Je crois que je suis enceinte, déclarai-je sans détour.

À ma grande surprise, elle n'eut pas la réaction violente que j'espérais et craignais à la fois.

— Ne dis pas de bêtises, Jackie, se contenta-t-elle de répondre sans même lever les yeux de son journal.

— Mais c'est vrai, insistai-je, mon imagination étant passée de la possibilité à la certitude.

Elle baissa lentement le journal et me lança une fois de plus son regard blasé.

— Qu'est-ce qui te fait penser ça ?

Je déglutis péniblement et serrai les poings si fort que mes ongles formèrent des petites lunes sur mes paumes. Cette fois, elle allait devoir m'écouter. Sans me laisser décourager par le regard qu'elle me jetait, je réussis à avouer que je savais comment on faisait les bébés.

— Ne sois pas idiote, tu es trop jeune…

— Mais je sais ! la coupai-je en montant le ton. L'homme rentre son truc…

Scandalisée, ma mère se mit à crier :

— Arrête tout de suite ces bêtises, Jackie ! Je ne tolérerai pas un tel langage dans cette maison. Jamais. Tu m'entends ?

Soudain, sa voix fut teintée d'inquiétude.

— Qui t'en a parlé ? Un enfant de ces horribles logements sociaux, j'imagine.

Il n'y en avait peut-être pas dans notre village, mais dans le village voisin, si. Un petit pourcentage des enfants y vivant avait commencé à venir dans notre école, ce qui était loin de réjouir ma mère.

Je n'avais pas intérêt à dénoncer Kat. Je voyais trop bien ma mère foncer chez les voisins, et Kat ne plus jamais m'adresser la parole. Et on m'interdirait sûrement de la voir, de toute façon. Comme mes parents n'aimaient pas me savoir trop loin en vélo sans elle, je décidai de garder cette information pour moi. Je me contentai de hocher la tête.

— Jackie, qu'essaies-tu de me dire ?

— Je l'ai fait ! hurlai-je avant d'éclater en sanglots.

— Sale petite dégoûtante, commença-t-elle.

Je demeurai volontairement sourde à ce qui suivit. D'après sa façon de vociférer, je compris qu'elle ne croyait pas que je l'avais fait complètement. Elle était en revanche persuadée que j'avais participé à des jeux dans lesquels j'avais exhibé des parties de mon corps qui auraient dû rester privées. Je perçus dans sa tirade des mots que j'avais déjà entendus et que je réentendrais encore pas mal d'années : j'étais un poids, une honte pour la famille. Son flot de mépris ne s'arrêtant pas, je finis par me boucher les oreilles. J'avais désespérément souhaité qu'elle m'entoure de ses bras et me demande ce qui me tourmentait vraiment, mais je compris alors que ça n'arriverait jamais. L'angoisse m'avait poussée à m'ouvrir sur ce que je vivais chaque week-end. Mais il était clair que ma mère n'avait pas l'intention d'entendre tout haut ce que mes paroles avaient suggéré tout bas. Je levai les yeux vers elle, vers son visage parfaitement maquillé déformé par la colère et le dégoût, et je sus que je ne pourrais jamais le lui dire. Elle ne me croirait jamais.

— Je ne veux plus jamais t'entendre parler de ça. Nous avons déjà eu cette conversation, Jackie. Juste après Noël, tu ne te souviens pas ?

Et elle était repartie.

— Ce que je pense, c'est que tu cherches à me provoquer, et je ne sais pas pourquoi.

D'après elle, m'emmener en vacances avait été une perte de temps.

— J'avais prévenu ton père, mais il n'a pas voulu m'écouter.

Elle ajouta qu'elle ne pouvait plus rien faire pour moi. Elle conclut en m'interdisant de côtoyer ces enfants des logements sociaux et m'annonça que je n'étais qu'une idiote et que les filles de moins de onze ans ne pouvaient pas tomber enceintes. Elle ne m'expliqua pas pourquoi, mais, malgré mon désespoir, j'étais soulagée qu'un bébé ne risque pas de crever mon ventre.

Humiliée par son venin, je disparus dans ma chambre où je m'assis, la tête dans les mains, à fixer mes pieds. Je tripotais une mèche de cheveux tout en réfléchissant à la réalité de ma situation. Je ne pourrais jamais rien dire à mes parents. Ils ne m'aimaient pas, et ils ne me croiraient pas si je leur parlais de mon oncle et du joufflu.

Je me sentais aussi sale que me l'avait reproché ma mère. J'allai dans la salle de bains, me déshabillai et frottai méticuleusement chaque parcelle de mon corps.

Malgré tout, invisible aux yeux de ceux qui ignoraient sa présence, la crasse demeurait.

Durant la même période, Florence disparut de ma vie, et mes ours en peluche devinrent de simples jouets d'enfant. Je vécus ce changement avec beaucoup de tristesse, car le constat était clair : j'étais toute seule, désormais.

22

Mes souvenirs des quelques années qui suivirent forment un kaléidoscope d'images en vrac. Cette époque fut-elle agréable ? Je crois, mais ces souvenirs sont dissimulés par les épaisses couches de ce qui se passa après.

Il y eut de la douleur – une douleur infligée par des hommes qui, dans l'excitation de pouvoir satisfaire leurs fantasmes et leurs besoins, négligeaient la délicatesse qu'exigeait mon petit corps.

Plus tard, lorsque j'étais un peu plus âgée, j'arborais des bleus et des marques de doigts qui s'étaient enfoncés dans ma chair. Des marques que je dissimulais savamment : « J'ai glissé », « Je me suis cognée », « Je mets un foulard parce que j'ai mal à la gorge » figuraient parmi les nombreuses excuses que j'inventais pour cacher ma honte. À l'école, je devais souvent prétexter un rhume pour ne pas assister au cours de sport.

Tremblante, le visage brûlant de peur à l'idée de me déshabiller et d'exposer ces marques éloquentes devant tout le monde, je bégayais mes excuses.

La colère enflait. Je regardais ma mère d'un air maussade dès qu'elle parlait et je quittais la pièce quand mon père était là. Je ne supportais pas de voir le souci et le désespoir qui traversaient son visage chaque fois qu'il posait les yeux sur moi.

À l'école, je me renfermais sur moi-même. Les cours de dessin étaient les seuls qui m'intéressaient. Mais alors que les autres élèves faisaient des soleils qui brillaient constamment, ce que je produisais différait en tous points.

Ce n'est que des années plus tard que je les ai revus. J'ignore pourquoi, mais ma mère les avait gardés.

Elle avait dû les sortir de ma chambre après mon départ et, plutôt que de les jeter, comme je m'y serais attendue, elle les avait roulés soigneusement pour les garder de côté. Le simple fait de les tenir suffit à faire resurgir toute ma colère. Certaines feuilles étaient striées de violents traits sombres. D'autres avaient été gribouillées si furieusement que la peinture les avait presque déchirées.

Un dessin représentait une enfant dont de grosses larmes coulaient sur les joues. Mais le plus troublant était celui d'une maison, sous un ciel noir. Il n'y avait ni arbres ni fleurs aux jolies teintes pastel, comme sur les dessins des autres enfants. Il n'y avait que des traits rouges et gris représentant les flammes qui consumaient le toit. Je n'avais dessiné personne à l'extérieur de la maison. Avais-je vraiment imaginé que tout le monde avait été dévoré par le feu ? En y regardant de plus près, la petite maison dans le coin de la feuille était un simple carré noir. Oui, j'ai déjà mentionné cette maison, et la personne qui y vivait : mon oncle.

Tout en étudiant l'image, je vis une enfant, petite pour son âge, le visage crispé par la concentration alors qu'elle exprimait sa colère et son désespoir de la seule façon possible : en les dessinant. Chaque fois qu'elle posait un pinceau ou un crayon de couleur sur une feuille, les cris envahissaient sa tête, des cris qu'elle seule entendait.

23

— On ne veut plus que tu ailles si souvent chez ton oncle et ta tante, annonça ma mère.

— Oui, ajouta mon père en baissant son journal pour m'adresser un sourire. Tu nous manques trop. Nous allons faire des choses en famille, exactement comme en Espagne.

Je songeai aux autres enfants, à l'école, racontant leur week-end ou leurs vacances. Je pourrais enfin faire de même. Je n'avais jamais confié à mes différentes maîtresses que je partais pratiquement tous les week-ends, car j'avais peur qu'elles me demandent : « Et qu'as-tu fait, là-bas ? »

— Demain, nous irons à la campagne en vélo pour un pique-nique ! lancèrent-ils presque à l'unisson.

— Tu es plus importante que le coiffeur, mes soirées ou même le golf de papa, ajouta ma mère en riant et en dégageant délicatement les cheveux de mon visage.

Je me délectais de cet amour soudain qu'affichaient leurs sourires.

Ce soir-là, ma mère prépara mon plat préféré, puis, au lieu de m'envoyer dans ma chambre, où je regardais en général un film toute seule, nous avons regardé la télévision tous ensemble. Je m'assis à côté de ma mère, sur le canapé, et me nichai contre elle, m'imprégnant de son parfum léger et fleuri. Elle sourit et m'entoura les épaules afin de m'attirer encore plus près.

Le lendemain matin, à peine avais-je descendu les marches que le panier du pique-nique était déjà fixé à l'arrière du vélo de mon père.

D'autres familles avaient décidé d'aller pédaler sur les routes de campagne pour profiter de cette chaude journée. Le visage rougi par l'effort, des petits garçons blonds nous firent signe quand on les doubla. En levant les yeux vers le ciel bleu, j'aperçus les traînées blanches laissées par les avions.

On atteignit la prairie qui nous invitait à venir nous installer sur son épais tapis vert constellé de pâquerettes et de boutons-d'or. On descendit de vélo et avança, les fleurs nous caressant les jambes. Je vis des lapins au loin, leurs petites queues blanches qui fuyaient disparaissant dans l'herbe haute.

— Cet endroit est parfait, déclara ma mère en étalant au sol un plaid en laine coloré afin que nous puissions nous asseoir.

Elle ouvrit le panier d'osier qui contenait des boissons non alcoolisées et tout un assortiment de choses appétissantes.

Elle distribua des sandwiches, et on mangea, on but. Ma mère cueillit un bouton-d'or et le plaça sous mon menton.

— Je vais voir si tu aimes le beurre, m'expliqua-t-elle solennellement. Si c'est le cas, il y aura un petit cercle jaune, ici.

— Alors, j'aime le beurre ? demandai-je tout en gloussant, ma mère me chatouillant le menton avec la fleur.

— Je confirme : tu aimes le beurre, annonça-t-elle.

On éclata tous de rire.

Mes parents s'allongèrent pour profiter du soleil, et je ramassai des pâquerettes pour former des bracelets dont j'entourai les chevilles et les poignets de ma mère.

Ensuite, je m'assoupis, la tête posée sur les genoux de ma mère qui me caressait le dos. De retour à la maison, nous étions épuisés, mais ma mère avait encore assez d'énergie pour me lire une histoire au lit. Lorsqu'elle eut fini, je somnolais déjà et je sentis ses lèvres frôler ma joue avant qu'elle ne quitte ma chambre.

— Fais de beaux rêves, trésor, murmura-t-elle en fermant la porte.

À mon réveil, un vague sentiment de bonheur s'était emparé de moi.

Les souvenirs de la veille étaient très clairs dans mon esprit qui les rejouait tandis que j'émergeais peu à peu du sommeil. C'est alors que je réalisai que ces souvenirs n'étaient pas fiables : cette journée n'avait jamais eu lieu. Cette nuit-là, mon imagination avait dressé le portrait pastel de ma vie rêvée, un fantasme créé par mon subconscient qui avait déclenché une vague de désir – celui d'être une fillette normale aimée par ses parents qui feraient tout pour la protéger.

Lorsque je fis face à la réalité de ma vie, je déversai mon chagrin à Paddington en l'inondant d'une suite de mots inintelligibles et en le serrant fort dans mes bras. Mon corps convulsa sous les sanglots et je poussai une violente plainte avant d'étouffer le son de mon désespoir dans la fourrure de mon ours.

Car voici ce qui s'était réellement passé : mon oncle et ma tante avaient signifié à ma mère à la dernière minute qu'ils devaient s'absenter, ce week-end-là. La sœur de ma tante n'allait pas bien, je crois.

Quand ma mère m'annonça que mon week-end chez eux était annulé, son ton sec montrait clairement que la situation ne l'enchantait absolument pas.

— Autant te dire que ça ne m'arrange pas, Jackie, déclara-t-elle d'un air pincé. Nous organisons une soirée, et je n'ai pas envie de t'avoir dans les pattes. Tu comprends ?

— Oui, je sais, marmonnai-je en contrôlant la vague de mépris qui m'envahissait.

Ce samedi se déroula comme tous ceux où je restais à la maison pour le week-end. Mon père partit jouer au golf assez tôt dans la matinée et j'accompagnai ma mère chez le coiffeur et dans les magasins. Elle me fit dîner tôt et, à peine avais-je posé mon couteau et ma fourchette, me tendit deux cassettes vidéo.

— Je t'ai pris ça pour t'occuper. N'oublie pas que tu dois rester dans ta chambre, Jackie, répéta-t-elle sévèrement.

— Pourquoi ? demandai-je avec le ton geignard et colérique que j'avais fini par bien maîtriser.

Ils occasionnèrent, comme je l'avais prévu, un regard glacial et un soupir exaspéré.

— Parce que je te l'ordonne, c'est tout, répondit ma mère.

Consciente qu'on ne me fournirait pas davantage d'explications, je m'inclinai docilement.

Ce soir-là, me rappelant la façon dont j'avais été surprise la fois précédente, j'attendis que le volume de la musique augmente avant de me faufiler au rez-de-chaussée.

Les invités étaient déguisés en cow-boys et cow-girls. Les jupes à franges des femmes étaient si courtes qu'elles dissimulaient juste leurs culottes, et les hommes portaient les pantalons larges des westerns.

Dans l'entrebâillement, je les observai danser et embrasser des gens qui n'étaient pas leur partenaire, mais, craignant de me faire prendre, je retournai à la hâte dans ma chambre. Cette fois, plutôt que d'être perturbée par ce que j'avais vu, je fus submergée par la colère. Je les détestais, et j'imaginais qu'ils devaient me détester aussi. C'est pour cela que ma mère ne me voulait jamais dans les parages. J'avais conscience qu'ils prévoyaient la même chose que ce que mon oncle m'incitait à faire. Était-ce donc tout ce qui intéressait les adultes ?

Cela dit, je savais que d'autres familles n'étaient pas comme ça. Même Kat, malgré ce qu'elle leur reprochait, avait une mère qui semblait l'aimer et un père qui passait du temps avec elle dès qu'il le pouvait. Tous les lundis matin, les enfants bavardaient avec enthousiasme de ce qu'ils avaient fait le week-end. Je restais près d'eux et les écoutais avec envie parler de leurs sorties familiales au cinéma, à la mer ou de leurs pique-niques à la campagne.

C'était le genre d'enfance que je brûlais de connaître.

Je me mis à en vouloir à mes camarades de classe. Je leur jetais un regard noir quand je les entendais parler de ce qu'ils avaient fait. Quant à eux, percevant ma colère, ils m'évitaient de plus en plus. Des petits groupes d'amis stoppaient leur conversation à mon approche, ce qui alimentait ma fureur.

Mes mains se mirent alors à pincer ces enfants suffisants qui m'ignoraient quand je me tenais près d'eux.

Mes pieds leur faisaient des crocs-en-jambe, et mes poings se déchaînaient, la rage enflant tellement en moi qu'un adulte devait venir me maîtriser.

Avec les années, mes petites mains étaient devenues dures lorsque je battais sans distinction, et mes pieds, assez puissants pour infliger de la douleur.

À mes dix ans, certaines institutrices refusaient de m'avoir dans leur classe.

— C'est un élément perturbateur, disaient-elles avant de me faire passer une fois de plus de longues heures devant la porte.

Je percevais en elles une crainte grandissante vis-à-vis de moi et de mes actes sauvages.

Toutefois, un garçon ne semblait pas intimidé par mon comportement. Il me défiait du regard, affichait un petit sourire satisfait et ricanait quand je passais devant lui.

— Jackie la cinglée, faisait-il tout bas afin que je sois la seule à l'entendre.

J'avais beau lui lancer un regard noir, rien n'y faisait. Il me pinçait les bras avec ses doigts osseux et me faisait des croche-pieds. Quand il s'en prenait à moi, j'entendais les autres élèves ricaner et je voyais les institutrices baisser la tête, résolues à ne pas intervenir.

J'avais conscience que mes camarades de classe et ceux qui tentaient de m'inculquer un minimum de savoir et de discipline pensaient qu'il était temps de me donner une bonne leçon, ce qui ne fit qu'intensifier ma fureur. Durant les semaines qui suivirent, ce garçon devint la personne sur qui je projetai ma haine contre le monde entier.

J'attendis qu'à l'instar de tellement de tyrans bourrés de confiance, il aille trop loin. Non seulement m'avait-il insultée tout bas en distribuant les livres, mais il tira également sur ma natte quand il fut derrière moi. Je regardai la maîtresse dont les yeux bleus nous observaient, un léger sourire sur le visage. Je connaissais très bien ce sourire d'adulte : il signifiait qu'elle tirait un certain plaisir de mon malaise. Je savais qu'elle avait vu ce qu'il avait fait, mais elle se contentait de prétendre le contraire. Si je ne disais rien, le garçon finirait par faire une erreur. Il n'y avait qu'à attendre le bon moment. Celui-ci ne tarda pas.

C'était en plein après-midi. Le garçon se trouvait au mauvais endroit, entre la porte grande ouverte de la classe et le mur, derrière. Je sentis l'adrénaline monter : le moment était venu de prendre ma revanche.

— Vas-y, Jackie, fais-le ! cria la voix qui m'habitait.

Je bondis en avant, saisis la poignée et enfonçai la porte de toutes mes forces afin qu'il se retrouve écrasé contre le mur. Il hurla, puis tomba. Triomphante, je l'observai se tordre de douleur en tenant son nez brisé.

L'agitation gagna la classe. La maîtresse m'attrapa, me tira en dehors de la salle et m'ordonna d'attendre ici pendant qu'elle s'occupait du blessé. Puis je me suis retrouvée dans le bureau de la directrice et, une fois de plus, elle convoqua mes parents pour leur faire part de mon comportement scandaleux.

— Pourquoi as-tu fait une chose pareille ? m'avait-elle demandé. Tu aurais pu le blesser bien plus gravement.

Mais je ne pouvais pas lui expliquer que, de la même façon que le harcèlement du garçon m'avait fait enrager, c'était ce sourire, sur le visage de l'institutrice, qui avait tout fait déborder.

J'entrepris de le lui dire, mais quand j'ouvris la bouche, aucun mot ne me vint. Je fis alors mon fameux haussement d'épaules détaché qui, je le savais, les exaspérait toutes, et je baissai un regard vide vers le sol.

Cet épisode violent eut pour conséquence une nouvelle visite chez le psychologue et un nouveau sermon sur la petite fille chanceuse que j'étais. Pas une seule de ses questions, qu'elles soient posées à ma mère ou à moi, ne fut orientée vers ce qui aurait pu être à la racine du problème. J'ignore ce qu'il a noté dans son rapport, pas grand-chose peut-être, car je n'en ai pas la copie.

24

Seules deux choses m'intéressaient avant mes douze ans : mon vélo et la musique. Je m'étais rendu compte que, quand je m'échappais sur les routes de campagne, ma colère diminuait, et la musique me transportait ailleurs.

Très peu pour moi les chansons accrocheuses et édulcorées des boys bands et des groupes pop gnangnan, comme ABBA, que mes camarades adoraient. Je préférais les voix puissantes d'Annie Lennox, de Debbie Harry et de Siouxsie Sioux.

Quand mon humeur maussade ne me quittait pas, j'avais envie de me plonger dans les rythmes sourds du heavy rock et dans les paroles contestataires des groupes de punk.

Certes, ce n'était pas le genre de musique qu'appréciaient les enfants de mon âge, ou même mes parents, mais j'avais besoin de m'échapper dans des sons, des sons qui partageaient ma colère et m'aidaient à oublier ma vie.

Je laissais mon esprit s'égarer en écoutant ce rock agressif hurlé par de jeunes hommes dont les vies étaient déjà bousillées par la drogue et l'alcool. Ils rugissaient au sujet d'un sinistre futur anarchique que certains d'entre eux n'auraient jamais la chance de voir. Ils chantaient les rêves perdus, la désillusion. Ces paroles libéraient mes pensées et me déconnectaient de la réalité.

Je suppliais mes parents pour en avoir toujours plus. Ravis de me voir m'intéresser à quelque chose, ils m'achetaient toutes les cassettes que je réclamais.

Dans ma chambre, je vis à la télévision une interview de Johnny Rotten. Avec ses pics blonds sur la tête, son regard fou et sa grossièreté, il scandalisait le monde entier en méprisant toutes les valeurs des gens comme mes parents.

Je l'idolâtrais. C'était mon roi.

25

On ne parla plus jamais de vacances en Espagne. Je savais que mon père possédait encore la *finca*, et j'avais parfois envie de lui demander si nous pouvions y retourner, mais la fierté m'en empêchait. J'avais surpris trop de conversations pour ignorer que ma mère ne voulait plus m'emmener où que ce soit.

Je passais donc la moitié de mes vacances d'été avec mon oncle, pendant que mes parents visitaient l'Italie ou le sud de la France.

Je n'étais au courant que grâce aux brochures luxueuses que laissait traîner ma mère.

Mes séjours chez mon oncle ne se limitaient pas à ces périodes estivales et aux nombreux week-ends. Alors que je devenais de plus en plus imprévisible, ils m'y envoyaient pour certaines petites vacances.

— Dieu seul sait pourquoi tu te tiens bien avec lui et pas avec moi, ne cessait de répéter ma mère.

Mon père, lui, se manifestait peu. Il se contentait de me regarder avec cet air perplexe et inquiet que je m'étais mise à détester. Ma mère restait de marbre lorsque je protestais faiblement que je voulais passer du temps avec Kat. « Tu peux la voir cette semaine et le week-end prochain. Mais samedi soir, nous organisons un dîner » venait toujours clore la discussion.

Mon oncle avait-il peur qu'en grandissant, je devienne moins malléable ? Est-ce cette peur qui lui fit organiser ce qui se passa ensuite ? Ou étaient-ce ses clients qui se montraient plus exigeants ? Je n'en ai aucune idée. Je ne le lui ai jamais demandé et, évidemment, c'est trop tard, maintenant. Mais je sais en revanche que c'étaient des clients, et non des amis.

Durant toutes ces années, non seulement m'avait-il considérée comme son jouet, mais il avait également réussi à en tirer de l'argent. Et cela, je le compris assez jeune. Les boissons et les drogues qu'on me faisait avaler n'embrumaient pas totalement mes sens, et j'avais vu les liasses de billets que des mains moites lui tendaient, impatientes de toucher ce qu'elles avaient payé.

Quelles qu'en soient les raisons, il décida de pousser le vice plus loin.

Certaines fois, de nombreuses fois, devrais-je dire, mon oncle était présent quand l'un de ses « amis » me violait. Il se tenait derrière l'appareil photo ou se contentait de regarder. À ce moment-là, j'avais déjà appris à me déconnecter de mon corps et j'observais l'enfant, qui ne bougeait pas, abrutie par ce qu'on lui avait donné. Lorsque c'était terminé, j'en voulais à cette fillette. Pourquoi ne refusait-elle jamais de faire ce que son oncle lui ordonnait ? Sa constante soumission finit par la muer en suppliante mutique face à son persécuteur.

Sans cesse, ces flashs de lumière fondaient son oncle et l'appareil photo en une ombre menaçante et difforme, et ces hommes lui tordaient le corps selon les positions qu'ils désiraient avant d'enfoncer cette chose dans sa bouche ou entre ses jambes. La fillette obéissait docilement, murée dans son silence. Je ressentais ce qui se passait tout en en étant détachée.

Il y avait les hommes qui s'empressaient d'échanger leur place et allaient derrière l'appareil photo. C'était leur tour d'être un simple spectateur, celui qui regardait derrière l'œil clignotant de l'objectif. Je finis par en reconnaître certains qui étaient venus de nombreuses fois ; d'autres ne revenaient plus jamais. J'aimerais me dire que mon corps leur avait peut-être trop rappelé celui de leur fille et de leur petite-fille adorée, et que la honte les avait fait fuir. En vérité, je pense qu'ils allaient simplement voir ailleurs.

Puis il y avait les fois où, grâce à un nouveau dispositif acquis par mon oncle, l'appareil photo pouvait être contrôlé à distance et me prendre de plus près. C'était dans ces occasions-là que les hommes proposaient à mon oncle de se joindre à nous, ce qu'il refusait rarement.

Quelques mois après mes onze ans, j'eus mes premières règles, et mon corps commença à changer. J'intéressais moins mon oncle. Toutefois, ma nouvelle silhouette eut l'effet inverse sur certains de ses « amis ». Des hommes que je n'avais jamais vus venaient chez lui quand ma tante était partie travailler.

Il y avait ceux dont le regard coupable m'évitait. Ils faisaient ce qu'ils avaient à faire, en finissaient rapidement, n'étaient guère loquaces, se rhabillaient à la hâte et partaient. En revanche, d'autres lorgnaient ma nudité. Puis il y avait ces hommes aux traits durs qui tendaient l'argent et exigeaient une remise rapide des photos, car certains de leurs clients attendaient déjà les dernières.

Parfois, ils en avaient pour quelques minutes, mais, peu importe la durée, ils ne restaient jamais plus d'une heure dans cette pièce. Toutefois, ne croyez pas que leur plaisir consistait seulement en l'acte lui-même. Les photos le prolongeaient pendant des jours, voire des semaines, puis ces hommes revenaient en chercher d'autres.

C'étaient ces photos, sûrement très bien dissimulées, d'eux-mêmes ou d'un autre homme violant une enfant, qui leur permettaient de mettre en scène leurs fantasmes ou de revivre ce moment illicite. Imaginer ces hommes jouissant de chaque détail de mon corps lorsqu'ils étaient chez eux alimentait autant mes pires cauchemars que ce qu'ils m'avaient fait subir.

En regardant ces photos sordides, ils étaient à même de revivre l'excitation procurée par la domination totale d'une personne trop petite pour se défendre. Cette enfant ne pouvait que lever un regard terrifié vers son persécuteur. Ces hommes savaient qu'elle n'avait nulle part où aller et personne vers qui se tourner.

Durant tout ce temps, j'ai appris que les pédophiles se divisaient en deux catégories. Certains ont l'arrogance de croire que les enfants aiment ce qu'on leur fait, même s'ils le nient. Ils voient ce petit corps meurtri sangloter, entendent les protestations et les gémissements, mais ils s'obstinent à croire que des désirs sexuels sommeillent dans les corps sans défense d'enfants de trois, quatre, cinq, six ou encore sept ans. Quand ils se regardent dans le miroir, ils ne voient pas quelqu'un de mauvais, mais un homme qui aime les enfants et que les enfants aiment en retour. Cet homme manipule sa victime en la persuadant qu'elle a cherché ce qui s'est passé.

Ce n'est jamais « mon » secret quand il demande à l'enfant de ne rien dire, mais « le nôtre ». Ce n'est jamais lui qui aurait des problèmes, mais « nous ». Il joue avec les sentiments de l'enfant et crée une connivence par le biais de menaces à peine déguisées et de paroles aimantes. Mon oncle faisait partie de cette catégorie.

L'autre catégorie considère que les enfants existent simplement pour satisfaire son plaisir. Avec son esprit rusé et calculateur, il a conscience qu'un enfant qu'on fait uniquement souffrir physiquement peut parler. Mais en l'humiliant également, la honte se fait plus forte. Alors, cet homme sait que l'enfant ne dira rien.

Les joufflus de ce monde appartiennent à cette catégorie et, à onze ans, j'allais rencontrer les pires.

Certaines fois, deux hommes me violaient en même temps. D'autres, c'est leur gaucherie qui me faisait mal. Mais quand mon corps commença à se développer, mon oncle décida d'apporter une nouvelle dimension à ce qu'il autorisait.

Cette fois-là, un groupe de quatre hommes sonna à la porte. Comme je l'avais vu mettre le canapé en lit dans l'atelier, j'avais compris qu'il attendait quelqu'un. Il m'avait donné la boisson qui rendait tout brumeux. Je les entendis parler dans l'entrée. Les voix dures et profondes laissaient davantage penser qu'ils discutaient affaires.

Quand ils entrèrent dans la pièce, je déconnectai de mon corps cette partie de moi qu'ils ne pourraient jamais toucher. Pratiquement dénuée de sentiments, je me plaçai au-dessus d'eux et les regardai s'adresser à la jeune fille assise sur le lit. Je n'entendis pas ce qu'ils dirent. Devant le silence de la fille, ils lui ordonnèrent de retirer ses vêtements. Elle chancela légèrement quand elle se leva pour se déshabiller, mais aucune main secourable ne vint la soutenir. Le groupe se contentait de l'observer.

Je voyais sa longue natte pendre dans son dos, ses petites épaules rentrées, l'ébauche de ses seins, pas assez gros pour qu'elle porte un soutien-gorge mais tout de même présents, et son visage pâlot vidé de toute vie et de toute conscience apparente de ce qui lui arrivait.

Elle posa son jean et son T-shirt sur un tabouret, puis se rassit sur le canapé-lit, imaginant qu'ils la voulaient ici.

— Non ! lança une voix. Va là-bas, toi.

Il pointait un doigt taché de nicotine vers une chaise en bois. Abasourdie, elle le dévisagea, comme si elle n'avait pas bien compris. Avec un grognement impatient, il la tira debout et la fit s'asseoir si brutalement qu'elle alla s'écraser le coccyx sur la chaise.

Avant qu'elle ne comprenne ce qui lui arrivait, un autre homme lui avait attaché les bras derrière la chaise. Elle fit tomber sa tête qui lui tournait tandis que les hommes encerclaient la captive. Cette fille n'était pas encore totalement développée, mais ses petites hanches pointues poignaient déjà, et sa peau s'était tendue au niveau du ventre. Une légère ombre entre ses jambes proclamait que son corps passait de l'état d'enfant à celui d'adulte.

Tel un spectre, invisible à leurs yeux, j'assistai à ce que ces hommes lui firent subir.

De grosses mains rêches caressèrent sa poitrine naissante, puis l'une d'elles lui tordit le téton. La douleur soudaine la fit tressaillir, et un faible gémissement s'échappa de ses lèvres pâles. Alors, les visages des hommes furent barrés d'un sourire concupiscent et triomphant.

Ils sortirent des grosses pinces à dessin, celles dont on se sert pour fixer des feuilles de papier ensemble. Ils les placèrent sur ses seins minuscules et, après lui avoir écarté les jambes de force, quelque part entre ses cuisses. Je savais qu'ils lui faisaient mal, car une vive douleur me traversa le corps, comme pour compatir à ce qu'elle endurait. Elle ferma les yeux, mais, derrière ses paupières, je les voyais palpiter.

Ils exigèrent des fellations. Ils ouvrirent leurs braguettes avec autant de délicatesse que s'ils allaient uriner, lui tinrent la tête et balancèrent leur semence dans sa bouche. Elle ne remua pas. Lassés de sa passivité, ils voulaient autre chose, désormais.

Ils la détachèrent, la jetèrent sur le lit et lui grimpèrent dessus.

Deux d'entre eux ne purent avoir une seconde érection. Je poussai un soupir de soulagement : ces hommes étaient massifs. Je m'étais imaginé que, s'ils avaient tous enfoncé ces choses gorgées de sang en elle, son petit corps aurait pu être brisé à jamais.

C'est le troisième, dont le membre venait de durcir, qui la retourna soudain, écarta ses jambes fines et la pénétra.

Il me semble que je perdis alors connaissance. Je ressentis cette douleur inimaginable qui l'envahissait, et je me rendis compte que des taches de sang criblaient le haut de ses cuisses. Je la vis lutter pour retrouver ses esprits, mais lorsqu'elle rouvrit les yeux, ce qu'on lui avait donné les avait éteints.

Elle regarda les hommes remonter leurs braguettes et défroisser leurs vêtements, puis l'épaisse liasse de billets qu'ils tendirent à son oncle.

Ce n'est pas de la pitié que je ressentis vis-à-vis de la souffrance de cette fille. C'est la colère qui m'envahit, non pas dirigée vers les hommes ou vers celui qui avait prétendu l'aimer, mais vers la fille et cette connivence dont elle était responsable. Comment avait-elle pu accepter ce qui venait de se passer sans faire preuve de la moindre résistance ?

Elle m'implorait de réintroduire son corps, ce corps sali, souillé. Je voulais rester où j'étais, à ce point d'observation, mais une force supérieure me força à y retourner.

C'était presque la fin de la première partie de mon histoire, celle que je mis plus de vingt ans à pouvoir raconter.

26

— Ce n'est pas à ce moment-là, dis-je à la femme assise en face de moi. Ça aurait dû, mais ce n'est pas à ce moment-là que mon oncle m'a perdue, ainsi que son contrôle sur moi. Ça n'a été que quelques semaines plus tard.

— Prenez votre temps, Jackie. Dès que vous vous sentirez prête, vous pourrez me dire ce qui s'est passé ensuite, répondit la voix compatissante de celle à qui j'avais demandé de l'aide.

Je marquai une pause, car c'était ce moment, plus qu'aucun autre, qui m'envahissait de honte et qui m'avait poussée à me faire aider par un professionnel. Il fallait que ce film cesse de défiler dans ma tête, en boucle. Les personnages le composant étaient la fillette, moi adolescente et beaucoup d'autres. À son habitude, la thérapeute attendit patiemment que je poursuive, prenant en compte ce que cela me coûterait de révéler cette partie de ma vie.

— C'est le jour où j'ai rencontré l'homme, dis-je de façon hésitante dans un murmure. Celui dont mon oncle avait peur. Une sangle de cuir lui servait de fouet. Je savais qu'il allait l'utiliser sur moi. Mais c'était celle qu'il avait dans l'autre main qui m'effrayait le plus, car il allait l'attacher autour de mon cou, la serrer encore et encore pour m'asphyxier pendant qu'il me violerait. Sur les photos, on aurait dit que j'étais en train de mourir et, en vérité, c'est ce que je craignais. De mourir.

De nombreuses années me séparaient de ce jour, mais mon corps frémissait toujours à ce souvenir, et ma voix baissa tellement que, même penchée vers moi, la femme avait du mal à m'entendre. Je ressentais de nouveau la honte qui m'avait tant de fois dominée, pas ce sentiment où la chaleur vient nous empourprer les joues, mais une sorte d'obscurité dans laquelle j'avais envie de disparaître. Je détournai les yeux, mais elle n'allait pas me laisser l'éviter.

— Ensuite, Jackie. Dites-moi ce qui s'est passé ensuite, m'encouragea-t-elle, sentant sûrement que j'allais franchir l'étape la plus importante de ma thérapie.

Une boule dans la gorge, je serrai les poings à m'en faire mal et, pour la première fois, je pus lâcher ce que je voulais dire depuis si longtemps.

— Je suis descendue du lit, déclarai-je d'une voix forte et déterminée. J'ai attrapé la sangle et je la lui ai arraché des mains. Oui, je l'ai empêché de me faire du mal. Et puis…, puis je suis sortie de la chambre.

— Très bien, Jackie, dit-elle avec un grand sourire. Vous progressez.

Cela faisait deux ans que j'avais commencé cette thérapie. Deux années pendant lesquelles l'enchevêtrement de ma vie avait peu à peu été dénoué, fil par fil, et analysé. Petit à petit, je m'étais mise à substituer chaque scène du film de mon passé par une autre, dans laquelle je gagnais. Ensuite seulement, je pouvais regarder de nouveau la réalité et y faire face. Lorsque j'ai compris que je ne pouvais simplement plus supporter le poids de mon passé, j'ai décidé de faire appel à une thérapeute. J'étais une adulte, et j'ai cherché la bonne personne avec autant d'exigence qu'une autre femme aurait cherché un amant. Lorsque je l'ai enfin trouvée, elle n'a pas tenté de dissiper ma crainte qu'elle soit comme les autres thérapeutes que j'avais rencontrés. Elle s'est contentée de dire :

— Nous n'allons pas brûler les étapes, Jackie.

J'avais acquiescé. Chaque semaine, j'allais lui révéler, morceau par morceau, ces parties de ma vie que je n'avais pas su gérer jusqu'ici.

Certaines fois, au début, je ne pouvais lui confier que quelques bribes de phrases. Lorsqu'on est tombé si bas, qu'on a été détruit, on est méfiant. Parler, oui, c'est permis, mais toujours avec une certaine réserve. Cette réserve qui pourrait révéler la vraie personne se cachant derrière le masque. Il faut du temps et du courage pour permettre à ces défenses de s'écrouler une à une jusqu'à ce qu'il ne reste plus qu'une personne vulnérable. Consciente de cela, la thérapeute n'a rien exigé de moi. Elle a seulement attendu que je lui fasse suffisamment confiance pour lui permettre de m'aider. Il m'avait fallu une centaine de visites avant de pouvoir lui donner la nouvelle version de ce qui s'était passé lors de ma rencontre avec l'homme à la sangle de cuir.

Elle savait presque tout ce qu'il y avait à savoir de moi. Chaque semaine, elle s'était assise calmement dans son fauteuil pour m'écouter buter sur les passages de mon histoire que j'avais envie de lui raconter à ce moment-là.

Ses questions n'étaient jamais très longues. C'était moi qui devais parler, pas elle, et c'était moi qui devais tirer mes propres conclusions. Son travail consistait seulement à me mener là où je pourrais le faire. Toutefois, j'avais conscience qu'elle ne pouvait laisser derrière elle certaines parties de mon histoire quand elle rentrait chez elle : les parties qui l'avaient touchée. Dans ces moments-là, elle lançait une question à laquelle je ne m'attendais pas et, derrière son professionnalisme, ses yeux trahissaient la compassion. Elle n'avait pas besoin que je lui dise ce qui s'était vraiment passé le jour où je m'étais échappée de chez mon oncle, car je le lui avais déjà confié.

27

C'est lorsqu'il fit venir l'homme à la sangle de cuir, celui dont il avait peur, que le lien qui me nouait à mon oncle fut définitivement rompu.

Qu'est-ce qui était si effrayant, chez cet homme ? Je l'ignore. Seulement, quand je le vis, mes jambes flageolèrent et mon corps trembla. Il n'y avait rien de frappant chez lui. Il avait une taille normale et un physique commun. C'était un homme quelconque. Si je l'avais croisé dans la rue, je ne l'aurais pas remarqué.

C'était peut-être son aura glaciale. Il était clair qu'il n'était dans cette pièce que pour la raison qu'il avait donnée. Mais même ainsi, il était différent des autres : il ne dégageait aucune excitation, même furtive. Il tendit l'argent à mon oncle ouvertement, sans faire preuve de la discrétion des autres hommes qui tentaient de me le cacher. C'était comme si je n'importais pas.

— Déshabille-toi, ordonna-t-il.

Je m'emparai de la boisson qui brouillait tout.

Il me fit tomber le verre des mains.

— Pas besoin de ça, vociféra-t-il. Nettoie, maintenant.

Sans le regarder, je pris un chiffon, m'agenouillai et obéis.

J'entendis mon oncle dire quelque chose.

— On n'a pas envie d'avoir des photos de zombie, pas vrai ? Comme les dernières que vous m'avez envoyées. Mes clients ne sont pas dupes. Elle est assez grande ; il est temps qu'elle en profite.

Puis il me regarda. J'étais debout, le chiffon dans une main, ne sachant pas vraiment quoi faire.

— Jetons un œil à la marchandise. Je t'ai dit de retirer tes vêtements. Qu'est-ce que tu attends ?

La terreur surpassait tous mes autres sentiments, désormais. Sous son regard froid, j'enlevai mon jean et mon pull étriqué. Je restai pétrifiée devant lui, dans ma culotte en coton. Il m'intima d'un geste impatient de la retirer.

— À votre tour, dit-il à mon oncle, l'homme s'étant déjà lui-même déshabillé.

C'est à ce moment-là que je perçus les premiers signes de terreur sur le visage de mon oncle. Il avait déjà participé, mais cette fois, c'était différent : c'était un autre homme qui donnait les ordres.

— On va faire un petit film bien sympathique. Tu sais le faire, ça, hein, Jackie ?

Il demanda à mon oncle de se coucher par terre.

— Jackie, ouvre grande la bouche.

Imaginant ce que l'on attendait de moi, j'obéis. C'est lorsque je baissai la tête vers le pénis flasque de mon oncle que je sentis la sangle de cuir m'entourer le cou.

— J'en ai une autre, fillette.

Au même moment, mon corps fut traversé par une douleur cuisante lorsque la seconde sangle s'abattit sur moi.

— Chaque fois que tu arrêteras, tu auras droit à ça, c'est compris ?

Oui, j'avais compris.

Il me pénétra. Ses ongles se plantèrent dans mes cuisses tandis qu'il s'enfonçait brutalement dans mon corps. Cette fois différait des autres : sans la boisson qui embrumait mes sens, je ne réussis pas à me déconnecter de mon corps. Non, cette fois, c'est moi qui ressentais cette douleur qui m'asphyxiait. La sangle m'étrangla davantage, et l'autre me fouetta plus violemment.

— Je t'ai dit ce qui se passerait si tu arrêtais, indiqua-t-il.

Le néant surgit devant mes yeux.

— Tu as l'impression d'être en train de mourir, hein, Jackie ? Ne t'inquiète pas, je ne vais pas te laisser mourir trop vite…

Ses va-et-vient brutaux et la sangle qu'il serrait de plus en plus autour de mon cou m'envahirent d'une nouvelle vague de douleur.

— Tu n'as pas envie de savoir ce que ça fait de mourir, Jackie ? l'entendais-je me répéter sans cesse.

Dès que je cherchais de l'air, la sangle s'abattait sur moi. J'imaginais chaque fois que c'était la dernière, car il écartait légèrement son corps du mien. Mais j'avais tort : il cherchait seulement à marquer ma peau au maximum. J'entendais mon oncle protester, la voix tremblante de peur. À mon avis, il pensait que l'homme était vraiment capable de me tuer. Cette idée pouvait bien le terrifier ; de mon côté, je ne souhaitais qu'une chose : que cela arrive.

Lorsqu'il eut fini, mon corps m'élançait tellement que je ne pouvais pas bouger du matelas. C'est l'homme qui me retourna. Mon oncle était assis, horrifié, n'osant ni remuer ni parler.

— Hé ! Jackie, dit l'homme en me tirant les cheveux.

Je levai les yeux vers lui.

Sa bouche dessinait un rictus. Alors, il se mit debout, posa le pied sur ma poitrine et m'urina dessus. Cette chose à la main, il la dirigea vers mon visage et, avant que je puisse bouger, un filet jaune et chaud se répandit sur moi. Je pressai les paupières pour tenter de repousser ce qui arrivait. Je sentais ce liquide poisseux couler dans mon cou et mes cheveux.

Je ne jetai pas un regard à mon oncle quand l'homme partit. Je l'entendais pleurer, mais je décidai de l'ignorer. Je me levai et chancelai jusqu'à la salle de bains. Je versai du bain moussant dans la baignoire et fis couler le robinet jusqu'à ce qu'elle soit presque pleine. La vapeur avait envahi la pièce. Je me glissai dans le bain, m'enfonçai dans l'eau brûlante, me lavai les cheveux et les laissai flotter autour de moi.

Puis je me savonnai, frottai la moindre parcelle de mon corps, même là où j'avais mal. Je sentais encore son odeur, ce mélange fétide de transpiration et d'autres fluides innommables dont il avait aspergé mon corps. Je vidai l'eau, puis remplis de nouveau la baignoire.

J'y restai un long moment. Je percevais seulement les légères ondulations de l'eau qui suivait les battements de mon cœur. Elle se mit à refroidir, mais je ne bougeai pas. Une seule pensée m'obsédait : si je gardais la tête sous l'eau, je mourrais. J'essayai. Je fermai les yeux, glissai sous la surface, mais je me rendis compte que je ne pouvais pas faire ça. Ma volonté de vivre m'avait trahie ; elle était plus forte que ce que je croyais.

Alors, je me mis à verser de grosses larmes qui formèrent un flot silencieux sur mes joues, jusqu'à ce que je sente qu'il n'y avait plus rien à verser. Ce fut la dernière fois que je pleurai.

Ce jour-là, mes larmes s'asséchèrent. Plus une seule, que ce soit de joie ou de chagrin, ne coula sur mes joues. Bien sûr, j'en eus par la suite besoin de nombreuses fois, mais la consolation des larmes m'avait abandonnée.

Je trouvai alors ma consolation dans la douleur. Les lames de rasoir devinrent mes amies secrètes. Les gouttelettes de sang qui s'écoulaient des petites entailles en haut de mes cuisses devinrent mes larmes. Puis je passai aux brûlures. La cire de bougie était la plus efficace. Les marques qu'elle laissait sur la peau piquaient toute la journée, mais s'estompaient rapidement. Combien d'hommes m'avaient montré comment faire, en s'en tartinant la poitrine avant d'en faire de même sur moi ? Ils avaient tort quand ils disaient que je finirais par aimer ça. Je finis seulement par le supporter. Toutefois, ils m'avaient appris une chose : plus longtemps durait la douleur, plus longtemps j'échappais à la réalité.

Ce jour-là, je découvris comment la douleur physique pouvait anesthésier la souffrance psychique. Une fois sèche, j'allumai une bougie. Puis je fis goutter la cire chaude sur ma poitrine. Cette fois, aucun homme n'était là pour m'observer d'un air vicieux. Cette fois, je ne faisais cela que pour moi. Seulement moi.

Concentre-toi, m'intimai-je, et cela fonctionna peu à peu. Plus je ressentais la brûlure, plus les souvenirs qui me rongeaient l'esprit diminuaient.

Cette douleur brisa définitivement le joug de mon oncle. Dans ma tête, je ne voyais plus l'homme qui avait exercé son pouvoir sur moi toutes ces années, mais une personne faible et cupide.

Lorsque je descendis l'escalier pour l'affronter, je ne ressentais que du mépris. Grâce à cela, je fus libérée : il ne me toucha plus jamais. Je n'imaginais pas que, malgré cela, il me faudrait des années pour me débarrasser des dommages qu'il m'avait causés.

— Quel âge aviez-vous ? avait demandé ma thérapeute la première fois que je lui avais révélé cette partie de mon histoire.

— Douze ans.

28

Elle m'avait alors posé de nombreuses questions sur ce qui s'était passé ensuite, car elle avait lu mon dossier médical : elle savait que mon histoire ne s'arrêtait pas là, que je n'avais pas retrouvé une vie normale aussi simplement.

— J'ai cessé d'être une enfant, répondis-je.

Mon oncle annonça à ma tante que j'avais mal à la gorge, car je mis deux jours avant de pouvoir parler.

Une écharpe dissimulait mes hématomes et je gratifiais désormais mon oncle d'un regard brûlant de haine.

— Est-ce que tu vis un enfer ? proférai-je dès que je recouvrai ma voix. Je l'espère.

Conscient qu'il m'avait perdue, il s'éloigna.

Je lui lançai d'autres mots – « photos », « police » et « prison » – et, pendant un certain temps, il me crut capable de le dénoncer. Je lui fis alors acheter mon silence.

— Va te faire foutre, sifflai-je. Tu ne fais plus le fier, maintenant, hein ?

Je ressentais une certaine satisfaction devant la peur et la défaite de son expression.

— Je veux vingt livres. Je les ai gagnées.

Ces mots suffirent à trahir le fait que j'étais encore une enfant. Pour moi, c'était une somme immense. Pour lui, ce n'était qu'une partie insignifiante de ce qu'il avait dû gagner grâce à moi.

Sans protester, il alla sortir de son tiroir une liasse de billets.

En m'en emparant, j'étais persuadée que c'était le début de ma renaissance. Mais évidemment, c'était tout autre chose : je précipitais ma chute.

Je n'étais qu'une enfant seule dans le noir qui, n'ayant jamais connu le bonheur, était résolue à être mauvaise.

29

Elle n'avait fait aucun commentaire quand je lui avais raconté ce passage de ma vie. Elle m'interrogea sur quelque chose qui me parut ne pas avoir de rapport :

— Vous ne vous êtes jamais sentie capable de parler à l'un des psychologues que vous voyiez ?

Me vint alors l'image d'une petite femme brune qui avait posé sur moi un regard doux. Le jour où je l'ai rencontrée, j'ai senti qu'elle me voyait, moi, et non l'enfant au dossier bourré de rapports concernant son comportement néfaste.

— Il y en a eu une. Je devais avoir dix ans, peut-être un peu moins.

Elle avait insisté sur le fait qu'elle voulait me parler seule à seule, que ma mère pouvait simplement me déposer pour cette séance.

Lorsque j'entrai dans son bureau, elle me demanda de venir m'asseoir près d'elle. Avec ses fauteuils et sa lumière douce projetée par plusieurs petites lampes, cette pièce faisait davantage penser à un salon qu'à un bureau de médecin. J'avais presque l'impression de me trouver chez elle. Elle me donna son nom, mais je ne m'en souviens plus.

— Tu ne m'as pas l'air d'être une fillette heureuse, Jackie, fut l'une de ses premières phrases.

C'est là que je sentis qu'elle me voyait vraiment, et non l'enfant décrite sur les pages d'un dossier marron, celle qui se comportait mal. Elle semblait si gentille que, l'espace d'un instant, j'eus envie d'aller m'installer sur ses genoux et de nicher ma tête dans son cou afin de ressentir le réconfort de ses bras autour de moi.

Je marquai une pause. Ma thérapeute me laissa poursuivre.

— Je ne supportais pas de croiser son regard, dis-je en me rappelant cette journée et cette femme qui attendait patiemment que je lui parle. Alors, j'ai fait ce que font tous les enfants quand un adulte s'apprête à leur poser une question à laquelle ils n'ont pas envie de répondre. J'ai baissé la tête, croisé les bras et posé les mains sur mes épaules. « Je vais bien », me suis-je contentée de dire, mais je savais qu'elle ne me croirait pas. Elle m'a demandé s'il y avait quelque chose dont j'aimerais lui parler, quelque chose que je voulais lui faire partager. Mais ce moment fugace où j'aurais pu me confier à elle était passé. J'avais franchi le cap des six ans, ajoutai-je tristement.

L'espace d'un instant, la perplexité traversa le visage de ma thérapeute avant de laisser la place à un mélange de compréhension et de compassion.

C'est dans ces moments où nos regards se croisaient que nous n'étions plus que deux femmes dans une pièce. L'une qui avait besoin de raconter son histoire déchirante à l'autre, à la fois émue et horrifiée par ce qu'elle entendait. Puis le masque de la professionnelle reprenait soudain le dessus avant qu'une fissure n'apparaisse sur le mur séparant la patiente de la thérapeute. Il était important que les deux femmes se souviennent de leurs rôles et de la raison pour laquelle elles étaient ensemble. Parfois, il m'était difficile de m'en souvenir. Après tout, jusqu'à récemment encore, seule ma thérapeute avait appris à me connaître et m'avait laissé lui confier mes secrets et ma peur, que même mon amie la plus proche ignorait.

— Le cap des six ans, dit-elle dans un soupir.

Nous savions toutes les deux que c'était une expression utilisée par les services sociaux et les psychologues pour parler des enfants étant en soins de longue durée. On disait, et on l'avait sûrement prouvé, qu'après six ans dans le système, les dégâts étaient irrémédiables.

Comme moi, ces enfants répondront que tout va bien lorsqu'on le leur demandera. On recommande avec tact aux couples qui désirent adopter un enfant déjà grand de s'essayer d'abord en famille d'accueil. Si cela ne fonctionne pas, ils peuvent renvoyer l'enfant d'où il vient. En revanche, se débarrasser d'un enfant adopté serait pour le moins mal vu. Ces jeunes passent donc de foyer en foyer. Évidemment, certains ont de la chance, mais beaucoup n'en ont pas. Les enfants perturbés qui considèrent que les adultes les ont trahis ont souvent du mal à accepter toute forme de tendresse. Au fond d'eux, ils en ont peut-être envie, mais, à la surface, ils l'accueillent la plupart du temps avec agressivité. Lorsque j'ai rencontré cette psychologue au regard doux, cela faisait plus de six ans qu'on me violait. Il n'était pas question que je saisisse la main qu'on me tendait pour me venir en aide.

— C'était la première que j'appréciais ; il fallait donc que je me débarrasse d'elle. Je me suis montrée insupportable toute la semaine, ai prétendu ne pas l'aimer et ai demandé à ne jamais la revoir, annonçai-je à ma thérapeute.

— Et ?

— Je ne l'ai jamais revue.

Il n'y avait rien à ajouter. Mon dossier ne comportait même pas un compte rendu avec son nom dessus.

30

Évidemment, les semaines qui suivirent, mon oncle implora mon pardon avec des larmes plein les yeux.

— Je t'aime tellement, pleurnicha-t-il. Tu le sais, n'est-ce pas ?

— Espèce d'enfoiré ! répondis-je, ravie de pouvoir au moins lui jeter à la figure de nouveaux mots de vocabulaire.

— Jackie, je te promets de ne plus jamais faire entrer ces hommes chez moi.

Puis il me rabâcha son amour pour moi, ses yeux me suppliant de le croire.

Lorsqu'il n'obtint plus de ma part qu'un regard dégoûté et incrédule, il changea de tactique. Il se mit à plisser les lèvres et les yeux jusqu'à ce que son expression en soit transformée. De pathétique et malheureux, il passa à aigri et sur la défensive.

— C'était aussi ta faute, Jackie, tu sais ? fit-il d'un ton méprisant. C'est à cause de toi, de ta façon d'être, eh oui !

Il affichait désormais le ton autoritaire de l'autosatisfaction. Quelque chose en moi, que j'aurais dû reconnaître comme étant de la fierté, me conseilla de partir, de ne pas écouter. Mais sa voix m'immobilisa encore quelques secondes.

— Tu es loin d'être innocente, Jackie. Les hommes voient bien que tu n'es pas une novice en la matière.

Hors de question d'argumenter, mais je ne pus m'empêcher de répondre au moins à ses railleries.

— Espèce d'enfoiré ! lançai-je, au cas où il ne l'aurait pas entendu la première fois. Je bouge d'ici. Je vais faire les magasins. Ah ! au fait, tonton…

Il leva ses yeux rouges vers moi. J'y vis leur lueur d'espoir s'éteindre lorsque je prononçai :

— Tu ferais mieux de t'arranger un peu pour tata, parce que là…

Il fit un effort pour se ressaisir et me proposa pour la forme de me déposer.

— Quoi ? Pour être un peu plus longtemps seule avec toi ? Non, merci, répondis-je d'un ton moqueur. Ne t'inquiète pas, je prendrai le bus.

— Attends une minute, Jackie.

Il farfouilla dans son tiroir et en sortit deux billets de dix livres, venant s'ajouter à l'argent que j'avais déjà exigé. Tout en me les tendant, il tenta une nouvelle fois de m'amadouer :

— Profites-en pour t'acheter quelque chose de joli.

Je lui arrachai les billets des mains et les fourrai dans la poche de mon chemisier sans aucun signe de gratitude auquel il aurait pu s'attendre ou même une parole de remerciement. « Quelque chose de joli », c'étaient les derniers mots que j'aurais utilisés pour décrire ce que je prévoyais de m'acheter. Sans lui jeter un regard, je claquai la porte derrière moi et partis.

D'abord, j'allai examiner le rayon maquillage de la parapharmacie. Le fait d'avoir suivi ma mère dans les magasins m'avait appris les bases pour savoir ce dont j'avais besoin. J'explorai les rangées de poudres, de fards à joues, de rouges à lèvres et de bien d'autres produits garantissant une transformation immédiate. Je couvris le dos de mes mains de fond de teint jusqu'à trouver celui correspondant à la couleur de ma peau, et je dégotai un rouge à lèvres orange qui était pour moi la nuance parfaite. Puis je choisis de l'ombre à paupières foncée, un eye-liner et un mascara noirs. Dans un autre rayon, j'ajoutai à mon panier de la teinture rouge pour cheveux.

Je m'arrêtai ensuite chez le coiffeur.

— Coupez tout, annonçai-je en brandissant ma natte devant la femme d'une cinquantaine d'années qui m'observait d'un œil inquiet.

— Tu es sûre, jeune fille ? hésita-t-elle, craignant sans doute qu'une mère furieuse déboule dans son salon en exigeant qu'elle répare les dégâts.

— Oui, répondis-je d'un ton ferme.

Devant son air toujours inquiet, je poursuivis :

— C'est ma mère qui me l'offre pour mon anniversaire. Je suis une adolescente, maintenant.

Sur l'impulsion du moment, j'ajoutai :

— Et elle est d'accord pour que *j'aie l'air* d'une adolescente.

Je lui fis ce que je considérais comme mon sourire le plus charmeur. Il fonctionna : un autre illumina son visage.

— Comme c'est gentil de sa part. On va peut-être d'abord les laver ?

Je ne voulais pas demander combien cela coûterait en plus, alors je me contentai de dire :

— Non, je l'ai déjà fait ce matin.

Après tout, je savais qu'une fois de retour chez mon oncle, je les remouillerais. Elle me fit signe de m'installer dans un fauteuil, devant un grand miroir, et m'enveloppa d'une large blouse noire. Elle défit ma natte et brossa mes cheveux blonds jusqu'à ce qu'ils dessinent des vagues dans mon dos. Dans sa main gauche : les ciseaux ; dans la droite, mes cheveux. Je sentais l'air frais dans ma nuque et entendais les coups de ciseaux tandis qu'elle coupait, mèche par mèche, les cheveux que mon oncle avait adorés, formant un tapis doré au sol.

Je n'avais pas voulu qu'elle me les coupe en une fois – les amies de ma mère racontaient que l'on transformait les cheveux humains en postiches qu'arboraient si souvent celles qui avaient une chevelure rare. Il n'était pas question d'accepter que l'on transforme une partie de moi en un amas bouclé qui passerait le reste de sa vie soit posé sur quelques cheveux de la même nuance dorée, soit fixé à une tête en plâtre. Je lui fis d'abord couper la moitié. Puis, après avoir évalué la longueur, je lui demandai de continuer légèrement, jusqu'à ce qu'ils arrivent à quelques centimètres au-dessus de mes épaules.

Son apprentie remplit la pelle à ras bord de ces longues mèches que je regardai avec plaisir tomber dans la poubelle. *C'est terminé*, pensai-je.

Un nouveau visage m'observait dans le miroir. Il paraissait moins rond, et mes yeux, plus grands, mais les taches de rousseur qui me recouvraient le nez me donnaient toujours un air enfantin. On voyait à peine mes sourcils et mes cils trop clairs, mais il était prévu que je m'en charge également.

Je passai les mains dans mes cheveux et les fis bouffer. Des boucles tombèrent le long de mon visage ; je les repoussai derrière mes oreilles.

— Ça te plaît ? demanda la coiffeuse en dressant derrière moi un miroir afin que je découvre la totalité de ma nouvelle coupe.

Oui, ça me plaisait.

Je m'arrêtai ensuite dans une petite boutique de vêtements pour jeunes. Je parcourus les rayons de manière déterminée. J'entassai bientôt sur la caisse un jean noir, un haut moulant à manches longues et une ceinture de cuir avec une grosse boucle en argent. La vendeuse, une fille d'environ seize ans, les cheveux teints en noir et un clou d'argent dans le nez, me lança un regard hautain. Elle mit ostensiblement les étiquettes en avant afin que je voie bien les prix.

— C'est mon anniversaire, improvisai-je de nouveau. J'ai treize ans, ajoutai-je au cas où elle aurait pensé que les vêtements que j'avais sélectionnés n'étaient pas faits pour une gamine de douze ans. Ma mère m'a dit que j'étais assez grande pour choisir toute seule.

Elle me jeta un nouveau regard peu convaincu.

— C'est elle qui m'a recommandé ce magasin, insistai-je d'un ton doucereux.

Ce n'était pas la stricte vérité – ma mère ne faisait jamais de shopping près de chez mon oncle. Mais lorsque je l'avais accompagnée chez le coiffeur et avais jeté un regard envieux sur la vitrine d'une boutique similaire, elle avait déclaré que les vêtements y étaient bon marché et vulgaires.

Ce n'était cependant pas, dans l'immédiat, le message que je cherchais à faire passer.

Le mot « anniversaire » fonctionna aussi bien que chez le coiffeur. Son air hautain la quitta et elle me raconta en souriant qu'elle se souvenait de la première tenue « de grande » que sa mère l'avait laissée choisir toute seule.

Voyant qu'elle était désormais de mon côté, je lui annonçai avoir besoin d'autre chose. J'articulai dans une gêne soudaine :

— Un soutien-gorge noir, s'il vous plaît.

Je n'avais pas envie de porter sous mes nouveaux vêtements noirs l'espèce de brassière blanche que ma mère m'avait achetée sous la contrainte.

D'une main experte, la vendeuse entoura ma petite poitrine avec un mètre ruban, puis le plaça ensuite juste en dessous.

— Quatre-vingts A, annonça-t-elle.

Devant ma moue déçue, elle m'assura que le soutien-gorge que j'avais dans les mains était conçu pour mettre en valeur ma poitrine.

— OK, je vais le prendre, alors, mais j'aimerais tout essayer avant.

Je m'emparai des vêtements et partis dans la cabine. J'enlevai ma jupe plissée, mon chemisier au col Claudine et le pull pastel qui étaient la base de la garde-robe que ma mère considérait appropriée à une fillette de douze ans. Je mis d'abord le soutien-gorge. La vendeuse avait raison : j'avais de la poitrine – un tout petit peu, mais elle était là quand même. J'enfilai ensuite le jean, le haut et bouclai la ceinture autour de ma taille.

— Pas mal, me dis-je en m'arrangeant devant le miroir.

Ce n'était pas encore tout à fait ça, mais c'était cool.

— Je prends tout, annonçai-je à la vendeuse. C'est l'argent de mon anniversaire, ajoutai-je quand elle vit les billets que je dépliais.

— Tu as de la chance, dit-elle.

Oui, c'est ça, beaucoup, même.

Je sortis chargée de sacs affichant l'élégant logo du magasin. Au bout de la rue, je tournai en direction d'une boutique de chaussures. Il n'était pas question que je porte mes sandales Clarks avec mon jean noir.

Ce que je voulais, c'était une paire de Dr. Martens – ces brodequins aux épaisses semelles et aux bouts arrondis qu'on laçait jusqu'aux chevilles.

Elles faisaient peut-être fureur chez les adolescents, mais ma mère qualifiait ce style d'« immonde » : j'étais déterminée à en posséder une paire.

— C'est un cadeau d'anniversaire, dis-je pour la troisième fois de la journée.

Cela fonctionna de nouveau, le vendeur renfrogné devenant soudain sympathique et fourra dans un sac mon dernier achat.

Toutes ces dépenses m'ayant donné soif, je décidai d'aller au café du village, où je commandai un grand café crémeux. J'y plongeai le sucre et le regardai couler lentement dans la mousse. Ravie de mon shopping, je m'imaginai quelques instants rentrer chez mon oncle et tout réessayer.

Je repoussai la pensée qui se profilait dans mon esprit : qu'est-ce qui se passerait, ensuite ?

Soudain, je pris conscience des gens qui m'entouraient et me rendis compte que personne à part moi n'était seul. Autour de quelques tables, des groupes d'amis serrés gesticulaient et discutaient avec enthousiasme. Il y avait des couples, certains avec des petits. Sur une table voisine, une mère était assise avec son adolescente. Elles semblaient heureuses ensemble. Elles bavardaient, la fille gloussant alors que sa mère partageait une anecdote amusante. Les rires et les conversations m'encerclaient de leur bourdonnement. Je ne voulais pas me l'avouer, mais je fus soudain submergée par une vague de solitude. C'était comme si je me trouvais dans une bulle invisible qui me séparait du monde autour. C'était comme si tous ces gens que je pouvais voir n'étaient pas conscients de ma présence.

C'est alors qu'un souvenir se glissa dans mes pensées : l'image d'une terrasse de café, avec seulement quelques tables, devant une boulangerie. L'air embaumait le pain frais, le café et les pins. Au-dessus de ma tête, le ciel était une immensité bleue, sans nuages, et le soleil, énorme boule jaune, répandait sa chaleur.

Un homme au teint olivâtre qui parlait dans une langue étrangère posa devant moi une petite tasse de café. Mon père et moi étions assis l'un à côté de l'autre. Il souriait – un sourire qui m'enveloppait de sa chaleur. Il venait de m'offrir ma première tasse de café. Ce n'était pas la boisson mousseuse saupoudrée de cacao que je buvais en ce moment même, mais un café bien fort fraîchement moulu. Je me souvins de la joie que je ressentais et de la satisfaction que je tirais d'être simplement assise à ses côtés. C'était pour moi la chose la plus délicieuse que j'aie jamais goûtée.

Nous avions observé avec amusement un chat tigré qui étirait la patte pour faire sa toilette avec application.

— Il joue du violoncelle, avait dit mon père en gloussant, et j'avais ri avec lui.

Mais ce souvenir ne me réchauffa pas le cœur ; il me fit me sentir plus vide et plus triste encore. Je le repoussai résolument : aucun nuage noir ne devait menacer de gâcher ce jour crucial.

Je fête mon indépendance, me dis-je en prenant mon cappuccino.

Je décidai de traîner encore un peu et allai dans un magasin de musique. Je sortis avec deux cassettes : *Like a Virgin*, de Madonna, et le hip-hop de jeunes Afro-Américains appelés Run DMC que le vendeur m'avait recommandé. Je me réjouissais à l'idée que Kat aimerait les écouter et que mes parents détesteraient.

N'ayant plus un sou en poche, je repartis chez mon oncle. Je lui lançai un regard que j'espérais méprisant lorsqu'il découvrit bouche bée ma coupe courte, puis je montai mes sacs et allai m'enfermer dans la salle de bains. Je vidai le tube de teinture rouge sur mes cheveux et l'étalai uniformément. Voulant éviter de tacher le carrelage blanc, l'endroit le plus sûr pour attendre que la couleur prenne était la baignoire. Je la remplis, y grimpai et patientai trente minutes, comme la notice le conseillait.

Quand ma montre annonça que le temps était écoulé, je plongeai la tête sous l'eau jusqu'à l'avoir suffisamment rincée. Une fois sortie du bain, j'utilisai le sèche-cheveux de ma tante. Bien qu'inégal par endroits, le résultat était plutôt surprenant, et c'était exactement ce que je voulais. C'était désormais au tour de mon visage de subir sa transformation. J'étalai le fond de teint pâle pour dissimuler mes taches de rousseur. Puis je couvris de mascara ces cils blonds que je détestais tellement. J'avais vu ma mère « se faire belle » trop souvent pour ne pas savoir comment faire, et je me penchai vers le miroir pour colorer mes sourcils.

Vint enfin le moment de mettre la touche finale : le rouge à lèvres orange. En quelques secondes, j'eus en face de moi une nouvelle personne. D'énormes yeux bleus entourés d'épais cils noirs, sous de fins sourcils foncés, me fixaient dans le miroir. Je ressentis une pointe d'excitation : j'étais totalement différente.

Disparue, cette natte enfantine qui balançait dans mon dos. Désormais, des boucles rouge vif encadraient mon visage, et une frange me barrait le front.

J'enfilai mes nouveaux vêtements et me regardai dans le miroir.

— *Voilà*[1], dis-je tout haut. (Oui, j'avais eu *quelques* cours de français.)

J'avais fini de porter des vêtements d'enfant et d'avoir l'air d'une gamine. La personne qui se reflétait dans la glace biseautée de ma tante ne ressemblait plus à une fillette provenant d'une banlieue bourgeoise, mais à une fille indépendante qui savait sans problème prendre soin d'elle. Et on lui donnait clairement plus de douze ans.

— Terrible ! lançai-je.

Je faisais face à la nouvelle moi.

Ce jour-là, j'eus l'impression de renaître. Je fixais la glace en incitant l'autre enfant, celle qui avait été effrayée, manipulée et en manque d'affection, de partir. J'étais désormais une adolescente qui portait des vêtements noirs et du rouge à lèvres orange. J'avais l'air d'une personne qui contrôlait sa vie. *D'une fille qui n'en a plus rien à foutre des autres*, furent les mots qui me vinrent aussitôt en tête.

La fillette blonde aux yeux bleus que je détestais tant et que mon oncle et ses amis avaient tant aimée avait disparu. Mes cils foncés semblaient plus longs, et mon visage, plus fin. Je mis la main sur la hanche et secouai la tête.

— Terrible, répétai-je.

1. En français dans le texte. (NDT)

Je remuai les cheveux une dernière fois et descendis d'un pas nonchalant vers mon oncle et ma tante.

Ils furent quelque peu surpris. Mon oncle marmonna que ça m'allait bien, et ma tante ne changea rien à ses habitudes : elle continua à cuisiner tout en bavardant.

— Ça te vieillit, trésor, se contenta-t-elle de dire.

Lorsque je rentrai à la maison, ma mère me fit comprendre qu'elle ne partageait pas leur avis. Craignant sans doute sa colère, mon oncle me déposa avec ma valise. Avant même que j'ouvre la porte, il était déjà parti.

Ma mère me bombarda de questions : d'où venaient ces vêtements, qu'avais-je fait à mes cheveux et à quoi pensais-je ressembler ? Elle exigea que je fasse disparaître ma couleur immédiatement.

— Je ne peux pas, elle est semi-permanente ! lançai-je avec une pointe de défi dans la voix.

Elle s'estomperait peut-être légèrement après un ou deux shampoings, mais c'était tout, et elle l'avait compris.

— Que vont-ils dire, à l'école ? se lamenta-t-elle. Dieu merci qu'il reste encore une semaine de vacances. Je vais demander à ma coiffeuse ce qu'on peut faire.

L'opinion de mes professeurs et de ma mère m'importait peu. Si l'école ne m'avait pas encore renvoyée, ce n'était pas quelques boucles rouges qui allaient changer la donne.

Ignorant sa tirade, je lui annonçai que c'était mon cadeau d'anniversaire. Après tout, fis-je remarquer d'un ton sarcastique, j'étais trop grande pour avoir un ours en peluche.

— Mais ce n'est pas ton anniversaire, Jackie.

— Oh ! mais tonton a dit que je pouvais avoir mon cadeau plus tôt.

Je fis un de ces haussements d'épaules qui la mettaient hors d'elle.

Elle déversa un nouveau torrent de mots, prétendant cette fois que j'étais une enfant gâtée qui faisait ce qu'elle voulait de son oncle. Elle conclut en annonçant qu'elle allait lui parler et mettre fin à cette « comédie de vouloir jouer l'adulte ». Elle ne pouvait pas se douter que la dernière chose qu'aurait désirée mon oncle était que je devienne adulte.

Au moins, on allait le tenir responsable de quelque chose, pensai-je en tentant d'effacer mon sourire satisfait.

Sentant mon agressivité, elle protesta de nouveau.

— Oh ! faudra, que tu t'y habitues, finis-je par grogner. Tout le monde ressemble à ça.

Nous savions toutes les deux que c'était totalement faux ; en tout cas, là où nous vivions.

J'eus droit à un nouveau regard glacial.

— Tu ne sortiras pas comme ça. Tu es punie.

Nous nous sommes fixées d'un air mauvais, puis elle finit par baisser les yeux.

— Je n'imagine même pas ce que dira ton père ! lança-t-elle avant de tourner les talons.

La discussion était close. Mon père n'allait pas dire grand-chose. Il voulait une vie calme.

Dans ma chambre, j'appliquai du vernis noir sur mes ongles avant de demander à Kat si je pouvais venir chez elle. Recouverte d'une énième couche de mascara et de rouge à lèvres, je sortis furtivement par la porte de la cuisine avec mes nouvelles cassettes. Je savais que je ne m'en tirerais pas comme ça si je me faisais prendre.

Quand elle découvrit ma transformation, Kat sembla plus nerveuse qu'impressionnée.

— Tu n'aimes pas ? demandai-je.

— Euh… si, hésita-t-elle, mais son expression disait le contraire.

Je compris que, malgré ses beaux discours dans lesquels elle déclarait vouloir faire péter un câble à sa mère et à son beau-père, sa rébellion consistait à écouter la musique qu'ils détestaient, voler une cigarette de temps en temps et se plaindre d'avoir aidé à faire la vaisselle. Ça n'irait jamais plus loin.

— Tu viens ? On va en ville à vélo ? proposai-je.

Nous pourrions traîner dans les magasins et aller boire un coca : je mourais d'envie de voir la réaction des gens face à mon nouveau look.

Elle prétexta une excuse, comme quoi elle avait promis à sa mère de l'aider, mais je savais qu'elle n'avait tout simplement pas envie de m'accompagner.

— Désolée, dit-elle.

Je tournai les talons et partis.

Ce fut le début d'une nouvelle leçon. Ceux qui ont quelque chose à perdre le protègent, alors que ceux qui n'ont plus d'estime de soi ne font pas attention à l'opinion des autres.

Il me fallut peu de temps pour trouver des amis plus enthousiastes. Si j'étais la seule enfant perturbée du village bourgeois où je vivais, ce n'était pas le cas dans celui de mon oncle, et je savais exactement où chercher.

31

La semaine suivante, ma mère m'annonça que j'allais de nouveau passer le week-end chez mon oncle. Je compris qu'ils recevaient encore du monde quand j'entendis ma mère confirmer au téléphone la liste des invités et les arrangements pour le dîner. Chaque fois, cela me mettait hors de moi. Mais, même si elle était ravie de se débarrasser de moi le dernier week-end avant la rentrée scolaire, cela ne l'empêcha pas de s'en prendre à mon oncle dès qu'il franchit le pas de la porte.

— À quoi tu joues ? lança-t-elle d'un ton accusateur.

— De quoi tu parles ? répondit-il en jetant un coup d'œil inquiet vers moi.

— De la laisser s'acheter ces vêtements et s'infliger ça.

— Oh ! voyons, Dora, commença-t-il en la regardant nerveusement.

Je le vis glisser sa main vers la poche de sa chemise, en quête de cigarettes. Puis, sous le regard d'acier de ma mère, il se souvint qu'il était dans une zone non-fumeurs et fit courir ses doigts dans ses cheveux.

— Elle grandit, ça saute aux yeux, ajouta-t-il.

— Eh bien, ne lui donne plus d'argent pour ça ! Et ne la laisse pas toucher à ses cheveux, sauf pour faire disparaître un peu plus cette couleur immonde !

Chaque soir, elle était restée plantée près de moi afin de vérifier que je me lavais bien la tête. Comme l'avait prévu sa coiffeuse, le rouge vif s'était estompé durant la semaine. Désormais, j'arborais un blond miel avec quelques vestiges de rouge par endroits, tel un chat tacheté de roux. Je trouvais tout de même cela cool, mais j'envisageais de refaire la couleur durant le week-end.

— Et plus de maquillage ! nous cria-t-elle alors que nous partions.

Nous avons roulé en silence jusque chez lui. Je n'avais pas envie d'y aller. Je détestais ces petites pièces sombres, le jardin nu et ma chambre composée de deux ou trois meubles bon marché. Je détestais par-dessus tout poser les yeux sur la porte qui donnait sur la pièce où mon oncle gardait son équipement photographique.

Je savais qu'il ne voulait pas non plus que je continue de venir, mais nous étions piégés. Nous ne pouvions révéler pourquoi à sa femme ou à mes parents. Il devint alors à contrecœur mon complice, tandis que j'exerçais mon nouveau droit de liberté.

Il n'osait pas me réprimander ou m'empêcher de sortir. Durant ces week-ends, je faisais attention à ce que ma tante n'en sache pas trop, au cas où elle se croirait dans le devoir d'informer ma mère que je faisais ce que bon me semblait. Même si elle ignorait ce que je fabriquais, elle savait que ça ne plairait pas à ma mère.

En quelques semaines, l'odeur de cigarettes avait imprégné mes vêtements, et mon haleine empestait l'alcool. Parfois, j'imaginais que mon oncle devait se sentir comme le Dr Frankenstein. Il avait créé un monstre pour son propre plaisir et ne le contrôlait plus. J'adorais le voir être au supplice face à son impuissance, maintenant qu'il avait perdu toute emprise sur moi.

Je me délectais du fait qu'il ait peur de moi, peur de ce que je pourrais faire pour lui attirer les foudres de mes parents ou, pire, des autorités.

Il essaya de me prévenir plus d'une fois :

— Jackie, tes parents t'empêcheront de revenir ici s'ils apprennent ce que tu fais.

J'ignorais s'il savait réellement ce que je faisais.

— Comme si ça me préoccupait, répondais-je désormais du tac au tac.

— Tu sais très bien qu'on ne te laisserait pas passer tout ça chez toi.

Il avait raison. Mais le besoin de fumer et d'acheter ces petits comprimés blancs qui éclipsaient le monde réel était plus fort que tout. Mon corps réclamait davantage de ce que mon oncle m'avait administré durant toutes ces années, et j'avais trouvé comment m'en procurer.

Après ma transformation, je rentrais seulement chez mon oncle pour me changer, puis je ressortais. Il y avait un café, en ville. C'était d'ailleurs plus un bouge qu'un café. Rien à voir avec l'élégant petit bar où j'étais allée ce fameux jour de shopping. Des machines à sous occupaient chaque mur, et l'endroit empestait la graisse rance.

Le premier jour où je suis retournée chez mon oncle, c'est là que je me suis rendue. Affublée de mes nouveaux vêtements et maquillée, j'y suis entrée nonchalamment, mes yeux fouillant la foule. Je savais que ce que ma mère appelait des adolescents « nuisibles » y traînaient, et j'avais envie d'en rencontrer. Je ne me rappelle pas la façon dont ça s'est déroulé, mais je me suis rapidement fait des amis d'un genre totalement différent des « gentils » élèves de l'école ou des quelques jeunes qui vivaient dans notre quartier.

32

Il y avait un ensemble d'appartements et de maisons dans lesquels le conseil municipal avait, dans sa grande sagesse, rassemblé les familles « à problèmes ». Des mères célibataires dont les enfants s'élevaient tout seuls une fois qu'ils allaient à l'école. Des femmes battues, qui disaient fuir un mari violent, mais qui, une fois installées dans leur nouvelle maison, récupéraient leur persécuteur. Là-bas, pour un adolescent, un jour passé à l'extérieur signifiait se retrouver au tribunal pour enfants ; des vacances signifiaient plusieurs semaines ou plusieurs mois dans un centre de détention. Les plus jeunes étaient pleins d'admiration vis-à-vis de ceux qui étaient assez vieux pour aller en prison.

La grossesse chez les adolescentes était courante, et l'alcool et la drogue circulaient librement.

Il me fallut peu de temps pour m'y faire une place et pour découvrir la facilité avec laquelle on pouvait se procurer de l'alcool ou de la drogue. Cela commença par un baiser et un peu de tripotage derrière les garages, puis je dus masturber un ado – facile, pour moi. Parfois, nous nous asseyions sur des marches couvertes d'urine, d'autres fois dans des appartements où les parents ne se souciaient pas de ce que fabriquaient leurs enfants. Il y avait également une vieille salle paroissiale où, à une époque, le nouveau pasteur avait entrepris d'intéresser les jeunes du quartier à diverses activités. Sa tentative avait lamentablement échoué, car ses cibles étaient indifférentes et hostiles à sa cause.

Donc quel que soit le temps, nous trouvions toujours une pièce, un escalier ou un coin où nous pouvions fumer et boire sans être dérangés. Des filles peinturlurées qui faisaient plus vieux que leur âge allaient dans des magasins d'alcool et achetaient ou volaient ce qu'elles voulaient. Peu m'importait leur mode d'acquisition, j'aimais tout simplement le moment où nous nous partagions ces bouteilles. Nous mélangions des petites boulettes de marijuana au tabac, puis roulions une épaisse cigarette qui, quand nous l'allumions, emplissait l'air d'une douce odeur entêtante. Nous faisions tourner le joint et, lorsqu'il me parvenait, je chargeais mes poumons de la fumée avant de le passer. Nous fumions davantage de cannabis que nous ne buvions, mais il était plus prohibé que l'alcool pour les mineurs.

Et nous aimions tous faire quelque chose qui était interdit. Les membres du groupe auquel je m'étais liée avaient tous une histoire bien à eux.

Il y avait Cathy qui, à quatorze ans, séchait davantage les cours qu'elle n'y assistait. Petite, les cuisses rondes, une rangée de clous sur chaque oreille et un serpent tatoué autour du bras, c'était celle qui racontait le plus facilement sa vie. Elle m'avait confié que son père était en prison, et que ce n'était pas la première fois.

— Il s'est fait prendre en train de pénétrer chez quelqu'un par effraction, cet abruti ! De toute façon, je suis bien contente de le savoir là-bas. Il frappait ma mère. Mais elle le reprendra ; c'est une paumée, elle aussi. Il picolera, puis rentrera et la cognera, et je les écouterai hurler tous les deux. Puis, le lendemain, ils roucouleront de nouveau, et ma mère me dira qu'il l'aime, que c'est la faute de l'alcool. C'est ça, et c'est l'alcool qui lui a fait un cocard, aussi ? J'en doute ! Mais je m'en fous.

Je ne pense pas qu'elle s'en foutait vraiment, mais elle ne l'aurait jamais avoué.

— De toute façon, m'annonça-t-elle, je pars dès qu'il sort de prison. Je vais avoir mon chez-moi, ajouta-t-elle avec assurance, sans signaler comment elle allait trouver l'argent pour y arriver.

Puis il y avait Mick, le fils de quinze ans d'un mineur au chômage. Lorsque je fis sa connaissance, j'appris que la femme que mes parents considéraient comme une héroïne nationale et faiseuse de miracles passait pour un monstre aux yeux de mes nouveaux amis.

— Elle a foutu mon père et ses collègues au chômage en fermant ces putains de mines, cette salope de fasciste, dit Mick, soutenu par un ensemble de voix lui reprochant les conflits et le chômage du quartier.

On me raconta comment certains grands ados avaient manifesté aux côtés des hommes avant d'être repoussés par la police – un autre organe de la société qu'ils ne pouvaient pas supporter.

— Ce ne sont que des cons de fascistes, cracha Mick. Mon père était à l'école avec certains d'entre eux, tu sais, mais ça ne les a pas empêchés de nous foncer dessus. Les journaux disent qu'ils les ont mutés dans d'autres régions, mais ce n'est pas vrai.

Je savais, d'après les discussions de mes parents durant le petit-déjeuner, que ça l'était, mais je n'avais aucune intention de le signaler. Ils poursuivirent dans leur emballement, et l'opinion générale était que la police avait trahi la classe ouvrière, où ils avaient pourtant leurs racines. Elle avait été également trahie par les chômeurs, pensai-je, si ce qu'avait suggéré mon père au sujet de certains agitateurs dans les piquets de grève était vrai, mais je n'en dis pas un mot non plus. Singeant l'opinion de leurs parents, les membres du groupe discutaient avec la marque de sagesse que possèdent seuls ceux dont les connaissances sont limitées.

À force de les écouter, mon vocabulaire s'enrichit.

— Sales branleurs ! lançai-je en guise de soutien.

Moi qui avais entendu dire que Margaret Thatcher venait sauver la Grande-Bretagne, je m'imprégnais de tout ce qu'ils disaient, car c'était totalement en opposition vis-à-vis de l'idéologie de mes parents et de leurs amis conservateurs. Le discours de mes nouveaux camarades était encore mieux que l'interview de Johnny Rotten, songeai-je. La raison me fit taire le point de vue de mes parents. Je ne parlai pas non plus de la grande maison dans laquelle je vivais, du garage double qui abritait la grosse berline de mon père et la voiture plus petite de ma mère, et du fait que nous avions une femme de ménage – qui, Dieu merci, ne vivait pas dans ce quartier.

Pour la première fois, je rencontrais des gens qui ne considéraient pas l'argent, ou ce que l'argent pouvait acheter, comme acquis. Certes, mon oncle et ma tante avaient sûrement mentionné le fait qu'ils avaient besoin de travailler tous les deux, mais c'était tout. Ici, la plupart des parents de mes nouveaux amis attendaient chaque semaine leur indemnité chômage. Soit leurs mères devaient élever leurs enfants seules, vivant des allocations, soit leurs pères avaient perdu leur travail et étaient si découragés par la pénurie d'emplois dans la région qu'ils avaient cessé de chercher. Toutefois, le fait de manquer d'argent ne semblait pas inquiéter mes nouveaux amis. Contrairement à leurs parents, ils avaient trouvé différents moyens d'augmenter leurs revenus.

Le vol à l'étalage était l'une des principales sources. Ils appelaient ça « aller à la corvée ».

— C'est facile, me dirent-ils, pleins d'assurance, quand je leur demandai comment ils s'y prenaient. Tu fauches des choses pas trop grosses : du maquillage, du parfum, puis tu les glisses dans ta poche. Le mieux, c'est les petites boutiques. Dans les plus grandes, ils se mettent à surveiller. Il faut y aller à deux. Pendant que l'un parle au vendeur, l'autre embarque la marchandise.

— Vous la revendez où ? demandai-je, curieuse.

— À l'école, à des gosses friqués, comme toi, qui ont de l'argent de poche, rirent-ils.

Ils me posèrent des questions : mon accent trahissait mon milieu social. Je leur dis que mon père frappait ma mère. Il me restait encore un peu de loyauté vis-à-vis de mes parents, et il m'était plus facile de raconter des histoires qui n'étaient pas basées sur la réalité que de révéler leurs soirées échangistes. Quelque part, je savais qu'à leur façon, ils avaient essayé d'arranger les choses avec moi. Mais ça n'atténuait pas la colère sourde que je ressentais à leur égard. Et je ne voulais pas non plus admettre que mes parents ne m'aimaient pas, car je serais passée pour une pauvre fille. Même si mes nouveaux amis devaient se débrouiller tout seuls, et que la plupart d'entre eux pensaient que leur père était un parasite de la société, ils montraient tous de la tendresse vis-à-vis de leur mère. De la tendresse que je ne semblais pas avoir en moi.

Si elle m'avait aimée, elle m'aurait voulue à la maison, n'est-ce pas ? Et si j'y étais restée, mon oncle n'aurait jamais pu me faire subir tout ça.

Ces pensées tournaient en boucle dans ma tête. Je ne les repoussais que quand on me tendait le joint dont j'aspirais la fumée goulûment. Le cannabis rendait le monde meilleur. À l'instar de la boisson additionnée de narcotique que mon oncle m'avait obligée si longtemps à avaler, il brouillait la réalité, mais de façon différente. Même la blague la plus nulle me faisait me tordre de rire. J'entendais chaque note s'élevant de minuscules écouteurs et j'étais plus sensible aux couleurs, qui m'apparaissaient plus vives.

Si seulement je pouvais fumer lorsque je peignais, en cours, pensais-je. J'aurais pu faire des chefs-d'œuvre.

C'est lors d'un de ces week-ends que je revis Dave, le garçon que j'avais rencontré quand j'avais cinq ans. Ce garçon dont on m'avait dit qu'il n'avait été qu'un rêve, même si je savais que ce n'était pas vrai. Il arborait toujours des cheveux châtains indisciplinés et un jean moulant. Seulement, cette fois, c'étaient une coupe et un jean fuseau à la mode. Ses traits doux de petit garçon avaient quitté son corps et son visage. Désormais, il n'était pas loin du mètre quatre-vingts, large d'épaules, et, sous son T-shirt, je voyais des muscles se dessiner.

Le regard apeuré et vaincu qu'il affichait lorsque nous nous étions rencontrés avait disparu. Son visage s'était durci, et il y avait un certain air de défi dans sa démarche et sa façon de se tenir.

Fort de cette nouvelle assurance, on lui donnait la vingtaine, mais je savais que c'était encore un ado. Il aurait pu être un garçon comme tout le monde, mais, aux yeux de mes nouveaux amis, c'était un homme, un homme qui avait, remarquai-je aussitôt, gagné leur respect.

J'ignore comment nous avons pu nous reconnaître après tout ce temps. Ce ne fut cependant pas immédiat : c'est mon nom qui le fit soudain me regarder autrement.

— Ton oncle ne s'appellerait pas… ?

Il compléta avec le nom de mon oncle.

Merde, pensai-je. Puis, en l'observant de plus près, je vis en lui une version plus âgée du garçon que j'avais rencontré toutes ces années auparavant.

— Oui, mais c'est fini avec lui, répondis-je avant d'avoir droit à son regard incrédule. Enfin, je veux dire..., murmurai-je.

Je détournai les yeux, cramoisie. Évidemment, je lui demandai de ne rien révéler à qui que ce soit.

— Il n'y a eu que cette fois-là, mentis-je.

— Laisse tomber, Jackie, dit-il. J'ai entendu parler de ton oncle. Lui et mon père...

Il s'interrompit, mais j'imaginais qu'il voulait dire qu'ils s'étaient revus.

Il m'avoua qu'il avait d'abord pensé que j'étais sa fille, et non sa nièce, ce qui semblait le faire enrager. Puis il fit ce qu'il avait fait lorsque j'avais cinq ans, et lui, quelques années de plus : il me prit la main, y glissa ses doigts et la serra doucement.

— Tu vas bien ? demanda-t-il.

Je lui confiai que mon oncle avait trop peur pour me toucher, désormais. Que quelque chose s'était passé – je ne voulais pas en dire plus, mais cet événement avait terrorisé mon oncle. Il avait peur que je parle.

— Tu le ferais ?

Je frémis à l'idée de revivre l'épisode de cet homme et sa sangle de cuir. Le simple souvenir de son regard libidineux me donnait déjà la nausée.

— Quoi ? Pour que tout le monde soit au courant ? répondis-je.

Nos regards se croisèrent. Je lus dans le sien de la compassion et de la compréhension. J'avais conscience que je n'étais pas la seule à cacher quelque chose de honteux.

Son souffle chaud caressa ma joue lorsqu'il me dit :

— Ton secret est bien gardé avec moi, Jackie. Ne t'inquiète pas, je n'en parlerai à personne.

Je m'appuyai contre lui, sentant que c'était le seul qui me comprenait. Il entoura mes épaules de son bras et je me laissai consoler.

— J'ai défoncé mon vieux, tu sais, m'avoua-t-il. Dès que j'ai été assez costaud, je l'ai roué de coups. Je me donnais tellement en cours de sport qu'on pensait que je voulais devenir athlète. Mais tout ce que je voulais, c'était être assez fort pour lui tenir tête et lui foutre une raclée s'il s'approchait de moi. Et c'est ce qui s'est passé. Il me laisse tranquille, maintenant, pareil pour ma petite sœur. Il avait des vues sur elle aussi, ce vieux pervers. Si jamais ton oncle tente quelque chose, tu me le dis, je m'en occupe, OK ?

Ce fut le début d'une amitié que certains auraient pensée impossible, plusieurs années nous séparant, Dave et moi, mais nous étions liés par nos enfances brisées.

J'appris au fil du temps que Dave était le principal fournisseur des drogues qu'on vendait dans le quartier ou les écoles. Certains membres du groupe travaillaient pour lui en vendant à leurs camarades de classe ainsi qu'à tout un tas d'autres personnes résidant dans le quartier.

Malgré son jeune âge, il était déjà réputé pour être dur et habile de ses poings. Un garçon l'avait compris lorsqu'il s'était réservé un peu de poudre blanche qu'il était censé vendre. Il s'appelait Ed ; c'était un garçon petit et squelettique aux dents pourries et aux cheveux gras. Quelque chose en lui me dérangeait. Ses yeux cernés d'ombres auraient dévoilé à quiconque de bien informé qu'il était accro au speed – la whizz, comme nous appelions le sulfate d'amphétamine, la cocaïne du pauvre. J'étais rassurée qu'il craigne Dave, car je l'avais surpris en train de me déshabiller du regard avec un sourire méprisant. Les autres comprirent rapidement que Dave était mon protecteur. Personne n'oserait me chercher des crosses tant qu'il serait dans le coin.

Peu importait ce qu'ils murmuraient au sujet de Dave et de sa violence, je me rappelais le petit garçon maigrelet dont le corps était parsemé de bleus, ce garçon qui avait fait des ricochets sur la rivière et avait essayé de me consoler.

33

Dave me connaissant, même si personne n'en savait la raison, je fus intégrée dans le groupe. Ils étaient au courant que je venais d'un milieu différent et se demandaient pourquoi je voulais traîner avec eux, mais ils faisaient avec. Je m'interrompis et lançai un regard perdu à ma thérapeute. Même si presque vingt années me séparaient de ces retrouvailles avec le Dave adulte, le simple fait de parler de lui me perturbait.

— Je sais que la seule façon de me guérir est de confronter tout mon passé. De m'emparer de tous ces souvenirs que j'ai repoussés si longtemps, les remettre dans l'ordre et leur faire face. Mais c'est tellement difficile, de me rappeler tout ce que je me suis efforcée d'oublier.

— Vous respectiez Dave, vous l'admiriez, vous le voyiez comme la seule personne qui, étant au courant pour votre oncle, se souciait de vous, n'est-ce pas ? demanda-t-elle.

Même si elle connaissait la réponse, elle avait formulé une question.

— Oui. Les gens qui ne comprenaient pas disaient qu'il était nuisible. Mais il était détruit, il était furieux. Et il en voulait au monde entier.

J'aurais aimé pouvoir pleurer en parlant de lui. Car Dave méritait une larme, mais j'étais incapable d'en verser même une pour lui.

Ma thérapeute attendit que je poursuive avant de se rendre compte que j'avais besoin qu'elle me relance.

— Jackie... Malheureusement, les petits garçons terrorisés qui ont subi de tels sévices deviennent souvent des hommes perturbés et en colère. Chez certains, cette colère se transforme en violence.

Elle soupira.

— Les prisons sont pleines de jeunes hommes au triste passé. Les filles ont tendance à retourner cette colère contre elles-mêmes, en se mutilant ou en cherchant des relations destructrices. C'est tragique, mais vrai.

— Je ne m'en suis prise qu'à moi-même, dis-je doucement.

Je pensais non seulement aux petites marques de coupures ou aux brûlures de cigarettes, mais aussi à toutes ces autres choses que j'avais faites pour détruire ma vie.

— Une fois, j'ai regardé l'interview d'une vieille femme qui avait survécu à Auschwitz. Elle a parlé des horreurs qu'elle avait vues avec un détachement incroyable. Cette vieille femme ridée était d'une dignité exemplaire. Pas une larme n'a coulé sur sa joue, et pas une once de colère n'est apparue dans sa voix pendant quelle racontait que toute sa famille avait disparu. D'après moi, elle savait que, quand la haine se mêle au sentiment de perte, cela crée un poison qui vous ronge jusqu'à vous consumer d'une fureur si intense que votre capacité à fonctionner comme un être humain s'évapore. Si seulement Dave et moi l'avions compris..., ajoutai-je tristement.

Une image de Dave petit se glissa dans mon esprit : il avait été assez courageux pour contester ce que les adultes exigeaient de nous. Je me rappelai ce qu'il avait été obligé de me faire tout en me demandant ce qu'on avait bien pu lui faire endurer d'autre. Je ne pouvais que l'imaginer. Il ne m'en avait parlé qu'une seule fois, et nous étions plus âgés. Mais même là, il m'en avait révélé très peu.

Je songeai à sa gentillesse vis-à-vis des femmes dont il avait pris soin : sa mère, sa sœur, et moi. Mais je me souvins également de la crainte qu'il inspirait aux autres garçons.

Je sentis venir la vague de tristesse qui me submergeait chaque fois que mon esprit s'égarait là où je gardais son souvenir. Puis je pensai à la dernière fois où je le vis, et à son triste sort.

Mais je n'étais pas prête à en parler. Pas encore.

Cela devrait attendre une nouvelle séance.

34

Était-ce simplement le désir d'avoir une veste en cuir, ou l'hiver approchant qui me déprimait ? Ou bien était-ce une tout autre raison qui me faisait retourner ma colère contre moi-même, à tel point que je voulais de plus en plus me faire du mal, ajouter l'avilissement à la douleur que je m'infligeais ? Je brûlais ma peau avec des bougies et pratiquais de petites entailles avec des lames de rasoir, là où on ne le verrait pas, mais la douleur ne me délivrait plus des sombres pensées et des cauchemars qui me hantaient la nuit. Je ressentais une colère sourde contre mes parents, une colère qui s'exprimait à travers des regards mauvais et le refus de leur obéir. J'en avais après mes professeurs et les autres élèves d'être heureux, et même Kat, qui voulait de moins en moins avoir affaire à moi.

C'est peut-être la combinaison de tous ces éléments qui me fit franchir l'étape suivante. Je n'ai jamais réussi à vraiment le comprendre. L'automne avait annoncé son arrivée en colorant les feuilles des chênes d'un brun-roux profond. Certaines étaient déjà tombées, et elles se froissaient sous ma démarche impétueuse. Les arbres étaient au summum de leur magnificence lorsque leurs feuilles étaient sur le point de mourir.

Le matin, les voitures étaient givrées et, lorsque j'allais à l'école, de légers nuages sortaient de ma bouche.

Les rayons du soleil avaient perdu leur chaleur et, en fin d'après-midi, la lumière du jour commençait à s'estomper, laissant la place à un crépuscule d'un gris vaporeux. Ces jours moroses me déprimaient, car ils annonçaient la dernière ligne droite avant Noël. Mon oncle et ma tante viendraient nous rendre visite, et il faudrait que j'endosse le rôle d'une fille normale vivant dans une famille normale. Les deux dernières semaines avant les vacances, l'école était envahie d'une fièvre d'excitation. Alors que mes camarades de classe discutaient de ce qu'ils considéraient comme le meilleur moment de l'année, j'apprenais leurs projets, les fêtes qu'ils préparaient et auxquelles je ne serais pas invitée. À la maison, j'essayais d'entrevoir Kat, mais j'étais trop fière pour aller frapper chez elle. Je n'avais aucune envie de faire face à son impatience mal dissimulée pendant qu'elle marmonnerait une excuse pour ne pas avoir à passer du temps avec moi.

Parfois, elle voulait faire un peu de vélo, et nous y allions ensemble, mais notre amitié n'était plus la même. J'avais remarqué qu'elle aussi avait changé. Fini les jeans qu'elle portait constamment, à l'époque. Désormais, elle mettait des robes. Je l'avais vue rire avec sa mère et son beau-père en sortant de leur voiture, rentrant de ce qui avait tout l'air d'être une sortie en famille. Elle adorait le bébé et allait souvent le promener dans son landau.

J'avais surpris le regard chargé d'aversion que son beau-père m'avait jeté lorsque j'avais essayé d'attirer l'attention de Kat. Je savais, sans qu'on ait eu besoin de me le confirmer, qu'il était en partie responsable du détachement de Kat à mon égard.

C'était peut-être l'une des raisons pour lesquelles je voulais être acceptée par mes nouveaux amis. Le fait de m'habiller comme eux était indispensable, ainsi que d'avoir assez d'argent pour participer aux achats d'alcool et de marijuana. Depuis que j'étais la protégée de Dave, les garçons qui s'amusaient à me rouler des pelles à l'ombre des garages gardaient désormais leur distance.

J'avais vraiment envie d'un manteau, mais pas le caban chaud bleu marine que ma mère m'avait acheté – plutôt mourir que d'être vue là-dedans. Clairement, ce n'était pas assez cool. Non, je voulais une veste en cuir, comme celle de Dave : noire, avec une doublure matelassée et des clous en argent sur les bras et le col.

— Combien coûterait une veste comme la tienne ? lui demandai-je.

— Ils n'en font pas en taille fillette, se moqua-t-il.

Mais j'en voulais une, même trop grande.

— Cent livres, m'annonça-t-il quand il comprit qu'il n'allait pas se débarrasser de moi comme ça.

— Où pourrais-je bien trouver tout cet argent ? Le désir brûlant d'avoir cette veste déclencha la suite. Je me souvenais des liasses de billets que les hommes avaient données à mon oncle. *Supprime l'intermédiaire et obtiens cet argent toi-même*, pensai-je. Car si mon oncle m'avait appris quelque chose, c'était bien que les hommes qui paieraient pour coucher avec une mineure ne manquaient pas.

Le premier fut un collègue de mon père. Je l'avais vu me reluquer lorsqu'il était venu à la maison. Je lui demandai simplement de me déposer quelque part.

— Qu'est-ce que tu as grandi ! lança-t-il avec le sourire approbateur que je connaissais bien. Ça te fait quel âge, maintenant, Jackie ?

— Treize ans, mentis-je.

— Tu as un petit copain ? Une jolie fille comme toi ne doit pas manquer de prétendants.

Je sentais ma veste se rapprocher.

— Oh ! les garçons ne m'intéressent pas tellement, dis-je en lui lançant un regard de côté.

Puis je prononçai les mots que tant de quinquagénaires bedonnants au début de calvitie rêvent d'entendre de la bouche d'une jolie jeune fille.

— Tous les garçons que je connais sont trop immatures.

Il ne lui fallut qu'une seconde pour me sortir la réponse à laquelle j'aurais droit de nombreuses fois à l'avenir :

— Ah ! si seulement j'avais vingt ans de moins !

Et tu crois vraiment que ça ferait une différence ? pensai-je avec mépris, sans pour autant le dire. Je baissai les yeux et le regardai à la dérobée.

— Mais l'âge ne compte pas, si ?

Je gagnai vingt livres pour me faire peloter rapidement et promettre que ça resterait entre nous.

Ma nouvelle carrière débutait.

Fini les branlettes pour pouvoir boire ou tirer sur un joint. Je savais comment obtenir plus.

Ma réputation grandit. Je ne me souviens pas qui fut le suivant à glisser deux billets de cinq livres dans la poche de mon jean. Je me souviens seulement qu'il me donna cet argent pour beaucoup moins que ce que les amis de mon oncle avaient exigé de moi.

Je découvris, dans mon village et celui d'à côté, où vivaient de jeunes hommes d'affaires polis et élégants, qu'en effet il ne manquait pas de types qui paieraient pour coucher avec une fille comme moi.

— Quel âge as-tu ? demandaient-ils.

Je me vieillissais toujours d'une année.

— Treize ans, leur disais-je.

Grâce aux activités d'un certain réalisateur, c'était l'âge qui marquait la limite entre coucher avec une mineure, même si c'était illégal, et être un pervers qui reluque les enfants. À leurs yeux, j'étais une libertine. En toute honnêteté, ils se montrèrent tous doux avec moi. Aucun n'exigea davantage qu'un petit coup en position du missionnaire. Dans de luxueux pavillons qui étaient le premier achat de jeunes mères de famille respectables et épanouies – et qui se trouvaient à la réunion des parents d'élèves, au travail ou dans une vente de charité –, je retirais mes vêtements, m'allongeais sur leurs lits maritaux et écartais les jambes pour leurs époux.

Ils fantasmaient en imaginant que je préférais les hommes plus mûrs et qu'ils m'évitaient de subir les caresses maladroites de garçons inexpérimentés. Ils s'évertuaient à croire que j'étais une jeune fille chaste qui avait le droit de découvrir les mystères du sexe via un amant émérite. Ce qu'ils s'imaginaient tous être, même ceux qui avaient terminé avant que j'aie pu compter les volutes du plafond, les roses sur le papier peint ou toute autre chose m'occupant l'esprit durant ce temps.

L'argent n'était qu'un petit cadeau ; ils ne le considéraient pas comme un paiement. Ils pouvaient bien croire ce qu'ils voulaient. Je désirais cette veste et, avant que l'air ne se refroidisse davantage, je l'avais – plus un petit tas de billets pour l'alcool et la drogue.

— C'est un cadeau d'anniversaire, dis-je à la vendeuse en choisissant la plus petite veste dans laquelle j'allais tout de même flotter.

Terrible, pensai-je en m'observant dans le miroir. J'étais la seule fille du groupe à avoir une telle veste. Je me maquillai et, une cigarette pendouillant de mes lèvres peinturlurées et une petite liasse de billets enfouie dans ma poche (pour acheter ce que je considérais indispensable), j'entrai nonchalamment dans le café.

J'étais jeune, et je ne m'étais jamais demandé à quoi ressemblait la vie de mes amis. Je n'avais pas cherché à savoir comment ils vivaient quand je n'étais pas avec eux ou à connaître leurs rêves et leurs ambitions. Dans le cas contraire, j'aurais vu que je possédais ce qu'ils voulaient : de jolis habits et de l'argent de poche –, car ils ignoraient comment je me procurais cet argent. J'avais beau leur dépeindre l'ambiance morose de mon foyer, ils n'imaginaient pas que j'aurais droit au même avenir qu'eux, qui allaient mener l'existence morne de leurs parents.

Je compris que j'avais commis une erreur lorsque je vis leur expression. Au lieu de l'admiration à laquelle je m'étais attendue, j'eus droit à des regards acerbes.

— Où est-ce que tu as eu ça ? lança Cathy avec humeur. C'est papa qui te l'a achetée, pas vrai ?

Il fallait que je réfléchisse vite à ma réponse avant qu'ils ne se détournent de moi, mais il était hors de question de dire la vérité.

— Nan…, répondis-je tout en lâchant un rire moqueur. Ne sois pas bête. Je l'ai piquée. J'ai dit que je voulais acheter un portefeuille à mon copain, et quand la vendeuse est partie en chercher un à l'arrière de la boutique, j'ai fourré la veste sous mon manteau.

Ils me crurent, et je vis avec soulagement leur air renfrogné se muer en admiration. Mais que pensais-je vraiment de la façon que j'avais obtenu cet argent ?

Ce n'était certainement pas ce qu'imaginaient ces hommes, quand je me tenais nue sur un lit, à leurs côtés.

Je ressentais une colère ardente vis-à-vis de mes parents qui n'avaient jamais remarqué ce qui n'allait pas chez moi, vis-à-vis de mes professeurs qui tentaient de comprendre mais ne voyaient pas ce qu'ils avaient sous les yeux, et vis-à-vis de ces experts qui me disaient que je devrais être reconnaissante d'avoir la vie que j'avais.

C'était ça que je ressentais, ainsi qu'une haine croissante vis-à-vis de tous ces hommes qui mentaient à leurs femmes, à moi et à eux-mêmes.

Mais cette haine n'était rien comparée à celle que je ressentais vis-à-vis de moi-même.

35

L'euphorie de me sentir libre, indépendante et de m'imaginer être au contrôle de ma vie ne dura pas longtemps. Tout d'abord, des vagues de dépression me submergeaient tant que je n'avais pas fumé un joint.

Mes cauchemars empiraient et, le matin, lorsque je regardais dans le miroir, j'avais l'impression qu'il n'y avait personne, juste un visage pâle à l'air absent. Certains jours, mon cœur s'emballait, mes mains devenaient moites, et je me réveillais envahie d'une étrange terreur. Je sursautais au moindre bruit ; le grondement de la circulation ou les klaxons me faisaient l'effet d'une agression. Lorsque je croisais des gens, dans la rue, je rentrais la tête dans les épaules et avançais à la hâte. Avais-je peur de tomber sur un ami de mon oncle ou, pire encore, de sentir la présence de l'un d'eux, caché sur le seuil d'une porte, observant chacun de mes gestes ? Je crois que c'était ça. J'avais beau m'efforcer de reléguer leurs visages au fin fond de mon esprit, leurs images surgissaient, comme imprimées sur mes rétines. Mes parents et mes professeurs considéraient mon regard vide, lorsqu'ils me parlaient, comme une provocation. Mais ce n'était pas le cas. Simplement, je ne les comprenais pas. Je voyais leurs bouches remuer, mais j'étais incapable de saisir les mots qu'ils prononçaient et de les mettre en ordre.

Mon problème d'alimentation refit surface, encore plus sérieusement cette fois. Je refusais que quoi que ce soit entre dans mon corps. Je voulais rester vide, me purifier. Dès que je pouvais sortir de table, je glissais les doigts dans ma bouche et les y laissais tandis que ma gorge me brûlait sous un flot acide qui venait éclabousser la cuvette des toilettes.

Je me forçais à recracher tout ce que mon estomac contenait et gardais les doigts enfoncés dans la bouche jusqu'à ce qu'il n'y ait plus que de la bile.

Je ne parvenais à me soulager qu'avec les lames de rasoir que je cachais dans ma chambre et les brûlures que je m'infligeais. Lorsqu'il m'était impossible de mettre la main sur une bougie, J'allais brancher le fer à friser de ma mère. Une fois qu'il était chaud, je le plaquais sur les parties sensibles de ma peau, sous le haut des bras.

La douleur me confirmait que j'existais, que le visage pâle dans le miroir était le mien, et que j'étais en vie. Mais elle ne me faisait pas m'aimer.

Les seules fois où je me pensais heureuse étaient quand je pouvais avaler la fumée d'un joint. Avachie sur un coussin, dans l'appartement d'un ami, debout dans un coin sombre, ou seule dans un champ, j'observais d'un air rêveur les volutes de fumée qui s'échappaient de mes narines tout en sentant mon corps se détendre.

Mais fumer du cannabis causait une situation paradoxale. Des fringales indescriptibles me faisaient dévaliser le frigo à n'importe quelle heure de la journée. J'engloutissais d'énormes sandwiches au jambon et au fromage, ou quoi que ce soit qui me tombait sous la main. Puis, toujours pas rassasiée, j'attrapais un dessert crémeux ou je remplissais ma bouche de barres chocolatées que je cachais dans ma chambre.

Évidemment, mes doigts retournaient ensuite au fond de ma gorge, et je vomissais tout ce que j'avais avalé.

— Tu n'as pas assez mangé, ce midi ? commentait ma mère devant les trous dans le frigo. J'imagine que c'est la croissance. Ton frère était pareil, à ton âge, concluait-elle d'un air réticent tout en jetant un regard perplexe à ma silhouette maigrichonne.

À l'heure du déjeuner, j'essayais de dissimuler le fait que je supportais à peine la vue de la nourriture. Je la poussais dans mon assiette, puis, sous le regard de ma mère, je me forçais à la mettre dans ma bouche.

La boule dans ma gorge l'empêchant de descendre facilement, je mâchais jusqu'à en faire de la purée. Savoir qu'une fois le repas terminé, je pourrais m'en débarrasser, enfermée dans les toilettes, calmait mes haut-le-cœur.

Il y avait même des jours où, ayant réussi à sortir en vélo pour aller me rouler un joint avec du cannabis fraîchement acquis, j'arrivais à manger tout ce qu'on posait devant moi. Certaines fois, j'en réclamais même davantage.

— Ça fait plaisir de te voir manger, disait ma mère.

Ces quelques mois où je savourai ce que je pensais être ma nouvelle liberté, je me mis à maigrir. On mit d'abord cela sur le compte de mon âge. J'allais sûrement grandir vite – même si je n'ai jamais dépassé le mètre soixante. J'aimais ma maigreur. J'aimais flotter dans mes vêtements. Je n'avais pas envie d'avoir les grosses cuisses de Cathy. Et par-dessus tout, je ne voulais pas de nourriture en moi. Le simple fait d'y penser me terrifiait.

De grosses portions de viande, de crème et de fromage se transformant peu à peu en excréments. C'est cette image qui me poussait à fourrer les doigts dans ma gorge et à vomir jusqu'à ce qu'il ne reste plus rien. J'imagine que c'est grâce à la drogue que je ne dépérissais pas. Ce que j'avalais durant mes fringales devait parfois demeurer dans mon corps. Ainsi, même si je ne grossissais pas, je n'avais pas non plus la peau sur les os.

C'est dommage que je n'aie pas pu l'expliquer aux adultes quand ils découvrirent mon addiction. De toute façon, lorsque mes parents l'apprirent, ils n'étaient clairement pas d'humeur à prendre en compte ce point non négligeable. Cela se passa plus tard, quand ils considérèrent que j'étais malade. Les mots « drogues » et « boulimie » ne furent pas prononcés.

Après tout, les jeunes filles de douze ans n'étaient pas boulimiques, n'est-ce pas ? Peut-être difficiles en matière de nourriture, mais pas boulimiques. Elles ne se droguaient pas non plus – du moins, pas dans notre quartier chic. Elles ne souffraient pas émotionnellement à cause de ce que le monde adulte leur avait fait.

Ils le découvrirent d'une façon différente juste avant Noël, mais ils admirent le fait que j'étais malade seulement après les fêtes de fin d'année.

36

L'incident qui me fit admettre à l'hôpital n'était pas complètement inattendu. Les quelques semaines, sinon plus, qui le précédèrent allaient nécessairement y mener. Le brouillard obscur de la dépression m'avait envahie à tel point que même mes parents ne purent faire autrement que le remarquer. J'avais laissé les ténèbres s'installer plusieurs semaines avant de finir par admettre que j'avais besoin d'aide.

C'est quand on me ramena tard à la maison, un soir, que mes parents comprirent que quelque chose n'allait pas et que la situation devenait vraiment critique.

Lorsque je me suis réveillée, le lendemain matin, j'avais les yeux collés, une migraine atroce et le goût salé de dents pas lavées et d'alcool éventé. Mon sommeil avait été agité, mes rêves, chaotiques, laissant derrière eux la peur qui ne semblait jamais très loin et un vague souvenir de la soirée de la veille. Peu à peu, de petits bouts de puzzle se mirent à flotter dans ma tête.

Je me souvins que j'avais mélangé de la vodka, du cidre bon marché et de la marijuana. J'avais voulu voir le monde différemment. Que s'était-il passé, ensuite ? Le vide total, dans mon esprit. Comment étais-je rentrée chez mon oncle ? Avais-je fait tout le trajet en titubant ou quelqu'un m'avait-il raccompagnée en voiture ? Une vague image de Dave me tirant de l'appartement où je me trouvais se glissa dans ma tête. Nous étions plusieurs, là-bas, posés, un verre sale et ébréché à la main, des bouteilles d'alcool plein la table et le sol, la musique à fond. Soudain, il avait surgi.

Je soulevai la tête de l'oreiller et, trop faible pour m'asseoir, je mis les mains sur mes yeux dans une tentative de concentration. La fine couche de poussière qui couvrait mes souvenirs s'évapora et, peu à peu, tout me revint.

Cette semaine-là, j'avais été plus déprimée que d'habitude. Si j'avais du mal à supporter l'arrivée de l'hiver et sa dernière ligne droite avant Noël, les jours qui précédaient tout juste cette fête étaient pires encore. Le premier jour des vacances de Noël, j'étais partie chez mon oncle. Lorsque j'étais entrée chez lui, j'avais la tête pleine de pensées moroses. Quand nous étions seuls tous les deux, nous ne feignions aucune sympathie. Mais le jour de Noël, lorsque lui et ma tante viendraient chez nous, je savais que je devrais réendosser le rôle auquel tout le monde s'attendait. L'idée de devoir l'embrasser à la réception de mon cadeau, lui souhaiter un joyeux Noël et tirer les crackers à table, comme si nous étions une famille unie et heureuse, me retournait l'estomac.

Ce jour-là, incapable de supporter ma propre compagnie ou la sienne, j'avais décidé de traîner en ville histoire de me débarrasser de ma mélancolie. Les rues étaient pleines de gens faisant leurs achats de dernière minute. Les magasins avaient déjà commencé à solder. Les supermarchés restaient ouverts jusqu'à tard. Des chants de Noël retentissaient dans des haut-parleurs fixés autour d'un énorme sapin, et, dès que le crépuscule pointa, les rues s'illuminèrent de centaines d'éclats scintillants.

Je croisai de jeunes couples passionnés qui, les bras pleins de paquets, discutaient en riant. Des femmes chargées de sacs aux couleurs vives faisaient la queue à la station de taxis. Sur un banc tout près, les chômeurs invétérés, trop vieux de toute façon pour retrouver du travail, leurs dents marron affichant ce qui semblait être un sourire, buvaient de l'alcool bon marché dans des bouteilles entourées de sacs en papier. Avec la confiance que leur conférait leur état d'ébriété, ils criaient « Joyeux Noël ! » à tue-tête et montraient un vague air méprisant quand personne ne leur répondait.

Ce trop-plein de joie de vivre m'enfonça davantage dans la déprime.

Je me rendis alors dans un magasin qui vendait des vêtements, du maquillage et des cassettes. De la musique et un nouveau rouge à lèvres me remonteraient sûrement le moral, m'étais-je dit en entrant dans la boutique, avant de me retrouver face à un autre immense sapin artificiel recouvert de cloches argentées et de guirlandes.

À côté était assis un homme bien en chair avec une fausse barbe et un costume rouge qui lui moulait le ventre.

— Père Noël mes couilles, marmonnai-je devant ces enfants aux joues roses qui recevaient des cadeaux tandis que leurs mères tirées à quatre épingles les observaient avec douceur.

— Je suis sûre que c'est un putain de pédophile, ajoutai-je tout bas en jetant un regard sombre à cette scène d'allégresse.

Cette pensée n'était jamais très loin. Je me demandais tout le temps, lorsque je posais les yeux sur les hommes dans le bus, dans les cafés, accompagnés de leur famille ou simplement dans la rue, lesquels étaient des violeurs d'enfants. Tous les jours, je me disais que j'en croisais un, mais je ne le reconnaissais pas. Je sais mieux que personne qu'un pédophile n'est pas un homme minable avec un imper miteux, les cheveux gras et les yeux fuyants indiquant qu'il vaut mieux rester à distance.

Les pédophiles s'assoient à côté de nous dans le bus, nous servent dans les magasins, enseignent aux enfants et travaillent dans les banques.

Cela pourrait même être le voisin – en vérité, c'était exactement le cas, parfois.

Si j'étais honnête avec moi-même, j'aurais avoué que c'était l'envie qui me rendait malheureuse. Tout le monde semblait heureux, et la rancœur avait peu à peu germé en moi. Je voulais ce qu'ils possédaient : des amis, des parents qui les aimaient – et un oncle qui n'était qu'un simple oncle.

J'envisageai d'aller boire un café, mais je n'avais aucune envie de me retrouver toute seule à ma table.

Alors, plutôt que de tuer les heures à traîner en ville sans vraiment savoir quoi faire, je retournai chez mon oncle, pris une bouteille neuve de bonne vodka que je mis dans mon sac en toile, et une demi-bouteille d'une boisson bon marché, que je glissai dans ma poche.

Puis je me rendis à l'appartement d'une des filles du groupe. Elle s'appelait Jean ; c'était une fille aux cheveux châtain terne qui venait d'arrêter l'école, mais elle n'avait toujours pas trouvé de boulot.

J'avais besoin d'un bon coup de fouet – *quelque chose pour me remonter le moral*, pensai-je, et la vodka me donnerait droit d'entrée chez Jean.

En échange, elle partagerait sûrement un joint ou deux avec moi. Je savais que Rita, sa mère, une femme maigre aux dents pourries, à la peau jaunie et au ventre protubérant qu'affichaient souvent les alcooliques, bondirait sur n'importe quelle bouteille.

Je fis en sorte que celle que j'avais dans ma poche dépasse suffisamment, mais je n'avais aucune intention de mentionner l'autre, dissimulée au fond de mon sac. Je n'allais pas la laisser s'en emparer : celle-ci était pour Jean et moi, plus tard. Lorsque j'arrivai dans son appartement, Rita, déjà saoule, me jeta son regard de biais belliqueux qu'encourage si souvent l'ivresse.

— Donne-moi un peu de ça, toi, dit-elle en désignant la bouteille dans ma poche.

Jean s'en empara et me fit un clin d'œil en servant une bonne dose à sa mère.

— Ça devrait faire l'affaire, maman ! lança-t-elle.

Mais son second clin d'œil m'indiqua que ce dernier verre devrait l'achever et que nous aurions donc le salon pour nous toutes seules.

Vu l'état de Rita, heureusement que j'avais eu la présence d'esprit de cacher la vodka. Sinon, nous n'aurions pu nous débarrasser d'elle qu'une fois la bouteille vide ou elle-même écroulée.

Quand la demi-bouteille fut vidée, principalement par Rita, elle tourna ses yeux injectés de sang et troubles vers moi.

— T'as du liquide sur toi, petite bourge ? tenta-t-elle d'articuler.

Derrière elle, Jean secoua la tête en me regardant.

— Non, seulement de quoi prendre le bus, dis-je en recevant un grognement de mépris.

Puisqu'il n'y avait ni boisson dans la maison ni argent pour aller en acheter, Rita disparut à l'étage en titubant.

— Elle va rester là-haut pour cette nuit, annonça Jean.

En effet, à peine une minute plus tard, on percevait les ronflements de Rita. Débarrassées de sa mère, on ouvrit la deuxième bouteille et du coca, et on les posa sur la table basse rayée.

— Et si elle se réveillait ? demandai-je tandis que Jean glissait une cassette dans la petite stéréo.

— Ça ne risque pas. Elle a reçu son virement ce matin et a picolé toute la journée.

Comme s'ils avaient senti la bouteille de vodka dans l'appartement, un groupe d'adolescents, que je connaissais pour la plupart, arrivèrent avec des bouteilles de cidre. On roula des joints et on servit la vodka. Lorsque le premier joint me parvint, je le coinçai entre mes lèvres et aspirai le plus de fumée possible.

Les vibrations de la basse et les pulsations de la batterie noyaient presque les paroles de la chanson, sur la cassette que Jean avait lancée.

Alors que la guitare électrique montait en un crescendo assourdissant, je m'allongeai sur les coussins et fermai les yeux. *Voilà qui est mieux*, pensai-je.

— Tiens, dit l'un des garçons en me sortant de ma contemplation. Ouvre les yeux, Jackie. J'ai quelque chose qui te fera du bien.

J'obtempérai. Il me tendait sa main aux doigts tachés de nicotine. Dans sa paume, je vis deux petites pilules blanches.

— Tu as déjà fait un trip, Jackie ?

Je le regardai d'un air absent. D'après son expression de défi, j'étais certaine qu'il était convaincu de mon inexpérience en la matière.

— Bien sûr, répondis-je.

Il était hors de question d'admettre que je ne savais pas de quoi il parlait.

— Menteuse ! lança-t-il.

— Non ! rétorquai-je.

Il me fit un sourire provocateur et me donna l'une des pilules.

— Avale ça, alors.

Elle me semblait assez inoffensive. Je la fis descendre à coup de vodka-coca.

Pendant quelques minutes, rien ne se passa. Ni bourdonnement, ni cet engourdissement merveilleux qui m'envahissait quand je fumais. Alors que je commençais à penser que cette histoire de pilule était une blague, mes yeux furent soudain captivés par mes mains.

Je voyais les os, sous ma peau, et, quand je remuais les doigts, ils clignotaient de différentes couleurs.

Je me mis à rire et levai la tête vers Jean. Ses yeux étaient immenses, et ses cheveux, balayés par les couleurs de l'arc-en-ciel. Je sentais que tout le monde me regardait, mais ça m'était égal. Je fis le tour de la pièce des yeux, observant différents objets.

Il y avait un tableau au mur, l'une de ces impressions bon marché dans un cadre imitation or. Il représentait une femme exotique à la peau sombre et aux épais cheveux noirs cascadant sur ses épaules.

Elle était vêtue d'une robe dorée qui laissait entrevoir un sacré décolleté. Tout en contemplant sa beauté, je vis ses lèvres rouge vif me sourire.

Peu à peu, son visage se transforma. Des rides apparurent sur son front et au coin de ses yeux. Sa bouche s'affaissa, et une sombre cavité avait remplacé ses dents blanches. Ses cheveux se clairsemèrent, devinrent gris et se firent cassants.

En quelques secondes, elle était passée d'une belle jeune femme à une vieillarde que les ravages du temps avaient cruellement marquée. Désormais, c'était une vieille chouette édentée qui me jetait un regard mélancolique.

La musique enfla et enfla, jusqu'à résonner dans ma tête. Je plaquai les mains sur mes oreilles pour tenter de bloquer ces sons assourdissants. La pièce semblait s'assombrir, et j'entendais les autres se moquer de moi.

Les mains toujours sur les oreilles, je ne savais plus où donner de la tête.

Quelqu'un avait allumé une bougie rouge et l'avait fixée dans un bougeoir blanc ébréché. Des gouttelettes de cire en coulaient, comme des gouttes de sang.

Soudain, je voulus quitter la pièce et, dans un élan d'énergie, je bondis sur mes pieds. J'avais l'intention d'atteindre la porte d'entrée, de l'ouvrir et de m'enfuir dans la nuit. Puis je voulais simplement courir, sans m'arrêter.

Jean m'agrippa alors que je me précipitais vers la porte.

— Il faut que je sorte ! criai-je en repoussant les bras qui tentaient de me retenir.

— Tu es en plein trip, Jackie. Ça ira mieux dans pas longtemps, me rassura-t-elle. Putain, qu'est-ce que tu lui as donné ? ! hurla-t-elle à l'intention du garçon qui nous observait avec un sourire en coin.

— De l'acide, c'est tout, marmonna-t-il devant la fureur qui consumait Jean.

— Mais à quoi tu pensais ? Elle est trop jeune, pauvre con !

Elle me donna quelque chose à boire.

— Avale ça, Jackie. Ça va t'aider à te détendre un peu.

Elle tenait le verre devant ma bouche.

Mais ses cheveux qui arboraient les couleurs de l'arc-en-ciel un peu plus tôt étaient désormais maculés de sang, et la main qui serrait le verre en était également recouverte.

Je me mis à trembler.

— C'est du sang ! criai-je.

— Donne-moi la bougie, dit-elle à quelqu'un.

Elle me la montra et m'expliqua que c'était la cire fondue qui m'avait fait penser au sang. Ses paroles m'apaisèrent légèrement.

La pièce changea de nouveau. La musique se fit plus douce, ma panique retomba et les gens s'évanouirent dans le décor : j'avais l'impression de voir des personnages de contes de fées. Sans que cela me paraisse bizarre, je faisais désormais face à Blanche-Neige et ses nains.

— Vous les voyez ? demandai-je.

— Quoi, Jackie ?

— Blanche-Neige ! Elle est tellement jolie…

Je tendis la main pour pouvoir toucher sa longue jupe diaphane.

— Jésus.

Jean me fit boire davantage. C'est là que Dave arriva. Il fouilla la pièce du regard, prit la mesure de mon état et vira tout le monde de l'appartement, sauf Jean, évidemment.

— Espèces de bâtards ! Branleurs ! cria-t-il tandis que les autres partaient, avant de s'occuper de moi.

Il mit les mains sur mes épaules et les pressa doucement jusqu'à ce que je m'assoie sur le canapé. Il se posa à côté de moi et me serra contre lui. Il me fit revenir à la réalité en me parlant et, lorsque j'arrêtai d'halluciner, il me fit boire quelque chose – il me semble que c'était du café, cette fois.

C'est Dave qui m'emmena dans la salle de bains, où je vomis tout l'alcool que j'avais ingurgité. Puis il me nettoya. Jean proposa son aide, mais il refusa en lui hurlant sa colère d'avoir permis qu'une telle chose se passe. Puis c'est après moi qu'il hurla ensuite.

— Putain de bordel, Jackie ! Tu veux que ton oncle gagne la partie, c'est ça ?

J'étais à côté de mes pompes. Je me contentais de le fixer, larguée.

Il me saisit de nouveau les épaules, mais beaucoup moins délicatement cette fois. Il me força à me regarder dans le miroir. Je vis une fille au teint terreux, des cheveux raides et ternes encadrant son visage et les yeux cernés de gros cercles noirs de mascara.

— On dirait un putain de panda ! Un panda stupide, ajouta-t-il au cas où je me serais crue pardonnée.

Il me secoua.

— Arrête les drogues, Jackie.

— Tu en vends ! lâchai-je avec la dernière once de défi qu'il me restait.

— Oui, et alors ? De toute façon, moi, je vends de l'herbe. L'herbe, ça détend. Toi, tu as pris autre chose. Ce truc, c'est pour les paumés. Ça te fracasse la tête.

Je voulus lui dire que je pouvais gérer, mais je savais qu'il était encore furieux, alors je me contentai de hocher la tête d'un air malheureux.

Il me tira de chez Jean et m'emmena près de chez lui. Là, il emprunta la voiture de son père.

— Il dort, et il est hors de question que tu grimpes derrière une mobylette dans ton état, déclara-t-il d'un air grave en ouvrant la portière passager.

Il plaça la main derrière ma tête et me poussa à l'intérieur.

Je me souvenais de ça, mais pas du trajet. J'avais dû m'assoupir. J'avais le vague souvenir d'être entrée dans la maison en titubant – soudain, je me raidis ; quelque chose d'autre m'était revenu. Je retirai mes mains de mes yeux et passai de nouveau en revue la pièce dans laquelle je me trouvais.

Je n'étais pas chez mon oncle. J'étais chez moi.

Merde, pensai-je. *Merde, merde, merde.*

J'avais donné à Dave l'adresse de mes parents.

Je les avais réveillés, évidemment : ils ne s'attendaient pas à me voir. Désormais, je me souvenais de leurs visages choqués, furieux, et des cris.

D'abord, ils avaient demandé ce que je faisais là, comment j'étais rentrée, qui m'avait accompagnée, et avaient lancé des « Est-ce que tu as vu l'heure qu'il est ? » et « Mais regarde-moi l'état dans lequel tu es ! ». Puis, vu mon aspect, même s'ils ignoraient où j'avais traîné, ils s'étaient doutés qu'ils ne l'approuveraient pas, et il y avait eu de nouveaux reproches.

— Tu te crois où ? avait hurlé ma mère.

— Je vais t'apprendre à débarquer à une heure pareille ! avait ajouté mon père.

— Laissez-moi tranquille !

J'avais grimpé l'escalier à la hâte pour aller me réfugier dans ma chambre.

Le lendemain, mes parents mentionnèrent à peine mon comportement. Peut-être étaient-ils trop accaparés par les préparations de Noël – ou peut-être repoussaient-ils le moment où il faudrait décider que faire de moi.

Mais à part me faire remarquer ma mine affreuse, ils semblaient avoir fait le pacte de ne pas parler de cette nuit-là.

Je ne me souviens pas de ce Noël. J'ai oublié aussi qui mes parents avaient invité ou quels cadeaux je reçus, ou encore combien de fois je me fis vomir.

À vrai dire, je ne me souviens que très peu de cette période avant de m'être réveillée à l'hôpital.

37

Je n'ai aucun souvenir de la nuit où les gyrophares bleus d'une ambulance ont inondé notre allée. C'était notre médecin qui l'avait appelée en urgence, et je me demandais ce qu'avait ressenti ma mère quand les voisins avaient vu sa fille inconsciente être emportée sur une civière. J'ignore totalement comment elle a justifié auprès des curieux mon absence d'un mois. Personne ne me l'a jamais dit, et je ne l'ai jamais demandé.

Peut-être que cet espace vide qu'un souvenir aurait dû combler me terrorisait tellement que je n'ai jamais cherché à en savoir plus.

Concernant cet événement, on ne m'a fourni que quelques petits bouts d'information à la fois, comme on l'a fait pour les jours qui suivirent et ce qui s'est passé plus tard. Ces données s'étaient mêlées à mes propres souvenirs à tel point que je suis encore incapable de les dissocier. Tout ce que je sais, c'est que c'est arrivé.

J'appris bien plus tard que mes parents avaient rapidement tiré profit de cet incident pour confirmer avec soulagement que ce qui n'allait pas chez moi n'était en rien leur faute. Les psychiatres étaient unanimes : j'étais atteinte d'une maladie mentale, même s'ils débattaient sur le nom qu'on devait lui donner. Ils se rejoignaient également sur autre chose : ma maladie avait été causée par quelque chose que mes parents n'avaient pas pu contrôler.

L'avis général était que mon dérangement n'avait rien à voir avec le monde adulte. Mes parents ne m'avaient jamais fait ressentir qu'ils ne me désiraient et ne m'aimaient pas, n'est-ce pas ? Mais j'avais pu naître avec un problème, une faille qui s'était manifestée durant ma croissance.

Pourquoi pas une double personnalité, ou le trouble de la personnalité dissociée, comme on l'appelle aujourd'hui ? Étant donné ce que j'avais fait cette nuit-là, c'était tout à fait envisageable.

Peut-être était-ce même de la schizophrénie, laquelle se manifestait souvent au début de l'adolescence. Avec l'avancée médicale, cette maladie pouvait être traitée – ou, plutôt, contrôlée par les médicaments. La Sécurité sociale pouvait devenir mon nouveau fournisseur.

Il n'y avait donc pas de gros souci à se faire. Certes, c'était malheureux, mais pas insurmontable et surtout pas la faute de mes parents. Cet ultime diagnostic dut leur retirer un énorme poids. Sans avoir eu à confesser un quelconque mauvais traitement parental, ils avaient été absous de toute responsabilité.

J'avais treize ans.

38

J'avais peur – peur de la profonde dépression qui m'enveloppait, comme si un brouillard humide et sombre avait cerné mon corps et investi mon esprit pour l'étouffer. Elle embrouillait la vision de mon quotidien, me surprenait la nuit et me réveillait chaque matin avec son mépris moqueur vis-à-vis des efforts vains que je faisais pour vivre ma vie.

Dès que Noël fut terminé, je sus que je ne pourrais plus y faire face. J'avais pensé au suicide, songé à prendre une des lames de rasoir de mon père et taillader mes poignets jusqu'à ouvrir les veines bleutées que ma peau laissait apercevoir. Je me voyais m'asseoir et regarder avec une légère curiosité mon sang goutter doucement en emportant ma vie. Ou bien devais-je me procurer tout un stock de ces pilules blanches qui me détendaient et me donnaient envie de dormir, afin de toutes les avaler d'un coup, un soir ?

J'imaginais un sommeil paisible, puis plus rien. C'est ce qui accaparait mes pensées, ces semaines-là.

Mais lorsque le brouillard se levait et que de brefs aperçus de quelque chose d'insaisissable, un simple rai de lumière, signalaient que j'avais peut-être un avenir, je résistais à l'envie d'en finir. J'avais en moi l'infime espoir qu'une fois atteint l'âge magique de seize ans, je pourrais entrer dans la vie adulte et échapper à tout ce qui m'oppressait : la présence de mon oncle et la désapprobation de mes parents.

Alors, quand ce minuscule éclair d'optimisme surgissait, je savais que je voulais connaître l'âge adulte et explorer ce que ces années pouvaient m'apporter. Je pourrais apprendre à conduire, aller écouter de la musique en discothèque, avoir un cercle d'amis et même un jour trouver l'amour – un amour réciproque. J'avais décidé de lutter contre ce brouillard et de ne pas le laisser me retirer un avenir qui pourrait être bon.

En plus de ces élans d'optimisme, je ressentais une certaine peur : celle de ce que je pourrais faire avant de réaliser qu'il était trop tard pour revenir en arrière. C'est cette peur qui me fit admettre à ma mère que j'étais malade.

Je ne me sentais pas prête à lui dévoiler la totalité de la maladie qui causait ces sombres pensées et le désespoir qui me rongeait. Je lui confiai que quelque chose n'allait pas chez moi, que je vomissais de nouveau, comme quand j'étais petite. J'omis de lui dire que mes doigts en étaient responsables. Je voulais seulement avoir une raison d'aller chez le médecin, et d'y aller seule.

— Tu peux me prendre un rendez-vous ? demandai-je. Je pourrais y aller toute seule, ajoutai-je en essayant de donner l'impression que je ne voulais pas l'embêter.

Ma mère me scruta du regard, puis déclara qu'elle allait appeler.

Il fallait que je parle à quelqu'un dont l'opinion ne serait pas faussée par ce que mes parents avaient pu raconter sur moi. Pour autant que je sache, le médecin ne m'avait vue que pour des maladies infantiles. Évidemment, j'ignorais à l'époque l'existence du dossier médical, sur lequel chaque rendez-vous avec un psychologue avait été noté et qui avait été envoyé au généraliste que j'avais tellement besoin de voir.

J'ignorais également que mes parents lui avaient déjà parlé de moi. Je ne savais pas qu'ils s'étaient renseignés pour que je sois prise en charge par une institution. Mon père s'y opposait toujours, mais avec moins d'ardeur au moindre nouveau signe de dérive.

J'eus rendez-vous le lendemain. J'arrivai à l'ouverture du cabinet. Je restai dans la salle d'attente, à feuilleter de vieux magazines, impatiente d'en avoir fini.

— Il est avec un patient, m'informa la secrétaire lorsque je lui demandai si j'allais attendre longtemps. Tu es la suivante.

C'était ma mère, et non un patient, qui était avec lui. À travers la fenêtre de la salle d'attente, je la vis sortir par la porte de derrière, tête baissée. Filant à toute vitesse, elle pensait sûrement que je ne la verrais pas. Dommage.

J'étais folle de rage. J'étais certaine qu'elle lui avait mis de fausses idées en tête, qu'il ne servait à rien de lui demander de l'aide, désormais. Mais je décidai d'essayer quand même.

— Je fais une dépression, lui annonçai-je une fois assise devant son bureau. Je fais des cauchemars. J'ai peur de tout, dis-je en détournant les yeux.

Voilà, pensai-je. Je n'en avais jamais autant dit. Mais où était donc son carnet d'ordonnances ? Il avait bien quelque chose à me donner afin que j'aille mieux ?

Au lieu de l'inquiétude que j'avais espérée, il me regarda d'un air impassible, puis parla des hormones chez les adolescents. Il me demanda si mes règles étaient régulières et, bien sûr, quand je les avais eues la dernière fois.

Je compris qu'il voulait s'assurer que je n'étais pas enceinte. Il prit mon pouls, déclara que tout semblait aller et mentionna la chance que j'avais : de bons parents, une jolie maison, etc. Lorsqu'il eut fini de parler de mes hormones bourgeonnantes, il griffonna quelque chose sur son carnet, qui avait été caché dans un tiroir, et me tendit une ordonnance pour un fortifiant.

— Ça devrait régler ton problème, dit-il d'un ton bourru.

Je me retrouvai dehors, devant le cabinet, et rien n'avait changé. Personne ne pouvait donc m'entendre ? Personne ne pouvait-il voir que j'avais besoin d'aide ? De toute évidence, non.

Cette nuit-là, l'enfant de cinq ans furieuse et terrorisée que j'avais été fit son apparition pour la première fois. Elle sortit de mon corps, prête à hurler à la face du monde qui l'avait trahie.

Mes parents avaient vu, lorsque j'étais plus jeune, la toute petite que j'avais été, celle qui s'était exprimée comme un bébé et s'était balancée d'avant en arrière contre un mur, mais on avait parlé de régression. Cette fois, cela ne fit pas de doute. Ils comprirent qu'il y avait chez moi quelque chose de grave.

J'avais entièrement disparu lorsque la fillette de cinq ans avait surgi. J'étais partie là où mes pensées, mon ouïe et toute notion de qui j'étais s'étaient évanouies. Et la petite qui était assise dans sa chambre n'avait également aucun souvenir de moi. D'abord, elle demeura silencieuse, une douce enfant qui retira ses ours en peluche des étagères où ils avaient été laissés à l'abandon pendant des années et les posa dans un coin. Elle s'assit près d'eux, s'empara de celui qui avait été son préféré, Paddington, et le serra dans ses bras.

C'est lorsque ma mère m'annonça que le repas était prêt que je fus découverte. Agacée par ce qu'elle pensait être un caprice de ma part, elle avait grimpé l'escalier, avancé jusqu'à ma chambre d'un pas résolu et, sans frapper, elle avait ouvert la porte brusquement. Elle s'était retrouvée face à une fillette emprisonnée dans le corps de sa fille de treize ans. Tout d'abord, l'enfant refusa de parler. Elle se contentait de rester assise en serrant Paddington et regardait la femme avec ce qui s'apparentait à de la confusion. Lorsqu'elle se rendit compte que la colère initiale de la mère se muait en inquiétude, elle tenta d'articuler quelques mots.

Son discours était différent. Sa voix était plus haut perchée, et son vocabulaire, plus pauvre. L'espace d'un instant, ma mère crut que je me moquais d'elle.

J'imagine son impatience, sa tentative de m'arracher Paddington des bras, ses cris, oubliant que les enfants de cinq ans sont plus facilement effrayés que les adolescents. Mais elle n'avait pas admis que c'était ce qu'elle avait en face d'elle. Elle le comprit seulement quand l'enfant ouvrit la bouche et brailla, le visage cramoisi sous la colère qui menaçait. Ma mère recula d'un pas, toujours incertaine de ce qui se passait.

Alors, l'enfant traversa la pièce en courant et en hurlant et, comme elle l'avait fait à cinq ans, elle se jeta contre le mur, emplissant la pièce de cris perçants et angoissés.

Je ne vis pas cette scène, ni ma mère me plaquer au sol en appelant mon père à l'aide. Je n'étais pas là non plus quand le médecin rappliqua et me planta une aiguille dans le bras. Je n'ai aucun souvenir de l'arrivée de l'ambulance ou du trajet jusqu'à l'hôpital.

Je sais seulement qu'à mon réveil, il n'y avait aucune trace de celle que j'avais été à cinq ans. J'ignorais même qu'elle était apparue. Tout ce dont j'étais consciente, quand j'ouvris les yeux, c'est que le visage d'une femme que je ne reconnaissais pas flottait au-dessus de mon lit.

39

Elle m'annonça que j'étais à l'hôpital et qu'on m'y avait amenée la veille au soir. Je ne m'étais réveillée ni lorsqu'ils m'avaient couchée ni durant la nuit. Elle continua à me parler de cette voix calme et rassurante qui, en l'espace de quelques secondes, me tapait déjà sur les nerfs.

— Qu'est-ce que j'ai ? demandai-je.

Avant même qu'elle puisse répondre, je laissai échapper une autre question :

— Comment suis-je arrivée ici ?

En prononçant ces mots, je sentis une vague de panique m'envahir. Je n'avais aucun souvenir de ce qui s'était passé la veille au soir, et ça me terrorisait. C'était mille fois pire que la nuit où Dave m'avait ramenée chez moi, car, le lendemain, des images plus ou moins floues m'étaient revenues. Cette fois-ci, je n'en avais aucune.

— Tu es arrivée par ambulance hier soir, déclara-t-elle d'un ton détaché.

Mais ça ne me disait pas pourquoi. Tentant de me rappeler, j'agrippai les draps avec des mains soudain moites.

— Le médecin t'expliquera tout, déclara-t-elle en voyant l'angoisse sur mon visage.

J'entrepris de poser d'autres questions, mais elle se contenta de me tapoter la main et de me dire que le médecin n'allait pas tarder et qu'il m'éclairerait. Elle m'apporta une tasse de thé chaud avec un peu de lait et me demanda si j'avais faim.

— Non, répondis-je.

J'avais le ventre totalement noué.

Elle ne me fit aucune remarque. Après m'avoir accompagnée aux toilettes, l'infirmière me suggéra de me reposer. Elle tira les rideaux autour de mon lit et partit. Sur le chemin entre ma chambre et les toilettes, j'avais aperçu des infirmières en blouse et des gens dans des peignoirs. Ce devait être des patients, mais, dans ma confusion, je ne l'avais même pas compris. Derrière les rideaux, je percevais de vagues silhouettes et des voix ; quelque chose me retint de les tirer afin de m'en assurer. Comme me l'avait dit l'infirmière, le médecin ne tarda pas à venir.

Il n'avait ni blouse blanche ni stéthoscope autour du cou. Il portait un pantalon clair, une chemise à col ouvert et un pull. Il était plus jeune que les psychologues que j'avais rencontrés, arborait un teint frais et des cheveux bruns qui tombaient sur son front et qu'il rejetait en arrière. Ses yeux marron croisèrent les miens et il m'adressa un sourire censé me rassurer.

Ce ne fut pas le cas. Il s'assit sur la chaise à côté de mon lit et m'annonça que je pouvais l'appeler Peter.

— Pas de formalités entre nous, dit-il avant d'ajouter qu'il était psychiatre.

Je l'avais tout de suite compris. C'était logique : sa tenue et le fait qu'il se fasse appeler par son prénom m'avaient mise sur la piste que ce n'était pas un « médecin ordinaire ».

— Tes parents m'ont signalé que je n'étais pas le premier psychiatre à te rencontrer. Tu n'as donc rien à craindre, n'est-ce pas ?

Je n'en étais pas si sûre. Son travail consistait à examiner le cerveau des gens, et je n'avais pas tellement envie qu'il s'immisce dans le mien. Je tirai les draps vers moi et tentai de lui jeter un regard d'impuissance. J'ignorais ce qui s'était passé la veille, mais je voulais sortir d'ici. Le fait qu'il soit psychiatre révélait dans quel service je me trouvais, et je n'avais aucune envie de passer du temps avec des fous. Je croisai les doigts mentalement en espérant qu'il serait facile à convaincre.

Il ne l'était pas. Je lui posai les mêmes questions qu'à l'infirmière afin d'entendre des paroles réconfortantes qui m'apaiseraient. Au lieu de cela, il baissa les yeux sur ses notes, releva la tête et me fit un nouveau sourire, un sourire dont je me méfiais.

— Je vois que tu as beaucoup de questions pour moi, Jackie. Mais laisse-moi d'abord t'en poser quelques-unes. D'accord ?

Non, je n'étais pas d'accord, mais je n'eus pas le temps de protester.

— Parlons déjà des drogues, Jackie, commença-t-il.

Totalement prise au dépourvu, je restai bouche bée. J'eus soudain le pressentiment que la conversation qu'il avait en tête n'était pas celle que j'avais envie d'avoir.

Je tentai de gagner du temps en le regardant d'un air que j'espérais innocent.

— De quoi vous parlez ?

Ça ne fonctionna pas.

— Des drogues, Jackie, répéta-t-il. Celles que tu as prises.

Je compris que ça ne servirait à rien de nier lorsqu'il m'annonça qu'on avait trouvé de la marijuana dans ma chambre.

Oh ! super, pensai-je. Ma mère avait dû s'en donner à cœur joie pour tout fouiller. J'avais caché l'herbe et le petit paquet de feuilles sous l'un de mes ours en peluche. Évidemment, je ne savais pas que la fillette de cinq ans m'avait trahie en retirant mes ours des étagères, exhibant ainsi ce que j'avais dissimulé.

— Et ta mère a trouvé des cachets, ajouta-t-il.

Putain de merde ! pensai-je. Elle avait trouvé le Mandrax. *Eh ! merde !*

Je tentai un coup de bluff :

— C'est juste des antidouleurs, pour quand j'ai mes règles.

Je savais que les hommes n'aimaient pas parler des cycles menstruels des filles, et je m'étais dit qu'il laisserait tomber.

J'avais de nouveau tort.

— Ne me prends pas pour un idiot, Jackie. Je sais très bien que « Mx » veut dire Mandrax. J'imagine que tu l'as mélangé à la drogue.

J'observai son visage et n'y lus ni critique ni approbation. J'y vis seulement son obstination à connaître la stricte vérité. Le duper n'allait pas être aussi facile que ce que je m'étais imaginé. La fermeté dissimulée par son sourire me fit comprendre que je n'avais pas réussi, ne serait-ce qu'une seconde, à le tromper avec mon air à la fois innocent et confus.

— Je les prenais vraiment pour la douleur, insistai-je tout en ayant conscience qu'il ne me croyait pas.

Il enchaîna ses autres questions si rapidement que j'avais à peine le temps de réfléchir à ce que je devais répondre. Où m'étais-je procuré ces drogues, qui me les avait données et à quelle fréquence en prenais-je ?

— Juste des jeunes que j'ai rencontrés, dis-je en répondant à la seconde question et en ignorant les deux autres.

Non, je ne savais pas comment ils s'appelaient et, non, ils n'étaient pas dans mon école. Je les avais rencontrés dans un café.

— Comment as-tu payé ?

Je tentai un nouveau regard innocent.

— Ils me les ont données.

Je n'avais absolument pas envie d'expliquer la façon dont je m'étais procuré l'argent.

— S'il te plaît, Jackie, dit-il. Je sais qu'on peut faire tourner un joint, mais le Mandrax que ta mère a trouvé coûte cher. Tu as forcément dû l'acheter.

Je lui déclarai que c'était la première fois que je payais quelque chose et que j'avais utilisé mon argent de poche ainsi qu'un peu de mes économies.

— On me donne de l'argent pour mon anniversaire et pour Noël ! lançai-je avec ce que j'espérais être la bonne dose d'indignation vertueuse.

J'ignore s'il me crut, mais il décida de passer à autre chose.

— De quoi te souviens-tu au sujet d'hier soir ?

Je lui révélai que je n'avais aucune idée de ce qui avait causé mon transport à l'hôpital.

Il me donna quelques informations.

— Ta mère t'a découverte dans ta chambre en train de jouer avec tes ours en peluche. Tu te comportais comme une enfant de cinq ans, annonça-t-il d'un ton prudent, cette fois.

Je compris qu'il ne me disait pas tout.

— Est-ce que ça t'est déjà arrivé ? Après avoir pris des cachets, par exemple ? Tu sais, ils peuvent te faire halluciner, parfois, surtout mélangés à l'alcool et la drogue.

Je songeai à la pilule que j'avais avalée, mais je décidai de ne pas lui fournir cette information.

— Non ! lançai-je énergiquement.

— As-tu pris quoi que ce soit hier soir ?

— Non.

Toutefois, s'il pensait que mon comportement était dû à la drogue et que je promettais de ne plus en prendre, il pourrait éventuellement me laisser rentrer.

— Enfin... peut-être, je ne sais pas. Je ne me souviens plus. Mais j'ai dû prendre quelque chose, j'imagine, lâchai-je rapidement.

Je m'enlisai en bafouillant que j'ignorais que c'était dangereux, que c'était sûrement ça qui avait causé ce comportement, et que je ne le referais pas. Satisfaite de mon effort, je lui lançai un regard conciliant. Il allait me laisser partir, maintenant, parce que je n'avais rien, pensai-je. Faux ! J'avais vraiment mal cerné le personnage. Mes problèmes remontaient trop loin et il n'était pas du tout convaincu de ma sincérité.

Il me bombarda d'autres questions, et je compris qu'il avait encore découvert mon subterfuge.

Putain de merde, pensai-je. Les psychiatres ne sont-ils pas censés être gentils plutôt que de nous harceler de questions ? Pleine de ressentiment face à son manque de confiance, je m'enfonçai davantage sous les draps.

— Redresse-toi, Jackie, dit-il. Tu as assez dormi. Tu es allée voir votre médecin de famille hier, n'est-ce pas ?

Ce n'était pas nécessaire de répondre.

— Tu lui as révélé que tu déprimais. Pourquoi ?

Je me fermai comme une huître. S'il savait cela, il savait déjà ce que j'avais dit au médecin, et je n'avais rien à ajouter. Je haussai les épaules autant que me le permirent les draps.

— Sûrement parce que c'était le cas, finis-je par lâcher avant de lui poser la seule question à laquelle je voulais une réponse : Je vais bien, maintenant ! Quand est-ce que je rentre chez moi ?

Il ne répondit pas et relança le sujet des drogues. Il me signala le danger qu'elles représentaient et que ceux qui me les avaient données n'étaient pas des amis. Il était avéré que les gens qui se droguaient aimaient que d'autres se joignent à eux. Après ce sermon, il me parla du souci que se faisaient mes parents à mon endroit. Je décrochai. Je connaissais ce discours par cœur et je savais comment il finirait : avec l'affirmation de la chance que j'avais.

Il joignit les mains et y appuya son menton tout en m'observant, songeur. *Il cherche à savoir si je suis malade ou tout bonnement malheureuse*, pensai-je en le regardant d'un air absent.

Hors de question de le laisser voir que j'avais peur.

— C'est bon, Jackie, tu peux te détendre. On va arrêter là, pour le moment, finit-il par dire après un long silence.

— Quand est-ce que je rentre chez moi ? insistai-je.

— On en discutera la prochaine fois que je viendrai te voir.

Je parlais en heures, pas en jours.

— Je ne rentre pas aujourd'hui ?

J'avais voulu garder une voix calme – je demandais simplement une confirmation –, mais ce n'est pas ce qui sortit de ma bouche. Horrifiée, ma voix tremblante et rendue aiguë par l'angoisse avait trahi ma peur.

Il me lança un regard, et j'y vis une certaine sympathie. Y aurais-je lu du mépris, j'aurais moins paniqué. S'il se sentait désolé pour moi, cela voulait dire qu'il pensait que quelque chose ne tournait pas rond chez moi. N'est-ce pas ? À cette idée, mon ventre se renoua aussitôt.

— Ton père va t'apporter des vêtements. Lorsque tu seras habillée, l'infirmière te fera faire le tour de l'hôpital.

Il était parti avant même que je puisse lui signaler qu'il n'avait pas répondu à ma question.

Comme par hasard, mon père apparut aussitôt. Je le soupçonnais d'avoir attendu dans le couloir le départ du médecin.

— Comment te sens-tu, ce matin, Jackie ? demanda-t-il de la fausse voix enjouée qu'avait prise l'infirmière.

— Ça peut aller, fus-je seulement capable de répondre, tandis qu'il s'asseyait sur la chaise que le médecin venait de libérer.

Il semblait plus gêné qu'en colère, ce qui ne devait pas être le cas de ma mère, étant donné son absence. il avait l'air fatigué et, si j'avais pu mettre un mot dessus à cet instant, vaincu.

— Ta mère t'a préparé ta robe de chambre et quelques affaires, dit-il sans mentionner pourquoi c'était lui, et non elle, qui les avait apportées.

Son visage affichait de nouveau l'air soucieux que je détestais tant. Il frottait sans s'en rendre compte la ride de plus en plus marquée, entre ses yeux, et je réalisai qu'il semblait soudain plus vieux. Je ressentis un pincement de culpabilité, car j'étais consciente que c'était ma faute.

— Jackie, dit-il. Te souviens-tu de quoi que ce soit au sujet d'hier soir ?

Je remuai la tête. Je me rappelais avoir été chez le médecin et être rentrée à la maison, furieuse, mais c'était tout.

— Non, qu'est-ce qui s'est passé ? demandai-je.

— Que t'a dit le médecin ?

Je sentais qu'il ne voulait pas me révéler davantage que ce que je savais déjà.

— Pas grand-chose, mais il n'était pas sur place, n'est-ce pas ? Apparemment, je me suis comportée comme si j'avais cinq ans.

Je lui jetai un regard nerveux, me demandant ce qui avait bien pu se passer pour qu'ils appellent une ambulance.

— Eh bien… En effet, tu semblais perturbée. Tu nous as fait une sacrée peur. Mais tu as l'air d'aller mieux.

Il ne me révéla rien d'autre. Il parla du fait que je n'allais pas bien et que l'hôpital allait me remettre sur pied. Ses paroles étaient censées m'apaiser, mais je me demandais si l'expression « pas bien » était un euphémisme pour quelque chose de bien plus grave. Je scrutai son visage pour y déceler un signe de ce qu'il voulait vraiment dire, mais il ne laissa rien filtrer.

— Tu as tout ce qu'il te faut ? s'enquit-il lorsque j'eus fouillé dans le sac pour voir ce qu'il m'avait apporté.

J'avais trouvé mon walkman et quelques cassettes sous mes vêtements. Cela me toucha, car je savais que c'était lui, et non ma mère, qui les y avait glissés.

— Ma musique ! Merci, papa !

C'est peut-être grâce à cet élan de reconnaissance qu'il se souvint soudain de la fille que j'avais été avant de devenir cette enfant à problèmes.

— Jackie…, hésita-t-il en posant doucement sa main sur la mienne.

Il semblait sur le point de demander ou révéler quelque chose d'important, mais il se ravisa.

— Tu as besoin qu'on t'apporte autre chose ? se contenta-t-il de dire.

Non, pensai-je. *Je n'ai pas envie qu'on m'apporte quoi que ce soit. J'ai envie que tu me sortes d'ici.* Je brûlais de le supplier : « Ramène-moi à la maison, je t'en prie. Je serai sage, je te le promets », mais les mots se coincèrent dans ma gorge. Je marmonnai plutôt que je n'avais besoin de rien. J'eus soudain un mauvais pressentiment. S'il proposait de m'apporter des affaires, mon père n'avait sûrement pas l'intention de me ramener à la maison de sitôt.

— Combien de temps vais-je rester ici ? lançai-je d'un ton vaguement désinvolte.

— Jusqu'à ce que tu te sentes mieux. Tu es en de bonnes mains, Jackie.

Il regarda sa montre, visiblement impatient de pouvoir échapper au malaise ambiant. Il me tapota la main et marmonna quelque chose à propos d'un rendez-vous d'affaires, puis il sortit son portefeuille et en retira deux billets de cinq livres.

— Si jamais tu as tout de même besoin de quelque chose, il y a une boutique dans l'entrée. L'infirmière te montrera.

Puis, avec un regard gêné qui dissimulait à peine son soulagement, il se leva et partit.

Ce fut au tour de l'infirmière de venir me voir.

— Tu peux te lever, maintenant que tu as tes vêtements, Jackie. On va d'abord te faire prendre un bain ! lança-t-elle de sa voix légère et irritante que je détestais déjà.

J'enfilai ma robe de chambre. Porter quelque chose de personnel me fit me sentir un peu mieux. Elle m'accompagna dans une salle de bains où je restai le plus longtemps possible afin d'en repousser ma sortie. Je savonnai la moindre parcelle de mon corps, fis mousser mes cheveux et plongeai la tête sous l'eau pour les rincer. Je faisais volontairement beaucoup de bruit afin qu'elle comprenne que je ne m'étais pas noyée. Mais je ne pouvais pas repousser éternellement le moment de sortir, ce qui fut confirmé par un coup sur la porte et la voix de l'infirmière.

— Il est temps, Jackie, appela-t-elle.

Tout en la maudissant dans ma barbe, je sortis de la baignoire et me séchai.

— Bon, dit-elle en me tendant un sèche-cheveux. Dès que tu as fini et que tu es habillée, je te fais visiter.

— Je vais rester combien de temps ? demandai-je, pensant qu'elle pourrait le savoir et me le révéler.

— C'est le médecin qui le décidera, confirma-t-elle les propos de mon père.

Soudain, la frustration de ne pas savoir ce qui se passait fut trop forte.

— Pourquoi personne ne peut me donner une putain de réponse ? criai-je.

Mon accès de colère n'eut aucun effet.

— Allez, Jackie, habille-toi, se contenta-t-elle de dire.

Je lui lançai un regard noir, puis décidai à contrecœur que mes vêtements seraient toujours plus agréables à porter que la chemise de nuit de l'hôpital ou que ma robe de chambre.

Aussitôt après m'être glissée dans mon jean et avoir enfilé mon T-shirt, je réalisai qu'il n'y avait pas mes

Dr. Martens. À la place, je trouvai une paire de chaussons aux semelles souples.

— Je n'ai pas mes chaussures, fis-je remarquer.

— Tu n'en as pas besoin ici.

Ayant toujours dans l'idée de reporter ce qu'elle avait programmé pour moi, je déclarai que je voulais aller à la boutique.

— Mon père m'a donné de l'argent pour que je puisse m'acheter ce que je veux.

Elle ne fit aucune objection et m'accompagna dans l'ascenseur qui nous mena au rez-de-chaussée. Elle marchait si près de moi que je me doutais qu'elle ne me lâcherait pas d'une semelle. Je n'avais donc aucune chance de sortir du service toute seule.

Bien que petite, la boutique semblait tout proposer des bouquets de fleurs pour les visiteurs qui n'avaient rien prévu, des livres de poche, des articles de toilette, des magazines et tout un assortiment de bonbons et de fruits. Sous la surveillance étroite de l'infirmière, j'achetai un magazine, puis, à court d'excuses afin de gagner du temps, je la suivis à contrecœur jusqu'au service psychiatrique. Elle me fit alors faire sa fameuse visite. Elle me montra d'abord la cantine, meublée de longues tables et de chaises en plastique, et me signala les heures de repas.

On se croirait dans un putain d'hôtel, pensai-je, mais une once de bon sens me fit garder cette remarque pour moi.

— Tu sais où sont les salles de bains. Tu peux prendre un bain tous les matins, si tu veux, dit-elle avant d'ajouter qu'elles étaient fermées à clé, mais qu'une infirmière me laisserait entrer.

On s'arrêta ensuite dans le « salon », une grande pièce carrée aux murs jaune pâle avec une télévision dans un coin et quelques tables. Des fauteuils dépareillés et pleins de bosses y étaient disséminés, occupés par toutes sortes de gens en survêtement.

Elle m'en présenta quelques-uns, qui montrèrent peu d'intérêt, puis elle m'annonça qu'elle allait me laisser là afin que je me détende un peu.

Je fis le tour de la pièce des yeux et me rendis compte que la plupart des patients se contentaient de fixer le vide devant eux. On aurait dit qu'ils étaient sous l'effet d'une drogue bien plus forte que le Mandrax que je prenais quand je voulais décompresser. *Ça ne sera peut-être pas si terrible que ça*, pensai-je tout en n'y croyant pas vraiment. La matinée passa, et les autres patients s'animèrent seulement quand une infirmière arriva avec un chariot chargé de thé, de café et de biscuits secs, qu'ils empilaient sur une assiette avant d'aller se rasseoir.

J'en entendis certains révéler, dans leur conversation sporadique, la raison de leur présence. Les cas les plus communs étaient des divorcés en pleine déprime, ou des gens dont les postes à haut niveau les avaient fait craquer sous la pression. Un homme qui avait l'air plus clair que les autres me confia qu'il était sorti de sa voiture, en plein embouteillage d'heure de pointe, et l'avait laissée au bout d'un pont routier, fermée à clé, sans avoir coupé le moteur.

— Je n'en pouvais plus. Je suis sorti et je suis parti. Ça a dû foutre une pagaille pas possible, dit-il fièrement, comme si paralyser la ville était méritoire.

Toutefois, cela m'intriguait, et je lui demandai ce qui s'était passé ensuite.

— La police l'a fait sauter. On pensait qu'elle appartenait à un terroriste de l'IRA, déclara-t-il en riant.

Il n'y avait que deux patients dans cette pièce qui, bien que plus âgés que moi, avaient moins de vingt ans. D'abord, un étudiant étrangement maigre. Il devait sûrement sniffer de la coke. Je savais que Dave en vendait beaucoup aux étudiants d'une université prestigieuse. Les jeunes de troisième année, après avoir fait la fête non-stop pendant deux ans, devaient désormais travailler nuit et jour pour se préparer aux examens. Quoi qu'il ait pris, il semblait épuisé et n'avait visiblement aucune envie de discuter avec une gamine de treize ans.

Mon regard ne cessait de s'arrêter sur l'autre garçon. Il était avachi dans son fauteuil, la tête presque collée contre son torse, comme si sa nuque ne pouvait plus la supporter. Des cheveux noirs tombaient sur son visage pâle et, sous les manches de son pull, j'apercevais ses poignets fins, osseux. Ils étaient bandés ; je savais très bien ce qu'il avait fait. Il n'arrêtait pas de remuer les doigts, qui semblaient être la seule partie de son corps encore en vie. Plus tard, lorsque je passai devant lui, je l'entendis fredonner une mélodie atone dont lui seul connaissait les paroles.

— Qu'est-ce qu'il a ? demandai-je à l'homme qui avait abandonné sa voiture.

Même si je ne l'appréciais pas, c'était le seul qui ne semblait pas totalement retiré dans un monde extérieur aux murs qui nous entouraient.

— Il a perdu ses parents dans un accident de voiture, ce petit con. Il refuse de parler. Ils vont finir par lui balancer une décharge, s'il continue comme ça, lança-t-il avec un certain plaisir tout en allumant une cigarette et en me soufflant la fumée en pleine figure.

Devant mon air perplexe, il s'expliqua :

— Ils vont lui faire passer une décharge électrique dans le cerveau. Ça le fera parler.

Je ne répondis rien. Je pensais qu'il voulait simplement m'effrayer.

Ce premier jour, j'ai observé les autres avec une certaine angoisse. À part les déprimés qui fumaient sans arrêt, le visage baigné de larmes, il y avait ceux qui éclataient de rire pour rien. D'autres parlaient tout seuls, debout dans un coin, marmonnant des choses à la personne qui vivait dans leur tête et qui semblait visiblement plus intéressante que les gens qui les entouraient.

Étant donné ce qu'on pouvait tirer d'une conversation dans ce service, je ne pouvais pas vraiment leur en vouloir.

Les patients paraissaient curieusement asexués. La démarche des hommes n'avait rien de l'arrogance masculine habituelle, et les femmes ne roulaient pas les hanches gracieusement. Ils traînaient tous les pieds, comme si leurs jambes étaient lourdes. Il n'y avait ni trace de flirt ni échange de regards de désir naissant auxquels il faut s'attendre, quand plusieurs personnes des deux sexes se retrouvent dans un espace confiné.

Non : la dépression ou les médicaments nous avaient tous désexualisés. Il y avait une exception dans la brigade « Je suis dépressif, donc je me fous de mon apparence ». C'était une femme qui arrivait au bout de la cinquantaine. Quand elle entra dans la pièce, elle m'accrocha aussitôt le regard. La seule avec moi à ne pas être affublée d'un survêtement difforme, elle portait un pantalon et un pull noirs. Elle arborait des perles autour du cou et aux oreilles. Ses cheveux blonds étaient balayés, et ses yeux bleus, minutieusement surlignés de noir. Du mascara redressait ses cils sombres, et les ongles qui terminaient ses doigts fripés étaient écarlates.

Lorsqu'elle m'aperçut – ou plutôt, comme je le compris plus tard, apercevant un nouveau public –, elle s'assit près de moi, prête à divertir. Pratiquement chacune des phrases qui s'échappaient de ses lèvres commençait par « Quand j'étais mannequin », « Quand j'étais en séance photo » ou « Quand je défilais sur le podium ». J'avais saisi le personnage.

— J'étais connue ! me dit-elle d'un ton surpris quand elle remarqua mon indifférence.

Si elle s'était présentée comme une ancienne rockeuse qui s'habillait à la façon de Suzi Quatro, c'est-à-dire tout de cuir, des pieds à la tête, et se droguait, elle aurait pu m'intéresser, mais un mannequin faisant des allers et retours dans des vêtements ridicules ?

— Oh ! tu es trop jeune, j'imagine ! lança-t-elle avec mépris en détournant les yeux.

— Elle dit la vérité, me confirma l'homme qui avait abandonné sa voiture. C'était une vraie beauté.

J'avais dû avoir l'air sceptique : à treize ans, toute personne de plus de trente ans me paraissait vieille, et les années ne lui avaient pas fait de cadeaux.

— En dehors de ses trois mariages et de ses nombreuses aventures, beaucoup de gin et de cigarettes sont passés dans sa vie, mais elle faisait sensation, à l'époque. Elle faisait la une des journaux lorsqu'elle intégrait une clinique privée exorbitante pour décrocher. Dommage que l'argent se soit épuisé avant elle ! lança-t-il en ricanant de ce qu'il considérait comme un trait d'esprit.

Elle est au même régime que nous maintenant : c'est la Sécurité sociale qui prend soin d'elle, conclut-il avec suffisance.

Je mis mes écouteurs et montai le volume afin de noyer ses paroles dans la musique. Il me laissa tomber et partit traîner ailleurs.

Brûlant d'envie de fumer un joint, je me demandai si je pouvais essayer d'appeler Dave. Il m'apporterait quelque chose.

— Aucun coup de fil et aucun visiteur à part tes parents, me déclara-t-on lorsque je me renseignai.

Je m'ennuyais à mourir, là-bas. Sans aucune visite hormis celle de mes parents – qui voulaient sûrement qu'on les voie faire leur devoir –, les heures s'étiraient sans fin devant moi. La visite de ma mère, assise maladroitement sur l'un de ces fauteuils inconfortables, ne sachant quoi me dire, n'était pas quelque chose que j'attendais avec impatience. Au bout d'une heure – moins serait passé pour de l'indifférence et plus aurait épuisé tout son stock de banalités –, elle ramassait son sac à main, posait un baiser sec sur ma joue et sortait dignement.

Je ne me souviens pas de quoi nous parlions, seulement de mon soulagement lorsqu'elle partait.

Ses visites prenaient six heures en tout dans la semaine, en ajoutant la fois où mes parents arrivaient ensemble, avec les bras chargés de ce que je leur demandais, principalement de la musique.

Ils m'apportèrent quelques livres, et je fis un effort pour les lire, mais ma capacité à me concentrer, qui n'avait jamais été terrible, semblait m'avoir totalement abandonnée. Cette visite durait également une heure.

Me laver et m'occuper de mes cheveux me prenait au moins une heure par jour, les repas, une heure et demie, puis je m'entretenais avec Peter encore une heure. Lorsque j'additionnais tout cela, ma journée était plus remplie que ce que je pensais.

Je passais le reste du temps à écouter d'autres patients. Personne n'avait grand-chose d'intéressant à raconter.

De toute façon, avoir été violée par mon oncle et ses amis, photographiée, fouettée et couverte d'urine surpassait largement leurs histoires pathétiques, songeais-je, amère. J'avais la tête envahie de sombres pensées.

La colère que je ressentais d'être enfermée à l'hôpital se traduisait par mon animosité vis-à-vis des infirmières, mon manque de coopération avec les médecins et mon refus d'avaler davantage qu'un dixième des repas.

Toutefois, ce qu'ils ne pouvaient pas voir, c'était ma peur. Je ne cessais de me demander : *Que se passera-t-il si je ne vais pas mieux ?* Le pauvre garçon qui avait perdu ses parents et tenté de se suicider ne semblait pas beaucoup progresser. Il ne parlait toujours pas et ne reconnaissait pas les gens qui essayaient de communiquer avec lui. Il ne cracha pas un seul mot durant les quatre semaines que je passai là-bas. Jour après jour, je le voyais fixer les murs jusqu'à ce qu'une infirmière vienne lui toucher le bras. Sans la regarder, il se levait et la suivait.

Je me demandais ce qui allait lui arriver. Des gens venaient lui rendre visite, poser des mains affectueuses sur les siennes, lui souffler des mots doux et réconfortants, mais il demeurait figé dans cet endroit qui n'existe que dans la tête, auquel personne ne peut accéder pour causer encore plus de dégâts.

Évidemment, je m'inquiétais également de ce qui n'allait pas chez moi. J'avais peur qu'ils me piègent pour me forcer à leur révéler ce que je ne voulais pas qu'ils sachent, ce qui me faisait donner des réponses pratiquement monosyllabiques. « Qui pourrait avaler cette cochonnerie ? » lançais-je automatiquement quand on me demandait pourquoi j'avais laissé autant de nourriture dans mon assiette.

Mon comportement, durant ces premiers jours d'hospitalisation, ne risquait pas de me valoir de bons points. Lorsqu'on m'encourageait à participer aux quiz ou à toute autre activité, je m'éloignais, enfilais mes écouteurs et mettais Metallica, en particulier Sanitarium. J'écoutais ce morceau en boucle.

Je me souviens encore des paroles : elles parlaient d'être atteint d'une maladie mentale et de rechercher la liberté. Cette chanson résumait mon état d'esprit. Le problème, c'est que je n'entrevoyais même pas ma liberté, et ma bravade dissimulait ma peur.

Et si je devais rester ici le restant de mes jours parce que j'étais trop malade ?

40

Les rideaux autour de mon lit s'ouvrirent dans un bruissement sur une fille un peu plus âgée que moi, les cheveux couleur de blé et les yeux bleu foncé.

— Je suis au courant, Jackie, dit-elle. J'ignore qui c'était, sûrement ton père, ton frère ou un voisin. Mais je suis au courant.

J'ouvris la bouche pour parler, mais elle posa délicatement son doigt sur mes lèvres.

— Chut. Écoute le conseil que j'ai à te donner. Tu es furieuse, très furieuse, et dévorée par la haine. Débarrasse-t'en. Tu penses que tu es quelqu'un de mauvais, mais tu n'es qu'une enfant blessée.

Elle posa la main sur ma joue comme une caresse, et je m'y appuyai.

— Je comprends, continua-t-elle. Je comprends ce que tu traverses.

Je savais qu'elle disait la vérité.

— Qui es-tu ? réussis-je à demander.

— Ce soir, répondit-elle, considère-moi comme ton ange gardien.

Puis elle se pencha et me murmura ce que je devais faire pour quitter le service.

— C'est la colère qui t'a amenée ici, et c'est elle qui t'y maintient. Plus tu protesteras, plus ils griffonneront dans leurs dossiers que tu es trop malade pour partir. Comporte-toi correctement, sois attentive et écoute ton thérapeute.

— Et toi, qu'est-ce que tu feras pour partir ? demandai-je.

— Qui te dit que je veux partir ?

— Ils pensent qu'il y a plusieurs personnes en moi, finis-je par formuler ce que je savais être la vérité.

— Et alors ? répondit-elle. C'est mieux que d'être toute seule. Ça, c'est pour les gens ordinaires. Tu ne veux pas être ordinaire, n'est-ce pas ?

Je secouai légèrement la tête.

— Jackie, nous sommes tous un peu partagés ; alors, de quoi t'inquiètes-tu ? Une fillette terrorisée surgit, furieuse que personne ne l'aide ? Elle disparaîtra un jour, quand tu la feras se sentir en sécurité. Ta rébellion doit être comme le vent qui finit par s'essouffler. Jusqu'ici, c'était une sorte de tempête. Désormais, tu dois la laisser s'éloigner, s'apaiser. Tu comprends ?

Oui, je comprenais. Elle grimpa sur le lit et s'allongea à mes côtés. Elle m'entoura de ses bras graciles et, pour la première fois dans cet hôpital, je me sentis rassurée. Je posai ma tête contre sa poitrine, son parfum délicat envahissant mes narines. Tandis que je m'assoupissais, elle pressa tendrement ses lèvres sur mon front. À mon réveil, elle avait disparu.

— Qui est-ce ? demandai-je en essayant de décrire ma visite de la nuit.

L'infirmière semblait troublée.

— Je ne connais personne ici qui ressemble à ça. Tu as dû rêver.

Vraiment ? Était-ce un rêve ou la visite d'un ange – ou bien même un résidu de mon trip à l'acide ? En tout cas, je me sentais mieux.

Ma colère s'était estompée.

Ce jour-là, je mis en pratique ce que ma visiteuse m'avait conseillé. Je souris, accueillis poliment les infirmières, mangeai la totalité de mon petit-déjeuner et, lors de ma séance avec Peter, je m'excusai et lui confiai que j'avais été mauvaise parce que j'avais peur.

Je lui avouai que je m'étais droguée bien plus longtemps que ce que j'avais dit. Je lui annonçai que j'étais déterminée à mettre tout cela derrière moi. Et, espérant qu'il me croie, je déclarai que c'étaient les drogues qui avaient fait apparaître la fillette de cinq ans.

J'avouai également être coupable de vol à l'étalage.

— Seulement des petites choses de chez Woolworths. Je ne dépouillerais jamais qui que ce soit.

Oui, j'étais désolée, lui assurai-je.

Quatre semaines après mon arrivée, ils m'autorisèrent à quitter l'hôpital. Les choses s'amélioreraient grâce au traitement et à ma volonté de tourner la page, dirent-ils. Ils voulaient me revoir une fois par semaine.

— C'est seulement pour surveiller tes progrès, m'assura Peter.

C'était plutôt pour examiner mon cerveau, à mon avis, mais j'aurais accepté n'importe quoi pour quitter cet endroit. Pendant quelque temps, je suis restée prudente. Je ne rentrais jamais tard, même chez mon oncle. J'étais polie vis-à-vis de mes parents. J'avais trouvé de nouvelles cachettes pour les drogues que j'achetais, par exemple un sac en plastique enfoui dans le sol. Toutefois, je me contentais de fumer quelques joints. Cette fillette de cinq ans me terrorisait.

Cela fonctionna pendant un an – jusqu'à ce qu'ils découvrent que je me prostituais.

41

Je n'avais pas voulu retomber dans la drogue. Je n'avais pas prévu de chercher ces hommes – ceux dont je savais qu'ils paieraient pour coucher avec moi. Mais, comme un aimant, les amis que je m'étais faits avant d'aller à l'hôpital m'attirèrent de nouveau.

D'abord, je profitais d'un petit joint qui tournait, mais, en à peine quelques semaines, je reprenais du Mandrax. Puis ils me demandèrent de payer ma part. J'avais appris que rien n'était gratuit, mais où allais-je bien pouvoir trouver l'argent ?

Mes parents, ignorant la façon dont j'avais payé la drogue que ma mère avait découverte, se montrèrent plus stricts quant à mon argent de poche. Ils pensaient qu'une somme limitée m'empêcherait d'en racheter. Si je leur disais avoir envie de quelque chose, ils exigeaient la preuve que je me le procurais avec cet argent. Je ne pouvais donc pas me tourner vers eux.

Même si ma mère lui avait intimé de ne rien me donner, je me doutais que je pourrais soutirer un peu de liquide de mon oncle, mais je n'en avais plus envie.

Pour cela, il fallait que je me montre un minimum amicale, et c'était de plus en plus difficile.

Alors je suis retournée voir ces hommes. De temps à autre, je ne frappais pas à la bonne porte et j'étais chassée avec un regard désapprobateur qui me donnait envie de rentrer sous terre, mais, en général, ça fonctionnait. L'argent s'accompagnait d'un sentiment de liberté. J'avais retrouvé mon indépendance et je pouvais acheter ce que je voulais. Mais je restais tout de même prudente.

J'étais certaine de l'avoir assez été pour ne pas me faire attraper. Je pensais contrôler mon addiction. Les professeurs devaient sûrement mettre mon manque de concentration sur le temps que j'avais passé à l'hôpital ; personne ne soupçonnerait quoi que ce soit. La prise de conscience fut brutale.

C'est une de mes professeures, avec qui j'avais eu plus d'une altercation, qui m'informa que j'étais attendue dans le bureau de la directrice. Ses paroles me nouèrent légèrement le ventre. C'était le début de la peur. J'avais compris qu'on avait découvert au moins certaines de mes activités. Ce qu'elle ajouta confirma que ma peur était fondée.

— Tu t'es fait prendre, Jackie. J'ai toujours pensé que tu étais une traînée.

Ses lèvres fines s'étirèrent en un sourire méprisant et son air triomphant me fit comprendre que quelqu'un avait parlé. Je me demandai qui ça pouvait bien être – sûrement pas un de ces hommes qui voulaient coucher avec une mineure.

Comme si elle avait lu dans mes pensées, ma professeure répondit à ma question :

— Certains hommes à qui tu as proposé ton corps ont refusé, ne l'oublie pas. Souviens-toi de celui qui t'a traitée de petite idiote et à qui tu as répondu que tu avais déjà pas mal d'expérience. Eh bien, sa fille est dans cette école. Il t'a décrite, Jackie, et, devine quoi... Elle t'a reconnue. Et elle connaissait ta réputation, comme la moitié de l'établissement, au moins.

Mon cœur se serra. Je me souvenais de cet homme. Je l'avais vu avec l'un de mes clients ; alors, je pensais qu'il serait partant.

Devant ces révélations, mon vague sentiment de peur se mua en bloc de glace qui me donna la chair de poule. J'avais conscience que je ne m'en sortirais pas comme ça, cette fois.

— Tu n'arriveras jamais à rien, fit-elle avec mépris. Tu finiras dans la rue, c'est couru d'avance. Tu n'es qu'une petite traînée, et c'est toujours ce que tu seras.

Elle continua ainsi tandis que nous parcourions les longs couloirs qui nous séparaient du bureau de la directrice : c'était de mes parents qu'elle avait pitié ; j'avais toujours posé des problèmes ; l'école aurait dû se débarrasser de moi depuis bien longtemps. Je tentai de faire barrage à ce flot de paroles. Elle prenait du plaisir, pensai-je en gardant la tête haute et en feignant de l'ignorer.

Comme elle n'avait pas assez d'imagination pour m'assommer de nouvelles insultes, elle répéta la dernière :

— Tu n'es rien qu'une petite traînée.

La fureur m'envahit. Savait-elle au moins de quoi elle parlait, cette grosse vache ?

— C'est quoi ton problème ? T'as découvert que ton petit copain faisait partie du lot ? assenai-je.

Elle me saisit le bras avec violence et éclata de rire.

— Il a de meilleurs goûts, Jackie.

— Bien sûr. C'est ce qu'elles pensent toutes.

Ses joues s'empourprèrent soudain, et elle se contenta de me pousser dans le bureau de la directrice.

— Elle a avoué sans une once de honte, annonça-t-elle en entrant dans la pièce.

Le visage de la directrice n'arborait un air ni triomphant ni méprisant. Elle ne semblait pas ravie d'avoir découvert que j'étais coupable d'agissements que l'école ne pourrait tolérer. Elle avait simplement l'air terriblement triste. Elle renvoya la professeure, qui quitta le bureau indignée de ne pas pouvoir assister à ma dernière demi-heure dans cette école. La directrice me demanda de m'asseoir ; elle voulait me parler seule à seule.

— Je me souviens de la première fois que tu t'es retrouvée ici, Jackie. Tu étais déjà une fillette perturbée, dit-elle avec ce qui semblait être de l'affection.

Moi aussi, je me souvenais de cette époque. Je me revis avoir cette crise de panique, le premier jour, que sa voix avait calmée en m'assurant que tout irait bien et que j'étais en sécurité ici. Je revis son visage soucieux, et non en colère, comme je m'y étais attendue.

Pour la première fois, je sentis la honte m'envahir par rapport à ce que j'avais fait et, incapable de la regarder dans les yeux, je détournai la tête.

Je pris conscience que, quoi que je dise ou quelle que soit la peine qu'elle ressentait, elle ne pouvait désormais plus me garder dans cette école.

J'eus alors envie de redevenir une enfant, de poser la tête sur son épaule, comme après cette fameuse crise de panique, et qu'elle me dise que tout irait bien. Mais nous ne pouvions pas revenir en arrière, et il fallait que j'assume les conséquences de mes actes.

J'avais vu juste. Elle m'annonça qu'ils avaient essayé de m'aider, mais cette école ne pouvait m'apporter tout ce dont j'avais besoin. Ce n'était pas un environnement approprié pour quelqu'un qui avait de tels soucis.

Je risque surtout de détourner les autres élèves du droit chemin…, pensai-je.

— J'imagine que tu fais ça pour pouvoir acheter ta drogue, supposa-t-elle. Oui, Jackie, je suis au courant, ajouta-t-elle quand elle vit ma surprise.

Je ne lui répondis pas ; que pouvais-je bien dire ? Si elle était au courant, mes parents l'étaient sans aucun doute aussi.

Elle leur avait déjà fait part de sa décision, m'avoua-t-elle, comme si elle avait lu dans mes pensées. Ils étaient devant l'école et ils allaient me ramener chez moi.

Elle regrettait de ne pas avoir été à la hauteur de mes problèmes. Puis elle répéta ce qu'elle avait déjà dit : j'avais besoin de soins particuliers qu'elle et l'école ne pouvaient me fournir.

Elle me souhaita bon courage en espérant que je m'en sorte.

J'aurais préféré la voir en colère, l'entendre prononcer les mêmes paroles que la professeure. Sa tristesse et sa déception me touchèrent bien plus que les insultes.

Je voulus dire quelque chose, n'importe quoi, pour montrer que moi aussi, j'étais désolée, mais les mots restèrent coincés dans ma gorge.

— Viens, Jackie, dit-elle. Tes parents attendent dehors. Je t'accompagne.

Elle me frôla le bras lorsque je franchis le portail.

— Au revoir, Jackie, souffla-t-elle.

J'étais trop émue pour répondre et, sans un regard en arrière, je rejoignis mes parents qui, le visage de marbre, attendaient dans la voiture.

Je grimpai, toujours muette.

42

De retour à la maison, après m'avoir jeté à la figure à quel point je lui faisais honte et que j'étais une immonde jeune fille à qui elle ne voulait plus avoir affaire, ma mère ne m'adressa plus la parole. Mon père exigea d'abord que je lui donne le nom des hommes avec qui j'avais couché. J'avouai que je ne le leur avais jamais demandé.

— Je pourrais aller porter plainte ! lança-t-il. Ils ont commis un crime.

— Ils ne m'ont pas violée, quand même, dis-je d'un ton de défi.

— Hors de question d'attirer l'attention des médias ! cria ma mère qui imaginait sans doute les gros titres étalés dans les journaux dénonçant la débauche dans le milieu bourgeois.

— Combien, Jackie ? murmura mon père d'une voix pleine de rage lorsque ma mère ne fut plus en mesure de nous entendre.

Je lui lançai un regard de pitié.

— Crois-moi, tu ne préfères pas savoir, répondis-je.

— Ce n'est pas nouveau, n'est-ce pas ? dit-il d'un air las. Tu vendais ton corps pour pouvoir t'acheter de la drogue avant d'aller à l'hôpital, pas vrai ?

Ses épaules s'affaissèrent lorsque je lâchai le mot « oui ».

— Pourquoi ?

Je ne savais pas quoi répondre.

Je n'avais pas le droit de sortir de ma chambre. Ils posaient un plateau-repas sur le palier en me prévenant d'un coup sec sur la porte. La semaine qui suivit, non seulement ma mère ne m'adressa pas la parole, mais elle ignora jusqu'à ma présence.

À la fin de cette semaine de punition, ils me demandèrent de descendre : ils voulaient me parler. Mes parents m'expliquèrent ce qu'ils avaient prévu pour moi. Ils m'envoyaient dans une école spécialisée pour les enfants à problèmes. Il fallait que je prépare des vêtements appropriés et que je me tienne prête à partir le lendemain matin.

— C'est là que je voulais t'envoyer avant que tu n'ailles à l'hôpital, déclara ma mère. Ton père a insisté pour qu'on te soutienne davantage. On dirait bien que ça s'est retourné contre lui…

Je crois que ce furent les derniers mots que ma mère m'adressa pendant plusieurs années.

Le lendemain matin, fidèle à leur parole, ils me conduisirent dans la fameuse école, qui était en fait un internat. Mes parents avaient raison : c'était un endroit pour les jeunes perturbés. On les laissait là jusqu'à ce qu'ils soient assez grands pour se débrouiller tout seuls.

Dans certains cas, des parents incapables de gérer le comportement de leur enfant l'avaient confié aux soins de professionnels, tandis que d'autres avaient été retirés de leur foyer par les services sociaux.

— Ceci est la fin de la seconde partie de mon histoire et le début de la troisième, annonçai-je à ma thérapeute.

Je réfléchis un instant.

— Peut-être que, quelque part, je voulais entendre mes parents dire que, peu importe ce que j'avais fait, ils m'aimaient, qu'ils m'aideraient, qu'il y avait forcément une raison pour que j'aie agi ainsi. Mais non. Tout ce qui comptait pour ma mère était sa réputation. Quant à mon père, il était simplement furieux contre les hommes qui m'avaient payée pour coucher avec moi. Mais est-il allé porter plainte ? Il avait raison : ce que ces hommes avaient commis n'était pas un viol, mais c'était un acte criminel. J'étais mineure et, à douze ans, je n'en paraissais clairement pas seize. Ils n'auraient donc pas pu se justifier en prétextant ne pas s'être rendu compte de mon âge. À vrai dire, ils n'auraient pas pu utiliser cette excuse non plus l'année qui a suivi ma sortie de l'hôpital. Même maquillée, je paraissais jeune. Après tout, c'était ça qui leur plaisait. Eh bien, non, mon père s'est contenté de fulminer, très affecté, mais il a fini par tomber d'accord avec ma mère : il était inutile d'essayer de porter plainte. Il a préféré m'envoyer loin de la maison. Ça a servi de…

Je cherchais le mot juste.

— De catalyseur, peut-être ? m'aida ma thérapeute.

— Oui, c'est ça. Ça a servi de catalyseur à ce qui s'est passé ensuite et au déclenchement de la troisième partie de mon histoire. Je savais que mes parents, l'école, mes camarades de classe – tout le monde, en fait – me prenaient pour quelqu'un de nocif. Évidemment, je me voyais à travers leurs yeux et pensais la même chose de moi. Je ne suis pas fière de ce qui s'est passé. J'en suis totalement responsable…

J'hésitai, car j'avais encore du mal à parler de cette période, puis je me mis à lui raconter les quelques années qui suivirent.

43

C'est là que je pris la décision de ne jamais retourner à la maison. Si mes parents en avaient fini avec moi, j'en avais fini avec eux.

Je n'avais également plus envie de voir mon oncle ou quiconque étant lié à ma famille. J'étais certaine que tout le monde savait ce que j'avais fait, même Kat. Si je retournais là-bas, je serais une espèce de paria qu'on montrerait du doigt avant de me tourner le dos. Je ne pourrais pas le supporter.

Dans l'internat, le personnel était assez sympa. Je me souviens de la directrice : elle ressemblait à un pigeon bien gras. Quelque part dans la quarantaine, c'était une petite femme à la poitrine énorme. Elle avait beau essayer de la cacher avec des pulls et des hauts larges, elle débordait quand même, et son derrière tout aussi gros était serré dans un pantalon gris moulant.

Mais elle faisait plus de bruit que de mal. Plutôt que de nous aboyer des ordres toutes les deux minutes, elle était fervente de l'autodiscipline.

— Très bien, Jackie, m'avait-elle dit à mon arrivée. Il y a ici quelques règles à respecter.

Elle m'informa que la présence en cours était obligatoire et m'exposa brièvement les heures de repas et de temps libre.

— Mais, ajouta-t-elle, ce n'est pas une prison. C'est à toi de poser tes propres limites.

Le week-end, nous étions autorisés à aller en ville ; nous n'avions pas à porter d'uniforme ; et, si nous ressentions le besoin de discuter, il y aurait toujours une oreille attentive quelque part.

Ouah ! pensai-je. *C'est bien mieux que ce à quoi je m'attendais.*

Les premiers jours, je pris mes marques, gardai la tête basse et arrivai à tous mes cours à l'heure. Chaque fois que je me réveillais, il me fallait quelques secondes pour me rappeler où j'étais. Ici, les chants d'oiseaux auxquels j'étais habituée à la maison ne pouvaient pas traverser les murs épais du bâtiment. Je ne percevais pas non plus les vrombissements de la voiture de mon père ou des voisins qui partaient travailler. Ma mère ne me demandait pas de me réveiller. C'est la sonnerie rude d'une cloche qui s'en chargeait, celle qui nous prévenait que nous avions trois quarts d'heure pour nous préparer avant de descendre prendre notre petit-déjeuner.

Seulement quarante-cinq minutes pour me laver, me brosser les dents et m'habiller. À cette idée, au lieu de m'écrouler de nouveau sur mon oreiller, je bondissais du lit et fonçais sous la douche.

Nous étions quatre à partager la chambre : deux sœurs et une fille qui, comme moi, avait été envoyée ici par sa famille. La mère célibataire des sœurs semblait ne porter aucun intérêt à leur bien-être ou à leurs conditions de vie. Dans leur ancienne école, lorsqu'elles ne séchaient pas les cours, c'était pour les perturber.

Comme moi, elles s'étaient droguées et rebellées contre l'autorité, mais elles étaient également entrées par effraction chez un retraité et lui avaient volé de l'argent.

Elles auraient dû être jugées, mais les services sociaux avaient expliqué que leur mauvais environnement familial avait contribué à cette criminalité. Aucune plainte ne fut déposée ; on les envoya plutôt ici.

L'autre était une fille assez petite qui en voulait à la terre entière. Elle nous avait révélé que son beau-père l'avait toujours touchée. Un jour, sa mère était entrée dans la cuisine alors qu'elle tentait de repousser une nouvelle fois les avances de l'homme.

Sa mère l'avait accusée d'essayer de séduire son nouveau mari. La fille avait eu beau tout faire pour se défendre, sa mère ne l'avait pas écoutée.

— Elle savait très bien ce qu'il manigançait, ce salopard, dit-elle. Seulement, ça l'arrangeait plus de me traiter de menteuse que de le foutre à la porte. Elle s'est jetée sur moi en hurlant et en m'insultant. Elle avait le visage si près du mien qu'elle me postillonnait dessus.

— Pourquoi tu t'es retrouvée ici ? demandai-je.

— À cause du couteau. Dès que mon beau-père a réessayé de me toucher, je lui ai coupé le bras.

Son visage s'illumina.

— Oh ! il a prétendu que j'avais pété les plombs, que j'étais jalouse, que c'était moi qui l'avais cherché, que, quand il m'avait repoussée, je l'avais attaqué. Alors, ils m'ont envoyée ici. Ma mère est une pauvre conne. Il s'est juste marié avec elle pour l'argent. Quand mon père est mort, il lui a laissé une grosse assurance vie. Et qu'est-ce qu'a fait sa putain de veuve ? Elle a été traîner dans ces boîtes de nuit pour célibataires, a baisé tous les pauvres mecs qu'elle a pu trouver, puis elle a rencontré ce gros con avec qui elle s'est mariée. Elle a dix ans de plus que lui, et ça se voit, même si elle se pavane en habits moulants et qu'elle se teint en blonde. Mais elle est persuadée qu'il l'aime. Elle n'a même pas cherché à écouter ce que j'avais à dire ; elle s'est contentée de me traiter de petite pute pathétique. Bref, je ne veux plus jamais en entendre parler.

— Merde ! lança l'une des sœurs. Qu'est-ce que les gonzesses peuvent être connes !

Totalement d'accord, pensai-je en me rappelant ces femmes battues, dans les logements sociaux, qui refusaient de porter plainte contre leur persécuteur.

Je fis assez rapidement la connaissance des autres adolescents de l'internat. Ils étaient tous perturbés, détruits. Ils avaient tous été abandonnés, d'une façon ou d'une autre, par les adultes. Des années plus tôt, alors qu'il leur restait un peu de confiance, ils auraient pu être sortis de là – des coups, de la négligence de leurs parents et des sévices qui les avaient rendus indisciplinés et difficiles. Si on les avait emmenés loin de tout ça et si on les avait suffisamment aimés, ils auraient pu devenir des adolescents heureux. Mais ce n'était pas ce qui était arrivé à cette bande de jeunes au regard sauvage.

Lorsqu'on les avait envoyés dans cet internat, il était déjà trop tard pour les aider. Ils considéraient les adultes comme leurs ennemis, et l'endroit où ils se trouvaient, malgré sa souplesse, comme une prison.

Il y en avait de tous les milieux. Certains étaient pauvres, mais d'autres, comme moi, venaient de foyers qui ne connaissaient pas le manque d'argent. Certains avaient grandi dans des familles dysfonctionnelles dont les disputes d'ivrognes étaient le lot quotidien. Sans aucune éducation, ayant été nourris de façon irrégulière et envoyés crasseux à l'école, ils avaient fini par se rebeller contre toute sorte de discipline. Finalement, lorsque leur école et leurs parents en avaient eu assez d'eux, on les avait envoyés là où des professionnels pouvaient s'en occuper. D'autres arboraient sur leurs corps les cicatrices et les traces des coups qu'ils avaient reçus et affichaient leur colère de manière claire.

D'après moi, ceux qui avaient souffert le plus étaient les moins éloquents. Repliés sur eux-mêmes, ils observaient le monde à travers des yeux que l'innocence de l'enfance avait quittés depuis longtemps.

Certains étaient si perturbés qu'ils avaient été transférés de foyer en foyer jusqu'à être remis dans les mains de l'État.

Peu importait la façon dont ils avaient atterri ici, quelque chose les liait : ils n'avaient aucune estime d'eux-mêmes.

Un garçon, l'aîné de six enfants, était révolté contre le système qui l'avait laissé tomber.

— Je ne suis pas sûr que ma mère connaisse l'identité de tous nos pères, dit-il d'un ton désinvolte, comme si c'était normal. Mais, à sa façon, elle essayait de s'occuper de nous. Enfin, quand elle était sobre. Les voisins n'arrêtaient pas de signaler l'état dans lequel nous étions, les cris du bébé à longueur de journée, les hommes qui défilaient à la maison et les disputes violentes qui résonnaient dans tout le quartier. Alors, ces bonnes âmes venaient. Elles grimaçaient devant l'état de la maison – ma mère ne la nettoyait jamais. Des bouteilles vides traînaient partout. Mais elles ne nous ont jamais retirés de là, même en voyant que mon petit frère portait la même couche crasseuse toute la journée. Il faut que je te raconte le coup du chien, tu vas halluciner. Comme tous les enfants, on n'arrêtait pas d'en réclamer un. Ma mère a fini par accepter que j'aie un chiot pour mon anniversaire. On est tous allés dans un centre qui s'occupait des chiens errants. Ils étaient dans des cages bien propres et mangeaient à leur faim. Bande de chanceux ! Les pubs disaient qu'ils avaient besoin d'un nouveau foyer. Un petit chiot noir et blanc m'a léché le nez : c'est lui que je voulais. Mais tu sais ce qu'ils nous ont dit ?

— Non.

— Que nous devions remplir un formulaire et répondre à tout un tas de questions, du genre est-ce qu'il y aurait toujours quelqu'un à la maison – ils ne voulaient pas qu'un chiot se retrouve tout seul dans la journée. Avions-nous un jardin ? Ma mère leur a dit que nous vivions près d'un parc et qu'elle ne travaillait pas ; donc, il aurait toujours de la compagnie, si c'était ce qui les inquiétait. Moi, je pense que c'était notre allure qui les inquiétait. Une bande de gamins débraillés, le bébé dans une poussette déglinguée, et, même si elle s'était lavée, ma mère était une vraie épave. Mais ils n'ont rien dit de tout ça. Ils nous ont juste annoncé que quelqu'un nous appellerait pour venir nous voir à la maison. Une femme a débarqué sans nous prévenir. Tu aurais dû voir sa tête quand ma mère l'a fait entrer – elle avait encore picolé et sentait la brasserie. La femme est partie très vite, et on n'a jamais eu le chien. Notre maison ne convenait pas, d'après eux. J'ai trouvé ça vachement marrant qu'elle convienne à des enfants, mais pas à un petit bâtard.

Il eut un rire dur.

— Alors, comment tu as fini ici ? demandai-je.

— Elle a rencontré un homme qui nous frappait quand il était bourré. Ce salaud a envoyé le petit à l'hôpital. La police est intervenue et a fait appel aux services sociaux, qui nous ont séparés en nous plaçant dans différentes familles d'accueil. Mais comme la mienne ne voulait pas de moi, on m'a envoyé ici.

— Et ta mère ?

— Elle peut aller se faire foutre. Cette grosse conne l'a fait revenir à la maison malgré ce qui s'est passé.

Il faisait partie de ceux qui crachaient de colère lorsqu'ils parlaient de leurs parents. Quand on me demanda ce que j'avais fait, je révélai que j'avais séché les cours, que j'avais eu de mauvaises fréquentations, que je m'étais droguée et m'étais fait prendre.

— C'est tout ? s'étonnèrent-ils.

C'était tout ce que je voulais avouer.

Nous n'avions droit qu'à très peu d'argent de poche, là-bas. On nous encourageait plutôt à faire de petits boulots grâce auxquels nous amassions quelques pièces. On nous disait que le fait de gagner son propre argent générait l'estime de soi.

La plupart d'entre nous pensaient que c'était peine perdue. Nous nous contentions de faire ces corvées afin de ne pas éveiller les soupçons, mais, comme les ados avec qui je traînais avant, nous cherchions d'autres façons de nous faire de l'argent.

Nous prenions un bus pour la ville voisine, nous mettions par équipes et volions dans les magasins. Nous revendions des cassettes, des sous-vêtements, du maquillage, du parfum à des contacts que s'étaient faits ceux qui fréquentaient l'école depuis plusieurs mois.

On achetait de la marijuana, on faisait tourner des joints et, un moment, j'eus l'impression que rien n'avait changé pour moi.

La fillette de cinq ans est réapparue deux ou trois fois, mais sans le stress que provoquait le fait d'être chez mes parents, elle paraissait plus heureuse ; en tout cas, c'est ce qu'on me disait.

Du moins, elle ne se jetait pas contre les murs. Et la directrice semblait savoir contrôler la situation.

44

Je séjournai là-bas plusieurs mois. À l'arrivée des premières vacances, puis des secondes, mes parents refusèrent de m'accueillir à la maison. Je restai donc à l'internat avec d'autres jeunes. Noël arriva et passa. Puis ce fut Pâques, et mes parents finirent par accepter que je rentre pour une semaine. La directrice me convoqua dans son bureau afin de me faire part de la nouvelle. Elle s'attendait sûrement à me voir euphorique, mes parents ayant flanché dans leur résolution de ne plus avoir affaire à moi.

Ce ne fut pas le cas. Ils avaient peut-être changé d'avis, mais pas moi. Je n'avais pas l'intention de les revoir, et c'est à cet instant que je décidai de fuir.

De temps à autre, Dave s'arrangeait pour qu'on se voie – nous nous retrouvions en ville –, et c'est lui que j'ai appelé, en pleine panique. Il était parti de chez ses parents et avait emménagé à Londres. C'était là que j'avais prévu d'aller.

J'attendis que le week-end nous permette de nous rendre en ville, fourrai le plus d'affaires possible dans un sac et partis.

Je doute que mes parents aient choisi cet endroit s'ils avaient su à quel point il était facile d'en sortir étant donné le peu de surveillance. Avant qu'on se rende compte de mon absence, j'étais déjà dans le train.

Dave et moi étions partis du principe que prendre le bus était trop risqué. Même si c'était moins cher, le trajet durait six heures. J'aurais pu me faire attraper une fois arrivée à Londres. Dès que l'internat aurait signalé ma disparition, la gare routière serait le premier endroit où se rendrait la police. J'achetai un ticket pour Manchester, où je sortis du train pour en prendre un autre pour Londres. *Ça les fera perdre ma trace*, songeai-je. *Ils penseront que je retourne chez moi, ce qui me donnera plus de temps pour voyager sans me faire pincer.*

Ce jour-là, j'eus l'impression de vivre la plus grande aventure de ma vie. Je m'installai dans un compartiment fumeurs et sirotai un café. Je n'avais pas osé aller acheter du vin ou de la bière au bar. Personne ne semblant m'accorder la moindre attention, je fumai cigarette sur cigarette et mis mes écouteurs. Je n'allais pas tarder à fumer quelque chose de bien plus intéressant, pensai-je. Puis, la tête appuyée contre la fenêtre, j'ai regardé défiler les villes et les bourgs. C'est en atteignant la périphérie de Londres que je réalisai l'immensité de la capitale.

Il y eut d'abord des rangées de pavillons et de lotissements de briques délabrés avec du linge qui pendait au balcon, puis les tours plus modernes avec leurs hautes fenêtres et leurs parcs de jeux.

Le train s'arrêta à la gare d'Euston en fin d'après-midi. J'attrapai mon sac et sautai sur le quai, prête pour la suite de l'aventure. Lorsque je donnai mon ticket au contrôleur et franchis la barrière, je n'étais consciente que de la présence de Dave, qui m'attendait avec un grand sourire. Il m'enlaça, prit mon sac et nous dirigea vers les escalators qui menaient au métro.

Je laissai l'escalier mécanique m'entraîner vers la ville souterraine. Les gens me bousculaient, mais c'était le bruit qui accaparait toute mon attention : le rugissement des trains, les haut-parleurs annonçant les arrivées ou signalant de faire attention à la marche, et les centaines de personnes fonçant vers leurs quais.

Une fois dans le wagon bondé, nous avons dû rester debout. Dave avait glissé mon sac entre ses pieds. Tout en me tenant à une poignée, au-dessus de ma tête, je remuais au rythme des saccades du métro. J'avais du mal à garder mon équilibre quand il se lançait dans le tunnel avant de s'arrêter pour laisser sortir quelques personnes et en accueillir encore plus.

À une station appelée Embankment, on quitta la Northern Line – qui était la plus ancienne, m'annonça Dave – pour prendre la District Line. On dut de nouveau rester debout jusqu'à Earl's Court, où vivait Dave.

Nous avons longé Earl's Court Road, pleine de magasins qui étaient encore ouverts et de restaurants déjà remplis. Tout en regardant autour de moi, émerveillée, je percevais un murmure confus de différentes langues. J'avais visité Manchester, mais dans la journée. C'était la première fois que je me trouvais dans une ville en soirée. Là où vivaient mes parents et mon oncle, tous les magasins fermaient à cinq heures et demie.

En dehors de ceux qui allaient dans les pubs ou au restaurant, il y avait très peu de gens dans la rue. Ce n'était pas le cas de Earl's Court, où les trottoirs étaient bondés. Il y avait des femmes vêtues de saris, des hommes portant des turbans, des gens au teint olivâtre du Moyen-Orient, certains en tenue occidentale, d'autres arborant le long *dishdasha* blanc duquel dépassaient, étonnamment, des chaussures noires à lacet.

Je ne voyais que les yeux et les mains de leurs compagnes, qui portaient le *hijab* – la longue tenue lâche qui dissimulait leur corps et leur couvrait la tête. Dans certains cas, même leur nez était caché par ce qui me faisait penser à un grand bec d'oiseau. Nous avons tourné à gauche dans une rue longée d'arbres et de maisons de quatre étages aux façades couvertes de stuc écaillé. Leur état défraîchi et les rangées de noms devant les portes d'entrée montraient qu'elles étaient depuis longtemps divisées en plusieurs lots.

— C'est là que j'habite, déclara Dave en désignant une cage d'escalier de fer qui descendait vers un sous-sol.

Une fois à l'intérieur, il me fit faire fièrement le tour de ce qui était à mes yeux un tout petit espace. Ma chambre, dont une porte menait dans une minuscule cour, avait été fraîchement repeinte, et le lit une place arborait une jolie housse de couette à fleurs.

— J'ai essayé de rendre l'endroit sympa pour ton arrivée, m'annonça-t-il.

Je manifestai ma gratitude par un sourire.

Il n'y avait pas de salon, car les loyers coûtaient cher, à Londres. La cuisine comportait deux chaises et une vieille télévision sur la table. Niveau ameublement, il n'y avait en plus qu'une gazinière et un frigo, tous les deux dans un triste état.

Je songeai un instant à ma chambre, chez mes parents : sa peinture fraîche, ma musique, ses armoires encastrées bourrées de vêtements et, par-dessus tout, sa propreté. Je m'efforçai de balayer cette pensée. Ils m'avaient envoyée dans cet internat, pas vrai ? Ils avaient voulu se débarrasser de moi, ils me regardaient avec mépris. Non, ce n'était plus ma maison, désormais. Dès que je gagnerais un peu d'argent, je pourrais rendre cet endroit plus chaleureux.

Ce soir-là, nous avons traîné dans Earl's Court, mangé un curry dans un petit restaurant et bu un verre dans un bar bruyant.

— Assieds-toi, me dit Dave en me menant dans un coin faiblement éclairé. Je n'ai pas envie qu'on remarque que tu es trop jeune.

Mais personne ne fit attention à moi.

Les premières semaines, Londres me plut. Je tentai de trouver du travail, même si Dave m'avait assuré qu'il gagnait suffisamment pour tous les deux. Devant mon obstination, il me suggéra d'aller faire un tour du côté des petits cafés où l'on vendait de la nourriture à emporter. Ils pourraient me faire travailler occasionnellement et me payer en liquide. Mais, partout, on exigea les papiers où figurait mon numéro de Sécurité sociale.

Deux ou trois responsables me demandèrent mon âge d'un air suspicieux. Cela m'effrayait : j'étais une fugueuse, et on devait me rechercher. Je savais que mes parents avaient été immédiatement prévenus le jour où j'avais pris ce train pour Manchester. Ils ne voulaient peut-être pas de moi chez eux, mais ça ne voulait pas dire qu'ils seraient ravis d'apprendre ma disparition.

Et je n'avais pas envie qu'on me retrouve. L'information avait forcément circulé dans les commissariats, et, chaque fois que je croisais un policier ou une voiture pie, j'angoissais. J'ignorais à l'époque le nombre de fugueurs qui échouaient à Londres et que la police ne pouvait pas passer tout son temps à les rechercher.

— Donne-leur un faux nom et une autre adresse, me conseilla Dave lorsque je lui avouai mes craintes.

Je pris donc mon courage à deux mains et persévérai. Mes journées suivaient toutes la même routine : chaque matin, je partais à la recherche d'un travail.

De temps à autre, on me faisait faire la plonge ou débarrasser les tables pour une heure ou deux, mais ça n'allait jamais plus loin. Ils ne pouvaient pas m'embaucher tant qu'ils n'avaient pas ce foutu numéro.

Dave ne cessait de me dire que ça n'avait pas d'importance, mais cette situation ne me plaisait pas. Le soir, bras dessus bras dessous, nous partions tranquillement en quête d'une pizzeria pas chère, un bar ou un pub.

Nous étions début avril, mais il faisait encore frais, et les lumières des lampadaires, des voitures et des bus projetaient leur lueur orangée sur les trottoirs et les boutiques. Quelle que soit l'heure, les rues étaient toujours éclairées.

J'adorais ça. Dave faisait ses « affaires » à partir de neuf heures du soir, environ. Il y avait ce pub, grand, sombre et douteux, les murs couleur nicotine.

Là, des hommes hirsutes couverts de tatouages, affublés de cuir noir et de chaînes, lui glissaient furtivement des billets en échange de petits sachets.

Certains soirs, nous faisions le tour des boîtes de nuit du coin. Parfois, nous n'y entrions même pas. Une ruelle déserte servait à troquer l'argent contre des sachets de poudre blanche. Une fois le marché conclu, des garçons vêtus de vestes à capuche et de baskets Nike à la mode s'éloignaient discrètement dans l'obscurité.

Quand minuit sonnait, les poches de Dave étaient bourrées d'argent.

— Quand je te disais que tu n'avais pas besoin de travailler ! lançait-il.

Dans les boîtes de nuit, on nous laissait entrer sans payer et sans avoir à rejoindre la longue file d'attente. Je compris rapidement que Dave connaissait beaucoup de gens, et, lorsqu'on me jetait un regard curieux, il me présentait comme sa petite sœur.

— Ça passe mieux. On ne me pose plus de questions après, me confia-t-il.

Ensuite, nous retournions à l'appartement pour fumer de gros joints, et, la nuit, je dormais d'un sommeil paisible.

Les samedis soir se passaient autrement. Nous hélions un de ces taxis qui empestaient la cigarette et le cuir et partions pour le West End. Dave m'avait expliqué que certains clubs programmaient des soirées spéciales, où les organisateurs apportaient leur propre équipe et leurs DJ. On appelait ça des raves, et elles duraient douze heures.

Je n'avais jamais rien vu de tel : lumières tamisées, murs rouges, sol noir, la sueur coulant sur les corps de jeunes qui tournoyaient et bondissaient, une bouteille d'eau à la main. Le bâtiment semblait résonner des sons industriels de la musique qui était, d'après Dave, un mélange de house et de techno.

— C'est super, disait-il. Tu ne peux pas l'écouter aussi longtemps sans prendre de drogues. C'est top pour les affaires. Je fournis les dealers ici. C'est plus sûr comme ça, il n'y a qu'eux qui savent qui je suis.

Je découvris qu'on appelait « E » la pilule qui faisait fureur dans ces raves.

— Ça les tient éveillés toute la nuit, m'assurait Dave.

Mais quand je lui en réclamais une, il refusait catégoriquement.

— Contente-toi des drogues douces, Jackie, répondait-il sévèrement chaque fois que j'en demandais.

Je trouvais qu'il exagérait un peu son rôle de grand frère, mais je laissais tomber.

Ces samedis-là, nous sortions de la boîte à l'aube. Nous retournions à Earl's Court, où nous allions avaler un hamburger bien gras dans l'un de ces endroits qui ne semblaient jamais fermés.

Le dimanche, nous faisions la grasse matinée. Une fois debout, tout en traînassant dans un T-shirt trop large, un café à la main, j'écoutais les cris des enfants et la musique – du rap, de la pop ou même des pubs – venant des autres appartements. L'odeur du curry, du poisson pané ou d'autres plats que je ne parvenais pas à identifier pénétrait chez nous par la fenêtre. Lorsqu'arriva l'été, je me sentais chez moi dans cet endroit que des gens venant de pays lointains ou d'autres régions de Grande-Bretagne considéraient aussi comme leur foyer.

45

Dave et moi avons fini dans le même lit une seule fois. Comment décrire cet instant ? Ce fut..., est-ce que je peux le dire ? Agréable. Son corps était doux, sa poitrine, imberbe. Ses jambes s'emmêlaient dans les miennes tandis qu'il me caressait tendrement avec ses mains chaudes et rassurantes. Je me souviens d'avoir embrassé sa peau douce, juste sous son oreille. Mais il n'arriva pas à avoir d'érection.

— Ce n'est pas grave, Dave.

J'étais sincère.

— Un simple câlin, c'est tout aussi bien.

Mais évidemment, lui voyait ça comme un échec, et il n'eut plus jamais envie d'essayer.

Quand il faisait froid, comme c'est souvent le cas l'été en Angleterre, nous nous promenions sous un ciel de plomb, indifférents au vent ou à la pluie, ma main coincée dans sa poche, ses doigts contre les miens.

Lorsque nous allions boire un verre, je m'asseyais le plus près possible de lui et, au beau milieu d'autres gens, je posais la tête sur son épaule.

Quand j'allais me coucher, il pressait un baiser sur ma joue et me souhaitait une bonne nuit, et, lorsqu'il pensait que je m'étais endormie, je l'entendais partir.

Il imaginait que j'étais dupe, mais je le surprenais chaque fois. Certains matins, il n'arrivait pas à me regarder dans les yeux. Ne voulant pas mettre le sujet sur le tapis, j'essayais de bavarder comme si de rien n'était. Je brûlais d'envie qu'il reste, qu'il vienne dans ma chambre une nouvelle fois. Je voulais que tout se passe bien.

— Vous l'aimiez ? demanda ma thérapeute.

— Oui, je l'aimais. C'est le seul homme que j'aie jamais aimé.

Puis il y eut la nuit où il rentra complètement saoul. À ne pas savoir où il mettait les pieds, il finit par me réveiller. Je sortis du lit, entrai dans sa chambre et allumai.

Il leva la main pour se protéger les yeux tout en balançant légèrement sous l'effet de l'alcool ; je vis qu'il pleurait.

— Où étais-tu, Dave ? demandai-je.

Après coup, je trouve étrange d'avoir posé cette question plutôt que de m'être souciée de ce qui n'allait pas. Je l'agrippai par les épaules et le poussai doucement jusqu'à ce qu'il s'écroule sur le lit. Puis je vis le sang. Son T-shirt en était recouvert, et, lorsque je lui pris la main, je me rendis compte que les articulations de ses doigts étaient à vif. Il avait le visage griffé et l'œil tuméfié ; je savais que quelque chose de grave s'était passé.

Il m'avoua alors où il partait, la nuit.

C'était dans les bars, ceux où les hommes vêtus de cuir et aux regards libidineux allaient chercher du sexe. Il y avait une arrière-salle, non éclairée, où ils se rendaient avec des partenaires qu'ils ne pourraient reconnaître à la lumière. Ces hommes-là ne voulaient pas boire un verre et discuter avant d'aller faire l'amour dans un appartement – si c'était possible avec un inconnu. Ils voulaient du sexe cru dans le noir avec de parfaits étrangers.

Il y avait un garçon dans le bar, expliqua-t-il. Il était différent. Il n'avait pas envie d'aller dans la pièce, il voulait discuter. Il avait des cheveux blonds et des yeux verts magnifiques. Il s'appelait Nicky. Je l'ai suivi dans son appartement.

— Et ?

— On a baisé. Il m'a dit qu'il ressentait quelque chose de spécial, que j'étais différent et qu'il voulait me revoir. J'avais envie qu'il arrête de parler, qu'il me laisse partir, mais il a essayé de me retenir, et ça s'est passé.

— Quoi, Dave ? Qu'est-ce qui s'est passé ?

— Je l'ai frappé. C'est cet air implorant, sur son visage, qui m'a poussé à le faire. Il était beau, et j'avais envie de lui faire mal. De détruire cette innocence. Comment ai-je pu ?... Comment ai-je pu le laisser faire ce que mon père m'a fait, Jackie ? Comment ai-je pu y prendre du plaisir ? Je l'ai frappé. Je lui ai cassé le nez, pire peut-être, et je suis parti.

Je le pris dans mes bras et le laissai verser des larmes pour ce garçon appelé Nicky et celui que lui-même avait été. Je n'avais que quinze ans, mais je me sentais terriblement vieille. Je voulais lui dire que tout irait bien, mais je savais que ce ne serait plus jamais le cas. Je le fis retirer ses chaussures et se coucher. Puis je m'allongeai près de lui. Je collai son corps jusqu'à ce que nos souffles se mêlent. On ne se quitta des yeux que quand il éteignit la lumière. Cette nuit-là, dans les nappes de silence et l'obscurité muette, nous nous sommes parlé de la douleur, de la confusion et de la peine sans prononcer un mot.

Lorsque la nuit a laissé la place aux ombres mauves de l'aube, nous nous sommes endormis. Sa tête pesait sur mon bras, mais je n'ai pas bougé. J'avais envie de sentir son corps contre le mien et son souffle sur mon visage. Je voulais être ce qu'il verrait en premier à son réveil.

Il partit. Il avait peur que la police le recherche, peur de ce qu'il avait fait, mais, surtout, peur de lui-même.

— Retourne chez toi, Jackie, dit-il quand je le suppliai de m'emmener. Tu ne vois pas ce que je suis ?

Mais je ne voyais que Dave, le garçon que j'aimais.

— Tu n'es plus en sécurité avec moi.

— Pourquoi ?

— Parce que.

Il passa la main dans mes cheveux et y enroula ses doigts, qui se crispèrent soudain.

— J'ai l'impression de vouloir blesser tous ceux qui m'aiment.

Ses doigts me faisaient mal.

Il me donna suffisamment d'argent pour que je retourne chez mes parents.

— Ils s'occuperont de toi, m'encouragea-t-il. Tu n'es pas aussi mauvaise que moi, juste un peu paumée. Dis-leur que tu as besoin d'aide, dis-leur la vérité. Mais retournes-y.

Je le lui promis, simplement pour lui faire plaisir.

Il partit le jour même et brisa mon cœur. J'eus envie de pleurer, de trembler sous les sanglots et d'être submergée par l'angoisse, mais, même à cet instant, je ne pus verser une seule larme. Je me brûlai plutôt avec des bougies et mon briquet, je me mordis la lèvre jusqu'à saigner, m'entaillai la plante du pied, mais rien n'apaisa ma douleur.

— Avez-vous eu de ses nouvelles ? demanda ma thérapeute.

— Oui. Mais pas avant la fin de la prochaine partie de mon histoire.

— Et vous l'avez revu ?

— Une seule fois, répondis-je.

Lorsque le propriétaire se rendit compte que j'étais toute seule dans l'appartement, il me chassa. Je savais que Dave avait laissé une caution. Prenant une nouvelle fois mon courage à deux mains, je la réclamai.

— Ce n'est pas la tienne, fillette, pas vrai ? dit-il en me riant au nez. Quand Dave viendra me la demander, je la lui rendrai. En déduisant les dégâts, évidemment, ajouta-t-il en considérant l'appartement avec un sourire méprisant.

Il savait très bien que Dave ne viendrait pas la réclamer.

Je bourrai mon sac d'affaires sous sa surveillance étroite. Puis il tendit la main pour récupérer la clé. J'ignorais qu'il enfreignait la loi en me mettant dehors de cette façon. Mais même si je l'avais su, je n'aurais pas osé protester ; alors, je partis.

L'argent que Dave m'avait donné me permettrait de gagner du temps. Je me rendis directement à l'Union chrétienne des jeunes femmes, mais c'était complet. J'essayai alors un petit bed and breakfast où le responsable, voyant mon jeune âge et que mon seul bagage était un sac miteux, exigea que je le paie aussitôt. Mais cela coûtait trop cher, bien plus que ce que je pouvais me permettre. Je lui dis que je reviendrais plus tard, ramassai mon sac et partis errer dans les rues. J'avais conscience que je ne pourrais pas trouver de chambre : j'aurais beau me tartiner le visage de maquillage ou feindre une certaine assurance, on ne me louerait rien. Non seulement je ne pouvais pas prouver que j'étais assez vieille pour vivre seule, mais je n'avais pas assez pour payer un mois de loyer plus la caution.

Je dus marcher des kilomètres, jusqu'à arriver dans un quartier où il n'y avait qu'un nom sur les portes des grandes maisons. Je longeai des immeubles rouge brique et finis devant chez Harrods, l'énorme magasin chic. Après avoir contemplé ses magnifiques vitrines, je tirai vers le West End. J'y allais un peu par hasard, sans savoir ce que je ferais ensuite. Avant même de m'en rendre compte, j'étais à Piccadilly Circus. C'est là, réalisant que j'en étais devenue une, que je vis vraiment les sans-abri.

Certains étaient recroquevillés dans leurs sacs de couchage, car le fond de l'air automnal était frais.

Une casquette ou un morceau de carton étaient posés devant eux pour recevoir l'aumône.

Une fille pas beaucoup plus âgée que moi, vêtue d'une fine veste en jean et d'un pantalon rapiécé, était accroupie sur le seuil d'une porte. De longs cheveux gras cachaient en partie son visage blafard et, les yeux baissés, elle roulait une cigarette avec des doigts tremblants.

À côté d'elle, une assiette en plastique contenait quelques pièces, histoire d'encourager les passants à donner. Sans lever les yeux, elle ne cessait de répéter « Une petite pièce, s'il vous plaît » à chaque paire de jambes qui passait devant elle.

« À manger pour mon chien », réclamait un jeune affublé d'une veste de treillis kaki et de bottes militaires. Pas vraiment attentif à ce qui se passait autour, son ami fidèle, un chien de chasse placide et bringé, dont la grosse gueule était posée sur ses pattes, était allongé sur une couverture crasseuse aux côtés de son maître.

Se pavanant sur le trottoir tout près, un petit chien blanc avec un collier de cuir et de strass et un manteau en peau de mouton griffé s'arrêta, leva la patte contre un réverbère, puis continua son chemin. Sa maîtresse, une femme d'une vingtaine d'années aux longues mèches blondes et aux bottes à talons aiguilles, tira la laisse de sa main gantée tout en regardant droit devant elle.

Londres, une ville de contrastes : aux yeux de cette femme, les sans-abri étaient invisibles, anonymes, des voix geignardes qui surgissaient de l'ombre des pas de porte. Je me rendis dans une boutique qui vendait du matériel de camping et achetai un sac de couchage bleu foncé avec une doublure jaune vif. Cette nuit-là, trop effrayée pour dormir, je restai assise sur le pas d'une porte, les genoux contre la poitrine et les bras enfouis dans le sac de couchage, où j'avais glissé mon porte-monnaie et le peu d'affaires qu'il me restait.

C'est là que je compris que j'avais touché le fond.

Mes premiers jours dans la rue, j'étais encore assez propre pour ne pas paraître dans la misère. J'allais dans les cafés, mon sac de couchage enroulé dans la grande pochette fournie avec, et j'utilisais leurs toilettes pour me laver le visage et me brosser les dents. Mais, peu à peu, la crasse de la rue s'accrocha à moi, accompagnée de l'odeur âcre de ceux qui dorment dehors.

À moins de l'avoir vécue, il est impossible d'imaginer la déshumanisation que cette situation engendre. On passe ses nuits à trembler de peur qu'on nous vole nos affaires ou, pire, qu'on vienne nous tuer ou nous violer. Le matin, on est réveillés par le bourdonnement du trafic, les voix et les bruits de pas des gens qui passent – qui passent sans nous voir, nous, les invisibles.

Au bout d'une semaine, moi aussi je geignais « Une petite pièce, s'il vous plaît » sur le pas d'une porte avant de ramasser l'argent qu'on avait jeté sur mon bout de carton. Mes cheveux s'aplatirent, la crasse s'incrusta sous mes ongles et dans les rides de mes mains et de mon cou. Désormais, les patrons des cafés chics me chassaient.

— Tu ne peux pas entrer, disaient-ils.

J'avais cessé d'être un être humain à leurs yeux : je n'étais qu'une chose disgracieuse qu'ils ne désiraient pas dans leurs locaux.

Je bougeais sans arrêt, comme tous, en quête d'endroits où les gens se montraient généreux. Shaftesbury Avenue, avec ses théâtres, ses restaurants et ses bars, était ma destination du soir. Les gens affluaient des théâtres ou des pubs dans un élan de bonhomie.

— Une petite pièce, s'il vous plaît, scandais-je encore et encore.

Ma voix venait titiller fâcheusement leur bonne conscience, et ils me lançaient quelques pièces avant de grimper dans le taxi qui les ramènerait dans leur maison au chauffage centralisé. Les pires, c'étaient ceux qui se croyaient dans le devoir de me sermonner :

— Je ne donne pas d'argent, disaient-ils d'un air suffisant. Tu n'as qu'à travailler.

Mais j'avais déjà compris à quel point cela était difficile pour les sans-abri. Nous n'avions aucune adresse à donner ou aucun endroit où se faire un minimum présentable. Les services sociaux ne déboursaient pas un sou pour les gens qui n'avaient pas de logement, et, même si ça n'avait pas été le cas, j'étais mineure et en fugue.

Au fur et à mesure des semaines, je me suis mêlée à la vaste armée invisible des sans-abri et j'ai rencontré d'autres personnes qui, comme moi, avaient fugué. Jeunes et brisées, elles avaient fui un beau-père violent, des parents ivrognes qui les frappaient, des familles d'accueil qui abusaient d'elles et des maisons pour enfants qui les avaient déçues. Tout le monde avait sa propre histoire – et très peu semblaient penser qu'elle finirait bien.

J'y ai découvert un certain sens de la camaraderie. Parfois, il s'agissait de partager un pas de porte, signaler le café qui faisait le petit-déjeuner le moins cher ou les endroits où des bénévoles de nuit venaient distribuer de la nourriture.

Nous essayions d'éviter les anciens, à peine visibles sous leurs tas de guenilles, et dont les dents pourries et les corps crasseux empestaient la piquette.

Les gens qui les croisaient avaient un mouvement de recul, tandis qu'ils poussaient leurs caddies volés remplis de sacs plastique contenant tout ce qu'ils considéraient comme précieux et marmonnaient dans leur barbe, juraient et secouaient le poing vers des démons qu'ils étaient seuls à voir. Incapables de se faire admettre dans le café le plus miteux, ils n'avaient pas d'autre recours que de se trouver un buisson dans un parc ou une allée sombre afin de se soulager. Un jour, une vieille femme qui n'avait plus toute sa tête souleva sa jupe et s'accroupit en plein milieu de la rue. Les automobilistes s'étaient contentés de la contourner. Était-elle venue au monde si seule qu'il n'y avait personne pour s'occuper d'elle ?

— D'où viennent-ils, tous ? demandai-je à un garçon après cet incident.

— Ils se sont fait virer des hôpitaux psychiatriques quand madame Thatcher les a fait fermer, me déclara-t-il. D'après elle, la société allait s'en occuper, mais cette foutue société préfère fermer les yeux.

Il ne semblait pas avoir tort.

L'hiver était froid, et nous cherchions des endroits abrités ou des pas de porte assez profonds pour nous protéger de la pluie cinglante.

Le soir, lorsque la température chutait, certains restaurateurs jetaient de l'eau glacée sur leur pas de porte après leur service afin de nous chasser. Dès qu'elle gelait, il nous fallait trouver un autre endroit où dormir.

Il y avait un restaurant où les jeunes parents aimaient se retrouver pour un brunch, le week-end. Ils laissaient leurs rejetons chaudement habillés à un clown ou un maquilleur et allaient se détendre avec un cocktail avant de commander. Leurs petits étant en bonnes mains, ils savouraient leur déjeuner. Lorsqu'ils partaient, nous restions près de la porte en espérant recevoir quelques pièces. C'était rarement le cas. Les mères faisaient accélérer leurs enfants, craignant sans aucun doute que notre état soit contagieux.

Outré que nous osions rôder près de son restaurant, le responsable était prêt à tout pour nous chasser. Il ne se contenta pas de jeter de l'eau pour qu'elle gèle.

Non, il préféra attendre que nous nous glissions dans nos sacs de couchage et que nous nous blottissions les uns contre les autres.

Là, il alluma les tuyaux d'arrosage à haute pression, ceux qu'on utilisait pour nettoyer la rue, et les projeta vers nous. Des jets d'eau glacée nous inondèrent ainsi que nos affaires. La pression était si puissante qu'une fille assez légère fut propulsée contre les portes.

— Je veux nettoyer les rues de la vermine, a-t-il dit en éclatant de rire devant les dégâts qu'il avait causés.

Abasourdis par sa cruauté, nous avons rassemblé nos affaires ruinées et sommes partis en rampant. Mon précieux walkman fut détruit cette nuit-là.

Cette affaire fit scandale : les journaux publièrent ses propos, et les gens furent choqués par son sadisme, mais cela ne changea rien au nombre de pièces qu'on me jetait.

Au bout d'un mois, j'étais habituée à ma puanteur, à mes cheveux gras et à la crasse de mes vêtements. Mon apparence ne m'importait plus. D'épais pulls trop grands pour moi dénichés dans des boutiques de charité étaient devenus ma tenue de nuit, les marches, ma chambre, les quelques toilettes publiques, qui ne proposaient que de l'eau froide, ma salle de bains, et les solvants, ma nouvelle drogue.

Envisageais-je de retourner chez moi ? Non. Envisageais-je un avenir ? Parfois, peut-être, un vague instant. Le simple fait d'exister consumait toute mon énergie. Si la fillette de cinq ans a surgi, aucune des loques humaines qui m'entouraient ne s'en est rendu compte. J'ignore alors si elle est apparue en se demandant dans quel monde elle avait atterri, avant de repartir illico. Je doute fortement que les sans-abri me l'auraient dit. Personne ne critiquait qui que ce soit.

S'ils avaient vu quelque chose, ils l'avaient sûrement attribué à un effet secondaire de la colle que j'avais sniffée et m'avaient laissée tranquille.

46

La pluie et la neige fondue n'étaient pas nos seuls ennemis. Il y avait également les vents violents qui venaient nous les plaquer contre le corps.

Nous camouflions du mieux possible nos sacs de couchage avec ce que l'on trouvait – des bouts de carton, des sacs plastique ou encore des pièces de natte. Mais, malgré nos efforts, l'eau s'infiltrait et nous trempait, ainsi que tout ce que nous possédions.

C'est un de ces soirs où la pluie dégoulinait de mes cheveux et de mon visage, où mes dents claquaient de froid et ma voix tremblait en tentant une nouvelle fois de réclamer une pièce à une paire de jambes, que j'entendis un homme qui, je le compris après quelques secondes, s'adressait à moi.

— Tu as l'air frigorifiée, dit-il.

L'ancienne moi aurait pu marmonner quelque chose du genre « Sans déc' » ou « T'es un malin, toi ! », mais la pluie et le froid avaient balayé cette personne. Je levai les yeux, simplement pleine de gratitude face au souci que ces mots affichaient.

Il était jeune, vingt-cinq ans peut-être, et étonnamment charmant : grand, mince, des cheveux noirs tirés en arrière sur un visage anguleux et des yeux vert foncé, qui se plissèrent lorsqu'il me sourit.

— Viens, dit-il. Je t'offre une boisson chaude et quelque chose à manger. Dans un café, ajouta-t-il aussitôt, au cas où je douterais de ses intentions.

Ce fut le soir où je rencontrai Eddie.

Il m'emmena dans une pizzeria, au-delà de St. Martin's Lane. Une vague d'air chaud imprégnée de l'odeur de l'ail et de la pâte à pizza m'accueillit lorsque nous sommes entrés.

Le bourdonnement des conversations dans cet endroit bondé, avec ses jolies nappes rouges à damiers et ses bougies plantées dans des bouteilles de chianti, sans parler du fait de penser à de la vraie nourriture, me détendit pour la première fois depuis ce qui semblait être des semaines.

Il me retira mon manteau, et mes vêtements froids et humides se mirent à fumer dans la chaleur.

— Prends un verre de vin rouge, ça te fera du bien et ça redonnera de la couleur à tes joues, dit-il tout en me servant le vin qu'on avait apporté à notre table. Choisis ce que tu veux en garniture ! me lança-t-il.

Je ne savais pas où donner de la tête : fromage, salami, poulet, fruits de mer, artichauts. Je lui demandai de choisir pour moi en lui disant que n'importe lequel de ces ingrédients serait parfait. Il commanda deux énormes pizzas à la pâte fine et croustillante, avec toutes les garnitures possibles. Quelques minutes plus tard, j'avais mon assiette sous les yeux.

Des fils de fromage pendaient de mon menton tandis qu'avec mes doigts crasseux, je dévorais ma pizza, faisant fi des bonnes manières dont ma mère m'avait bourré le crâne. Je ne touchai ni à mon couteau ni à ma fourchette. C'était bien plus facile d'enfourner de gros morceaux de pizza avec les mains. Sans me faire prier, je fis descendre mon repas à grandes gorgées de vin rouge.

Tout en m'observant manger, le jeune homme me demanda ce qui m'était arrivé, pourquoi je m'étais retrouvée dans la rue. Il me resservit du vin et, avant même de m'en rendre compte, je lui avais révélé tous les détails des deux dernières années de ma vie : mes parents m'envoyant dans une école spécialisée, ma fugue et mon arrivée à Londres. Incapable de parler de Dave, je me contentai de lui dire que l'ami avec qui je vivais avait quitté notre appartement.

— Et qu'est-ce qui s'est passé ensuite ? demanda-t-il.

— Le proprio est venu et m'a mise à la porte.

— Et tes parents ? Tu n'aurais pas pu aller les voir ?

— Ils ne veulent pas de moi, répondis-je en ignorant le fait que, si je les avais appelés, mon père ne m'aurait pas tourné le dos.

— Alors, tu n'as nulle part où aller ? demanda-t-il. Aucun ami qui peut t'aider ?

Je fis non de la tête.

— Quel âge as-tu ?

— Quinze ans, admis-je en confirmant ce qu'il avait soupçonné : que j'étais une fugueuse mineure.

— Tu es très jolie, trop jolie pour vivre dans la rue. Tu as de la chance d'avoir survécu aussi longtemps.

Pourquoi ne me suis-je alors pas méfiée ? Sûrement parce qu'il était charmant et jeune.

Il m'apprit qu'il avait une sœur de mon âge et qu'il ne supporterait pas le fait de savoir qu'elle pût vivre comme moi. Il espérait que, si elle devait se retrouver dans une telle situation, quelqu'un viendrait la sortir de là.

— Je peux t'offrir un lit, avec des draps propres, et tu pourras prendre un bon bain chaud et laver tes vêtements, m'annonça-t-il. Je veux t'aider.

Bon, pensai-je, *au pire, il voudra coucher avec moi.*

J'avais tort. Ce n'était pas le pire, c'était même bien loin de l'être.

Il me fit d'abord fumer, et je retombai dans cet état paisible.

Puis il me fit prendre autre chose.

Ce soir-là, il m'emmena dans son appartement. Comme un chiot tout content d'avoir trouvé un nouveau foyer, je trottais à ses côtés.

Il me fit couler un bain bien chaud, y versa une lotion parfumée et me laissa m'y plonger jusqu'aux oreilles. Il me prépara un peignoir tout doux dans lequel me glisser ensuite et un grand T-shirt qui ferait figure de pyjama.

Il me montra la chambre d'amis, ouvrit le lit et laissa la lampe de chevet allumée.

Cette nuit-là, je dormis d'un sommeil paisible.

Le lendemain matin, il reprit son rôle de grand frère. Il me prépara le petit-déjeuner, me posa d'autres questions sur ma vie et, pour la première fois depuis le départ de Dave, je me sentis en sécurité.

C'est ainsi que je me suis installée avec Eddie, ce garçon grand, charmant et empathique, qui gardait bien au chaud tout ce que je lui avais révélé lorsque le vin rouge avait envahi mon ventre vide.

J'aurais aimé ne jamais le rencontrer.

47

Je compris trop tard qu'Eddie allait utiliser ces informations contre moi.

Je savais très bien ce qui pouvait arriver aux filles qu'on « sauvait » de la manche. Certaines avaient découvert que les rues de Londres n'étaient pas pavées d'or. Tremblantes au coin d'une rue, elles attendaient qu'un client s'arrête. Alors, je les regardais avec curiosité grimper dans la voiture et s'éloigner, puis être redéposées un peu plus tard. D'autres hommes étaient venus les chercher au petit matin, les mêmes qui les avaient déposées dans les rues une fois la nuit tombée. J'avais entendu des bruits comme quoi elles vendaient leur corps et que la plupart de leurs revenus allaient à leurs proxénètes.

Mais ça ne pourrait jamais m'arriver, n'est-ce pas ? J'étais bien trop maligne.

Pourtant, ça m'est arrivé.

Oh ! pas tout de suite – ce fut un processus graduel, jusqu'à ce que je me retrouve un jour dans une chambre avec un inconnu.

— Vous devez vous demander, dis-je à ma thérapeute, qui ne m'avait encore fait part d'aucune remarque, quelle était la différence entre cette situation et ce que j'avais fait plus jeune. Il y en avait une. Souvent, la première fois que ces hommes me parlaient, c'était pour me dire de me déshabiller. Mon corps ne m'appartenait plus, mais l'argent non plus. C'étaient encore les drogues qui me contrôlaient, c'étaient elles qui me piégeaient. Seulement, cette fois, je ne me contentais pas de fumer du shit et de gober quelques pilules de Mandrax.

— Racontez-moi comment ça a commencé, Jackie, me dit-elle simplement, et je poursuivis mon histoire.

Mes débuts avec Eddie furent merveilleux. Le premier jour, nous avons dévalisé les magasins : j'avais l'impression d'être une enfant dans une boutique de bonbons, une enfant gourmande à qui cela manquait depuis trop longtemps.

— Jetons un œil à tes vêtements, m'avait-il dit plus tôt dans la journée.

Il avait plissé le nez de dégoût à la vue de mes habits froissés et crasseux.

Il me dégota un jean correct et un T-shirt noir.

— Ça fera l'affaire en attendant d'acheter autre chose.

Je lui demandai comment je pouvais le rembourser. Il voulait m'aider ; je n'avais pas à m'inquiéter de ça. Ce que je fis, car j'avais envie de croire en lui.

— D'abord, des fringues funky pour sortir. Je t'emmène en boîte ce soir, m'annonça-t-il.

Dans une première boutique, il me choisit des hauts à bretelle pastel et une veste en cuir noire et courte.

— Des jupes ! lança-t-il lorsque je protestai que j'aimais les jeans.

Il me trouva des jupes courtes qui s'évasaient au-dessus du genou, puis des bas résille. Il me fit sortir de la cabine d'essayage et tourner sur moi-même pour chaque vêtement. Comme une écolière, j'obéissais à chacun de ses ordres pendant qu'il m'observait paresseusement. Si j'avais eu conscience de la réalité, si j'avais compris ce qu'Eddie avait en tête, qu'il voyait chaque achat comme un investissement, je me serais rendu compte que le regard qu'il me lançait était plutôt celui d'un dresseur donnant un rapide coup d'œil à un cheval de course pas encore testé. Il me pesait, il imaginait l'argent qu'il gagnerait si je tenais toute la distance. J'aurais peut-être été moins insouciante, si j'en avais eu conscience. Mais je ne me doutais de rien. En manipulant ces vêtements, je pensais qu'un miracle s'était produit et je n'avais rien d'autre en tête.

— Des chaussures, dit-il en posant les yeux sur ma paire usée par les intempéries et en ignorant ma supplication d'avoir une nouvelle paire de Dr. Martens.

— Des talons hauts, trancha-t-il, et il prit une paire noire et des bottines en daim de la même couleur, qui arboraient toutes deux des talons aiguilles de dix centimètres.

Puis il m'entraîna dans une autre boutique dont le rez-de-chaussée semblait entièrement dédié au maquillage et au parfum.

— Du rouge ! lança-t-il lorsque ma main s'aventura vers un rouge à lèvres orange.

En quelques minutes, tout un tas de cosmétiques étaient prêts à être emballés. Eddie jeta un simple coup d'œil à la note, comme si elle importait peu, puis il sortit de nouveaux billets de son portefeuille et paya.

Il me dirigea vers la section sous-vêtements, où il veilla à ce que je prenne des tenues noires et rouges, plutôt que les blanches et roses que j'aurais pu choisir. Enfin, il m'emmena au dernier endroit qu'il avait prévu pour moi : le coiffeur Michaeljohn, près de Regent Street.

— Ça va achever ta transformation, dit-il en me laissant là-bas. Je reviens te chercher dans deux heures.

— On coupe et on fait des mèches, m'annonça la coiffeuse en remontant mes cheveux.

Évidemment, Eddie avait déjà donné ses instructions. La fille que j'avais laissée derrière moi, lorsque j'étais arrivée dans la rue, se serait sûrement plainte, mais j'étais simplement perplexe par ce changement soudain dans ma vie.

La coiffeuse passa les doigts dans quelques-unes de mes mèches et déclara que j'aurais besoin d'un sacré démêlant.

Je n'ai pas vraiment eu l'occasion d'en utiliser un dans les toilettes publiques, pensai-je.

Une manucure fit son apparition, et mes ongles cassés furent limés et couverts d'un rouge brillant avant même que je puisse choisir ma couleur. Eddie semblait avoir tout prévu.

Deux heures plus tard, j'étais prête. Mes cheveux, désormais luisants et plus clairs, tombaient en souplesse sur mes épaules. Mon apparence de clocharde avait disparu, certes, mais j'avais l'air d'une adolescente plutôt débraillée avec une nouvelle coupe de cheveux.

Puis je me souvins de tous mes nouveaux vêtements : j'allais totalement changer.

Eddie m'attendait à l'accueil du salon. Il me dit que j'étais superbe, laissa un pourboire extravagant à la coiffeuse et m'emmena manger quelque chose dans un petit bar à vins dont il connaissait le patron.

C'était un endroit élégant, avec des tables de bois clair, des chaises rembourrées et des bouquets de fleurs à l'entrée. On ne fit aucune référence à mon âge lorsqu'il me commanda, sans me demander mon avis, un verre de vin blanc et un club-sandwich.

Il héla un taxi à la sortie du bar et, entourée de sacs, je m'enfonçai dans le siège, heureuse.

De retour à l'appartement, je fis ce que j'avais fait presque trois ans auparavant. Je sortis le maquillage et créai une nouvelle « moi ». J'enfilai mes nouveaux vêtements et allai voir Eddie avec un sourire de timidité et de plaisir, car je savais à quoi je ressemblais.

Ce soir-là, nous sommes allés dans une discothèque. Trois hommes baraqués saluèrent Eddie comme si c'était un ami de longue date et nous laissèrent entrer.

Cet endroit, tout de chrome et de verre, où des hommes de tous âges portaient des costumes, et les filles, très peu de chose, ne ressemblait en rien aux discothèques où je m'étais rendue avec Dave. Le rez-de-chaussée était composé d'un bar tout en longueur avec un miroir à l'arrière, des shakers en argent et des serveurs habillés de noir, et d'un petit restaurant derrière un mur de verre.

Au sous-sol, qui avait dû à l'époque être une cave, il y avait une piste de danse où un DJ mixait et scratchait, tandis qu'au-dessus de nos têtes, la boule à facettes en argent pivotait en nous illuminant de diverses couleurs.

Nous avons dansé au rythme sourd de la musique, puis nous sommes retournés boire d'autres verres là-haut.

Eddie semblait connaître énormément de gens chics dans cette boîte. Il m'emmena dans une pièce et partagea un joint avec moi.

— Cool, dis-je en aspirant la fumée.

Je n'avais pas pris d'herbe depuis des mois.

Le restant de la soirée, j'ai dansé, j'ai ri, je me suis sentie heureuse et insouciante, et les deux semaines qui suivirent furent dans la même lignée.

48

Il voyait ça comme une « faveur ». Un de ses amis voulait me rencontrer, m'inviter à dîner. Je n'avais qu'à me montrer d'agréable compagnie. Cela l'aiderait pour ses affaires, au sujet desquelles il était demeuré assez vague. Que pouvais-je dire ? Il avait changé ma vie, m'avait sortie de la rue, m'avait offert un endroit où rester.

Ce fut la première fois qu'il ajouta quelque chose au tabac et à la marijuana.

— Tu vas te sentir bien avec ça, dit-il en me passant le joint.

Il avait raison. En quelques minutes, j'avais l'impression d'être enveloppée du plus doux des cotons. Mon corps était totalement détendu, et je fus envahie d'une euphorie somnolente. Je n'avais jamais plané comme ça ; c'était mille fois plus puissant que la plus forte des herbes ou ce que me procurait le Mandrax.

Ce fut ma rencontre avec l'héroïne.

Lorsqu'il me mit dans un taxi et demanda au chauffeur de m'emmener quelque part dans le quartier de Bayswater, j'avais chaud et je planais toujours.

— C'est son appartement, me dit-il en me donnant son nom.

Évidemment, cet homme et moi ne sommes jamais allés dîner.

Il y eut d'autres faveurs, et d'autres joints auxquels venait s'ajouter cette chose qui me faisait planer. Tous ces hommes n'excellaient pas dans l'art de la conversation – après tout, nous savions très bien pourquoi j'allais chez eux –, mais j'écoutais tout de même leurs excuses. Coucher avec une fille comme moi, ce n'était pas vraiment être infidèle.

— J'aime ma femme, disaient la plupart.

L'un d'eux répondit même à l'appel de la sienne et le lui assura alors qu'il était encore en moi.

49

Je pense que, si je n'avais pas rencontré Gina, j'aurais fini à faire le tapin dans King's Cross, attendant désespérément de pouvoir me faire mon prochain shoot. C'est ce qui est arrivé à d'autres filles ayant eu le malheur d'être « sauvées » par Eddie.

Je me souviens parfaitement du soir où je l'ai rencontrée.

Eddie, dans l'un de ses accès de bonne humeur de plus en plus rares, m'avait emmenée dans un petit café-concert, dans Hammersmith. Avant de partir, nous avons fumé quelques joints et, pour une fois, il me laissa porter un jean coincé dans mes bottes, et ma vieille veste de cuir, qui me rappelait Dave.

Trois groupes jouaient ce soir-là, mais c'était le dernier qui valait le coup, selon Eddie. Le batteur, visiblement renommé, eut droit à un tonnerre d'applaudissements lorsqu'il s'installa derrière sa batterie. Avec une maîtrise incroyable de son corps, il marquait le rythme par-dessus les guitares électriques et les voix amplifiées du groupe. La foule s'excita davantage quand le chanteur s'avança au bord de la scène et, tout en sautant, elle en réclamait encore après chaque morceau.

C'est là que je vis Gina, même si, à cet instant, je ne connaissais pas encore son nom. J'étais toujours sous l'effet du joint et du vin que j'étais en train de boire lorsque je vis un visage au teint olivâtre avec une grande bouche sans aucun maquillage et des cheveux châtain foncé, presque noirs, qui tombaient en cascade sur ses épaules. Ses longues boucles d'oreilles argentées scintillèrent quand elle rejeta la tête en arrière en riant de ce qu'une personne de son groupe avait dit.

Je sus immédiatement que je voulais la connaître. Je savais également bien plus de choses que le soir où j'avais rencontré Eddie. J'étais consciente qu'il ne voulait pas que j'aie d'amis. Des amis pouvaient me mettre certaines idées en tête.

Je n'ignorais pas que c'était l'héroïne mélangée à la marijuana qui me procurait cette euphorie dont je commençais à avoir un besoin maladif. J'avais conscience qu'Eddie était un dealer bien plus important que Dave.

Je savais qu'il avait des filles qui avaient totalement sombré à cause de l'addiction et qui faisaient le tapin pour lui dans King's Cross – j'en avais rencontré quelques-unes à l'appartement. Il semblait prendre un certain plaisir à ce que je les voie, à ce que je me rende compte de ce qui m'arriverait si je refusais de faire ce qu'il considérait comme un « boulot sympa ».

Ce qui voulait dire : être envoyée dans des hôtels ou des appartements classieux, plutôt que de faire le trottoir et de sucer à l'arrière des voitures. Comme moi, certaines avaient vécu chez lui et pourvu aux besoins de ses clients « haut de gamme », comme il aimait les appeler. Mais dès que leur physique avait pâti de la drogue, elles s'étaient retrouvées dans des endroits insalubres.

J'avais appris qu'Eddie ne travaillait pas seul. Il avait dans sa poche les portiers, les barmen et les propriétaires de boîtes de nuit.

Il leur fournissait la drogue et les filles, et ils recevaient une commission chaque fois qu'ils lui trouvaient un nouveau client. En échange, ils signalaient si une fille « dépassait les bornes ». Il utilisait toujours cette expression quand l'une d'elles tentait de se défaire de son emprise ou de travailler pour son compte.

J'appris également que, lorsqu'on dépassait les bornes, ça finissait mal.

Dave avait roué de coups un garçon qui lui avait extorqué de la drogue, mais Eddie avait tabassé des filles qui avaient essayé d'empocher plus d'argent que ce qu'il estimait être leur part de ce qu'elles gagnaient en se prostituant. Selon lui, il les possédait. Je m'étais mise à craindre Eddie. Je savais que j'étais piégée.

50

Dans un bar bondé, impossible de tout contrôler. J'ai profité d'un moment où Eddie parlait avec d'autres gens pour me faire accepter dans le groupe de Gina. J'appris qu'ils venaient là tous les vendredis soir, et j'étais décidée à les revoir. Mais comment y parvenir ?

Mon souhait fut exaucé deux semaines plus tard. Eddie devait se rendre à Brighton pour des affaires.

— Je rentre demain, m'annonça-t-il.

— Ça te dérange si je retourne dans ce bar pour aller écouter un peu de musique ? lui demandai-je en essayant de paraître indifférente à sa réponse.

Il était de bonne humeur, car il avait prévu de rencontrer ses « contacts » de Brighton. De nouvelles boîtes s'y ouvraient, et il préparait un réseau pour fournir de la drogue.

Il sourit et dit « Pas de souci », n'imaginant pas un seul instant que ce n'était pas forcément que la musique qui m'intéressait. Il sortit quelques billets de la liasse qu'il avait toujours dans sa poche et me les donna.

Quand les choses se passaient bien pour lui, Eddie pouvait être généreux, mais j'avais déjà vu ce qu'impliquait sa mauvaise humeur.

— Assure-toi que le patron t'appelle un taxi pour rentrer, dit-il. Ça craint, parfois, ici.

Peut-être s'inquiétait-il vraiment, mais, connaissant Eddie, il voulait sûrement se garantir que je regagne l'appartement directement après la fermeture.

Lorsque j'arrivai au café-concert, Gina et ses amis étaient déjà là, et ils m'accueillirent avec des sourires. Au fur et à mesure de la soirée, je compris qu'ils savaient très bien qui était Eddie mais aussi ce qu'il faisait.

— Tu es sa toute dernière ? me demandèrent-ils d'un air plus entendu que sentencieux.

Ce soir-là, pour la première fois, je me suis forcée à admettre ce qu'était Eddie, et ce que j'étais devenue.

Depuis ce moment-là, je me suis sentie liée à Gina. J'aimais sa façon de rire, j'aimais le tintement de ses bracelets d'argent lorsqu'elle dégageait son épaisse crinière de son visage. Par-dessus tout, j'aimais la facilité avec laquelle, sachant ce que je faisais, elle m'avait permis de me joindre à son groupe d'amis.

Je m'arrangeais pour la rencontrer dans la journée, lorsque je réussissais à trouver une excuse pour quitter l'appartement.

Occasionnellement, il y avait des soirs où Eddie n'avait pas de travail pour moi, ou alors il partait pour ses affaires. Le café-concert était l'un des rares endroits où il me laissait aller seule sans souci.

Pour la première fois depuis le départ de Dave, j'avais une idée de ce qu'était une vie normale et je brûlais d'envie d'en faire partie, d'être une simple adolescente sans problèmes. J'avais aussi de plus en plus envie d'être avec Gina. La nuit, lorsque je m'endormais, son visage apparaissait, et j'entendais son rire résonner dans ma tête.

Hormis Dave, je ne m'étais jamais intéressée aux garçons. Jusqu'à ma rencontre avec Gina, j'imaginais que je n'appréciais tout simplement pas les hommes, mais, à force de penser à elle, je me mis à accepter le fait qu'il devait y avoir une autre raison à cela.

Peut-être Eddie m'avait-il un peu trop surprise en train de rêvasser ou peut-être lui demandais-je trop souvent si je pouvais sortir. Quoi qu'il en soit, il décida de me lier à lui d'une nouvelle façon. Il m'initia à la seringue et à l'effet surprenant de l'héroïne lorsqu'elle était injectée directement dans une veine.

Il s'occupa de tout, cette première fois : il serra le garrot autour de mon bras, tapota jusqu'à ce que la veine soit bien visible, et glissa l'aiguille.

L'effet fut immédiat, et bien plus intense que lorsque j'avais fumé la drogue. C'était irréel. C'était magnifique, et j'en revoulais.

La première fois est toujours la meilleure, mais il n'empêche que par la suite on est constamment à la recherche de cette sensation d'extase. Ce n'est pas pour rien qu'on appelle cela « chasser le dragon ».

51

— Il faut que tu t'en ailles, insista Gina. Il faut que tu mettes un terme à toute cette histoire de drogue, Jackie. Tu as vu ce qui arrive aux filles qui prennent ces trucs-là. Et c'est Eddie et les types de son espèce qui les rendent camées. Comme ça, elles ne peuvent pas les quitter.

— Il me retrouverait, répondis-je.

Je lui parlai d'autres filles qui avaient pensé pouvoir lui échapper. Grâce à son réseau, il les avait retrouvées, et elles s'étaient fait tabasser.

Puis, couvertes de bleus et meurtries, il leur avait refusé la drogue qu'elles crevaient d'avoir jusqu'à ce qu'elles aient accepté de refaire le trottoir.

— Il ne les laisse jamais partir, même si elles en sont au point de se vendre pour dix livres. C'est une question de principe. Une s'en va, d'autres peuvent suivre. Il préférerait les voir mortes.

— Ouais, j'ai déjà entendu tout ça, répondit Gina. Mais je n'y crois qu'à moitié.

— Eh bien, fais-moi confiance ! lançai-je, l'air sombre.

S'il était capable de battre presque à mort une fille qui faisait le trottoir, que me ferait-il ? J'avais conscience que je lui faisais gagner beaucoup d'argent.

Quatre ou cinq hommes par semaine lui rapportaient environ mille livres, avec lesquelles il me nourrissait et m'habillait, m'envoyait chez le coiffeur et m'offrait un cadeau de temps à autre. Avec dix filles sur King's Cross, il ne gagnait pas autant. Même moi, je comprenais qu'une mineure docile lui rapportait beaucoup d'argent.

Mais, malgré ma crainte de lui, Eddie avait commis une erreur lorsqu'il m'avait montré ses filles les plus déplorables, celles aux yeux tuméfiés et au teint blafard qu'arborent les drogués. En faisant cela, il m'avait montré mon avenir.

Même si j'avais dit ne pas vouloir de cet avenir, cela ne suffisait pas à Gina. Un soir, elle me fourra dans un taxi et m'emmena dans les coins où certaines de ces filles travaillaient. J'en vis qui avaient peut-être deux ans de plus que moi. Leurs jambes grêles ne semblaient même pas assez fortes pour les soutenir.

Dès qu'une voiture passait, elles braquaient les yeux sur le conducteur en espérant qu'il s'arrête. Elles portaient des mini-jupes, qui dissimulaient tout juste l'entrejambe, et des hauts à fort décolleté, tandis que leurs pieds étaient enfoncés dans des talons aiguilles de compétition. C'étaient presque toutes des blondes décolorées aux cheveux crêpés, et tous ces visages peinturlurés affichaient l'air hagard des camés.

— Regarde-les, Jackie, dit Gina. C'est ça, ton avenir, si tu ne pars pas. Elles risquent leur vie chaque fois qu'elles grimpent à l'arrière d'une voiture, mais est-ce qu'elles s'en inquiètent ? Non, Jackie. La seule chose qui importe pour elles, c'est leur prochain shoot. Et, pire encore, est-ce que des hommes comme Eddie s'en inquiètent ? Non. Ces filles ne sont pas des personnes, pour ce genre de mecs, elles représentent juste de l'argent. Ils peuvent les remplacer lorsqu'elles meurent, tuées par un client ou par une mauvaise drogue. Réfléchis, Jackie : aucune de ces filles n'est venue au monde en étant droguée. Elles ont été des enfants et, même si ça ne se passait pas forcément bien chez elles, elles avaient un avenir. Elles n'en ont plus, désormais. Elles auront de la chance si elles fêtent leur trentième anniversaire – ou pas, selon la façon dont tu vois les choses. Tu es sa préférée, maintenant, mais tôt ou tard il trouvera une autre âme en peine, plus jeune que toi, il la camera et la fera travailler. Tu dureras peut-être un peu plus longtemps que la plupart. Il a eu de la veine de tomber sur toi. Il n'avait sûrement pas imaginé à quel point tu étais jolie – mais tu ne dureras pas toute la vie. Tu sais, ces mecs vers qui il t'envoie, ils aiment le changement. Ils veulent de jeunes innocentes. Ils n'ont pas tout le temps envie de la même fille, ça enlève le côté excitant, au final. Ouvre les yeux, Jackie. Eddie et ses potes sont des enfoirés, et, quand tu ne lui rapporteras plus assez, il t'enverra faire le trottoir avec elles, ajouta-t-elle en désignant toutes ces filles tristes qui avaient clairement connu des jours meilleurs.

Elle se tut et me laissa réfléchir à ce qu'elle m'avait montré. Le taxi nous déposa dans un café. Une fois que nous fûmes installées, elle aborda le sujet de mon addiction.

Elle me parla d'un centre où on pourrait m'aider à décrocher de l'héroïne en me donnant d'autres drogues, bien plus légères.

— Tu sais, ils ne s'attendent pas à ce que tu t'arrêtes d'un claquement de doigts.

J'avais quand même un doute. Où irais-je ? Que ferais-je ? Cela faisait un an qu'Eddie contrôlait ma vie, jusqu'à ce que je portais et mangeais. Le simple fait de devoir prendre mes propres décisions m'effrayait tout d'un coup.

Gina joua alors sa carte maîtresse.

— Allez, Jackie ! Tu peux rester chez moi, si c'est ça qui t'inquiète. J'ai juste envie que tu t'en sortes.

Je commençais enfin à hésiter.

— Je prendrai un jour de congé pour t'accompagner à la clinique, offrit-elle généreusement.

Elle m'annonça qu'elle en avait parlé à Anna, la fille avec qui elle partageait son appartement, et elles voulaient toutes les deux m'aider.

— Très bien, je vais le faire, décidai-je.

52

Le jour où j'ai quitté Eddie, j'étais terrifiée qu'il entre dans l'appartement et me surprenne. Tremblante, j'enfilai à la hâte quelques vêtements et ma musique dans des sacs plastique. J'avais dit à Gina de m'attendre dehors dans un taxi. Je voulais pouvoir y sauter aussitôt et filer rapidement.

Je ne pris ni les mini-jupes ni les petits hauts. Ce dont j'avais besoin, c'étaient les jeans et les T-shirts. Je trouvai environ trois cents livres cachées dans sa chambre. Ce n'était rien comparé à ce que je lui avais rapporté, pensai-je en les fourrant dans ma poche. Je rassemblai mes affaires, enfilai ma veste en cuir, détalai de l'appartement et bondis dans le taxi.

Les semaines qui suivirent furent difficiles. Je me rendis en cure de désintoxication, et, même avec la méthadone, décrocher de l'héroïne était bien pire que ce que j'aurais pu imaginer. Je frissonnais sans cesse, j'étais constamment en sueur, et chaque parcelle de mon corps semblait subir la torture. Tant de fois, j'ai voulu tout laisser tomber, trouver un dealer, injecter l'héroïne dans mes veines et me sentir en paix, mais, dans ces moments-là, je me rappelais ces filles avec leurs regards morts.

Ce qui me restait de mon esprit combatif m'incitait à persévérer. Ou peut-être étaient-ce mes sentiments pour Gina.

Le pire effet secondaire de cette cure fut la réapparition de la fillette de cinq ans. Les médecins m'avaient expliqué que c'étaient les drogues qui l'avaient tenue éloignée.

La méthadone modéra la fréquence de ses apparitions et, peu à peu, je commençai à me sentir mieux. Je pris quelques kilos et me mis à penser que j'avais réussi à changer le cours de ma vie.

Lorsque j'eus terminé mon traitement, je recontactai mes parents. Craignant qu'ils découvrent la provenance de l'appel, je ne l'avais fait qu'une seule fois auparavant. J'avais l'impression que reprendre contact avec eux faisait partie du processus de guérison.

Ma mère se montra distante, mais mon père était très heureux de me parler et me demanda si j'allais bien. Je lui annonçai que je ne me droguais plus et que j'allais chercher du travail. J'avais des amis qui m'aidaient.

— Si tu as besoin de quoi que ce soit, je peux t'envoyer de l'argent, proposa-t-il.

Avais-je espéré qu'il me lance « Où es-tu, que je vienne te voir ? ». Peut-être, mais je me consolai en me disant qu'il m'avait au moins proposé quelque chose, même si ce n'était que de l'argent.

J'adorais vivre dans l'appartement de Gina. Anna, sa colocataire, était une femme trapue qui regardait le monde à travers sa myopie, dissimulée derrière des lunettes aux verres épais. Elle était aux petits soins pour moi. Je savais bien qu'elle était amoureuse de Gina. Mais elle était si gentille avec moi que je n'arrivais pas à être jalouse.

J'envisageais sérieusement de trouver du travail. Comme mon seizième anniversaire était passé, je n'étais plus une fugueuse mineure. Mon bien-être à l'état embryonnaire me rendait négligente. J'avais oublié qu'Eddie avait des espions partout. Nous avions beau faire attention à ne pas fréquenter le café-concert où j'avais rencontré Gina, notre groupe d'amis allait tout de même dans d'autres endroits où, nous l'ignorions, des videurs et des barmen faisaient affaire avec lui. Je ne sais pas qui lui signala où il pouvait me trouver, mais il me trouva.

Lorsque je le vis, je n'étais ni dans un bar ni dans une boîte, mais dans la rue, en plein jour.

— Hé ! Jackie, appela-t-il.

L'effroi me paralysa.

Il me rattrapa à grandes enjambées. Il avait davantage l'air calme que furieux, ce qui me terrifia d'autant plus.

— Va-t'en, lâchai-je en pensant que les gens qui nous entouraient s'assureraient qu'il ne me faisait rien de mal.

— Ne dis pas n'importe quoi, Jackie. Tu rentres avec moi, répondit-il en me saisissant le bras.

Je lui lançai un regard de défi. Il ne pouvait rien me faire en plein jour, à la vue de tout le monde, n'est-ce pas ?

— Hors de question, répliquai-je. Tu n'as pas à m'obliger.

Je dégageai mon bras et m'éloignai.

Mais la présence d'autres gens ne faisait pas peur à Eddie. J'aurais dû me souvenir de ce que j'avais raconté à Gina. Il préférait voir une fille mourir plutôt que de lui échapper. Je n'avais dû faire que quelques pas lorsque je sentis la douleur atroce du couteau qu'il me planta dans le dos.

53

J'entendis les pas d'Eddie s'éloigner, puis tout devint noir.

Ce dont je me souviens ensuite, c'est de m'être réveillée à l'hôpital, sans pouvoir, pour la deuxième fois de ma vie, me rappeler comment j'étais arrivée là.

Les médecins m'assurèrent que j'avais eu de la chance. Si le couteau s'était trouvé un tout petit peu plus haut et avait touché mes vertèbres ou un organe vital, l'hémorragie m'aurait tuée. En tout cas, j'avais perdu beaucoup de sang. Avec le choc qu'avait subi mon organisme, ils voulaient me garder quelques jours en observation. Ils me demandèrent le numéro de téléphone de mes parents, mais je réussis à leur faire gober qu'ils étaient à l'étranger, et je donnai plutôt celui de Gina.

Elle arriva plus tard dans la journée. La police également : un brigadier d'une cinquantaine d'années, avec les yeux fatigués de celui qui a trop côtoyé la mort et la violence, et un jeune agent. Ils débarquèrent avec leurs carnets, des regards de compassion et tout un tas de questions. La première fut :

— Connais-tu ton agresseur ?

La peur m'empêchait de dire la vérité.

— Non.

Pouvais-je décrire la personne qui m'avait agressée ?

Encore une fois, non.

L'infirmière vint à ma rescousse.

— Ça ira pour aujourd'hui ! lança-t-elle sévèrement. Elle a besoin de repos.

Mais je savais qu'ils reviendraient.

J'avais raison. Ils revinrent le jour suivant, mais cette fois j'avais préparé ma version des faits. D'après moi, si je leur donnais le nom d'Eddie, il me retrouverait, et sa vengeance serait bien pire. Gina avait essayé de me prouver le contraire en me disant que, derrière des barreaux, il ne pourrait plus me faire de mal. J'étais trop terrorisée pour la croire. J'avais entendu parler de la liberté sous caution qui laissait les criminels profiter tranquillement de ce que la police considérait comme une condamnation. Je refusais catégoriquement de donner son nom.

— Je crois qu'on a essayé de m'arracher mon sac, improvisai-je avant qu'ils aient le temps de me poser une question.

— Et puis il t'a poignardée ?

— C'est ce qui a dû se passer, répondis-je.

— Alors, remettons les choses à plat, Jackie, reprit le plus âgé des deux. Tu marchais dans la rue, et quelqu'un que tu ne connaissais pas t'a poignardée – quelqu'un que tu n'as pas vu et à qui tu n'as pas parlé ?

— Eh ben..., il était derrière moi, je ne pouvais pas le voir..., dis-je en pensant qu'ils se satisferaient de cette version et qu'ils partiraient.

— Hmm..., fit-il. Le passant qui a appelé l'ambulance dit t'avoir vue parler avec un jeune Noir juste avant de t'écrouler. Alors, c'était qui, ce type ?

— Je ne me souviens pas. Peut-être quelqu'un qui cherchait son chemin.

Je voyais bien qu'ils ne se laisseraient pas duper. Ils tentèrent de me rassurer en me disant que, si je leur donnais son nom, ils le retrouveraient. Il était coupable d'une tentative de meurtre, il y avait un témoin et, s'il se faisait arrêter, il irait en prison et je serais en sécurité.

Mais je ne les croyais pas. J'étais certaine qu'Eddie me retrouverait avant de se faire prendre. La prochaine fois, il ne raterait pas son coup. Alors, je soutins ne pas me souvenir de la personne qui m'avait parlé.

Ils finirent par partir, mais le plus âgé me donna sa carte.

— Si jamais tu décides de te souvenir d'autre chose, appelle-nous, OK ? Ou...

Il me lança un regard songeur.

— ... s'il s'avère que c'était quelqu'un que tu connaissais, quelqu'un dont tu as peur, tiens-moi au courant aussi, d'accord ?

Je craignais deux choses, désormais : que Gina me demande de quitter l'appartement et qu'Eddie découvre que j'étais en vie. Il était clair qu'il n'avait pas simplement voulu me blesser en guise d'avertissement.

Mais Gina m'assura qu'il ne connaissait ni son nom ni son adresse. Au café-concert, on ne connaissait que son prénom ; il ne pouvait donc pas remonter jusqu'à elle et, de toute façon, il craignait forcément la police. Elle était convaincue qu'il me laisserait tranquille, mais je mis des semaines à me rassurer. J'acceptai l'argent de mon père. J'avais trop peur pour dégoter un boulot de serveuse, ce que je pensais être le seul travail qu'on me proposerait. On pourrait me voir, et il reviendrait.

C'est Gina qui vit l'article dans le journal.

Eddie avait été arrêté – plus encore, il avait été jugé. On avait trouvé dans son appartement une grande quantité d'héroïne, ainsi qu'un coffre-fort rempli d'argent avec des traces de drogue sur la plupart des billets. Il faisait également partie d'un groupe impliqué dans la pornographie et la prostitution. Il fut condamné à dix ans d'emprisonnement. Il ne sèmerait plus la terreur dans les rues. Je me demandai si les filles dont il avait détruit les vies fêteraient leur liberté ou si, ne pensant qu'à leur prochain shoot, elles iraient chercher un nouveau fournisseur de drogue. Malheureusement, il était probable que ce soit cette dernière éventualité.

J'étais déterminée à laisser mon passé derrière moi et à aller de l'avant. Pour la première fois depuis presque deux ans, je me sentais en sécurité.

54

Je savais qu'Anna était amoureuse de Gina, mais je savais également qu'elle ne tenterait jamais rien. Je me demandais quoi faire de mes sentiments. Plus les jours passaient, plus il était difficile de me sortir Gina de la tête. Je ne cessais de la regarder et je trouvais n'importe quelle excuse pour me retrouver seule avec elle.

Si ma persistance à essayer d'attirer son attention l'agaçait, elle ne le montra jamais. C'était toujours la personne prévenante qui m'avait sauvée. En proie à mon premier gros béguin, je voyais les choses autrement. Je demandais à Anna où allait Gina quand elle quittait l'appartement. Tout ce que disait Gina, lorsqu'elle sortait ou ne rentrait pas directement après le travail, était qu'elle voyait un ami. L'imaginer quelque part sans moi, rencontrer des gens que je ne connaissais pas commença à me consumer de jalousie. Ce furent mes questions régulières au sujet de Gina qui mirent la puce à l'oreille d'Anna.

— Jackie, me dit-elle un soir alors que nous étions seules. Gina n'est pas…

J'attendis qu'elle poursuive. Après ce qui sembla un long silence, elle ajouta :

— … pas gay, tu comprends ?

Elle me gratifia d'un regard bienveillant mais pénétrant.

Une vague de chaleur envahit mes joues. Puis une montée de colère me submergea.

— Qu'est-ce que tu veux dire ? rétorquai-je.

Je n'avais tout de même pas laissé transparaître mes sentiments à ce point ?

— Jackie, je suis peut-être myope, mais je ne suis pas aveugle, répondit Anna. Elle t'aime vraiment beaucoup. Mais pas de cette façon.

Je songeai à mon amitié avec Gina, à la façon dont elle m'avait prise dans ses bras lorsque j'étais sortie de cure et comment elle m'avait encouragée à quitter Eddie. Si je ne l'intéressais pas, alors pourquoi avait-elle fait tout ça ?

Anna tentait seulement de me décourager pour ne pas perdre toutes ses chances, ne cessais-je de me dire. Mais cette illusion prit fin lorsque Gina nous annonça qu'elle avait un nouveau petit ami et qu'elle voulait nous le présenter. J'étais désespérée, mais au moins elle ne connaissait pas mes sentiments. Je remerciais le ciel de ne lui en avoir rien dit.

C'est comme ça que j'ai rencontré mon mari, Kevin, un homme que je n'aimais pas et qui était tout sauf gentil. C'était un ami de Rob, le petit copain de Gina. Immédiatement, je me suis dit qu'il pourrait me servir de couverture. J'utilisais désormais le mot « petit copain » sans arrêt, ignorant l'inquiétude sur le visage d'Anna. Elle n'était pas dupe lorsqu'elle me voyait arranger des dîners à quatre. Ainsi, même si c'était difficile, je pouvais quand même passer du temps avec Gina.

Je réussissais à m'arracher un sourire lorsque les bras de Rob se glissaient autour de ses épaules. Avant que Kevin et moi ne couchions ensemble, je feignais l'enthousiasme quand ils me déposaient à l'appartement, sachant que Gina allait passer la nuit avec Rob. Imaginant que n'importe quel ami de Rob serait aussi gentil que lui, Gina était ravie que j'aie un petit copain après ce que j'avais enduré.

Tout aurait bien pu se passer – Kevin et moi aurions fini par nous séparer et peut-être aurais-je réussi à trouver quelqu'un avec qui j'aurais pu avoir ce que j'avais voulu avec Gina –, sauf que je découvris que j'étais enceinte.

Comment avais-je pu être aussi bête ? Moi qui avais couché avec tant d'hommes !

La différence devait sûrement résider dans le fait que je n'avais pas exactement couché avec eux. On utilisait des préservatifs et, dès qu'on avait terminé, l'un de nous deux partait. On ne se levait pas en pleine nuit pour recommencer et on ne connaissait pas de réveil torride.

Mais un autre élément était entré dans ma vie : j'avais revu Dave.

— Je vous ai dit que je l'avais revu une seule fois ? demandai-je à ma thérapeute.

Elle hocha la tête et attendit la suite.

— C'était quatre mois avant mon mariage. Et, quelque part, il fait partie de la raison pour laquelle je me suis mariée.

55

Dave m'avait écrit chez mes parents. Mon père m'avait fait suivre la lettre. Il disait qu'il était toujours à Londres, qu'il n'avait jamais quitté la capitale, qu'il avait seulement changé de coin. Il s'excusait de m'avoir laissée tomber et espérait que j'étais heureuse et que je m'en étais sortie. Il expliquait également pourquoi il avait décidé de m'écrire.

Il était malade, très malade, et il me confia ce qui n'allait pas. « Je comprendrai si tu ne veux pas me revoir. »

J'y suis allée.

Son petit appartement se trouvait dans le même type de quartier auquel il avait essayé d'échapper dès qu'il avait eu l'âge. Après avoir appuyé sur la sonnette, j'entendis des bruits de pas traînants. Lorsqu'une voix faible demanda qui c'était, je lui dis que c'était moi, Jackie, et le priai de me laisser entrer. Il tira les verrous qui le séparaient du monde extérieur et, pour la première fois depuis presque deux ans, je fus de nouveau face à Dave.

Il était là devant moi, un jeune homme maigrelet voûté comme un vieillard, tremblant. Il m'avait révélé dans sa lettre être atteint du sida. Ce qu'il prenait n'avait plus aucun effet.

J'appelai l'hôpital et donnai son nom avant que l'on m'intime de l'emmener d'urgence. J'avais conscience qu'il était en train de mourir. Je savais également qu'il avait espéré que je vienne et qu'il s'était accroché à cet espoir le plus longtemps possible. Un taxi nous déposa à l'hôpital. Une fois là-bas, je me rendis dans le service où tellement de jeunes hommes avaient passé leurs derniers instants. Les médecins m'annoncèrent que ce n'était qu'une question de jours, mais je le savais déjà. J'attendis dans la salle de visite qu'ils l'installent. Un garçon essaya de me consoler. Il ne devait pas avoir plus de dix-huit ans.

— Je fais mon testament, déclara-t-il. Je donne les détails pour mon enterrement. J'ai choisi la musique : j'aimerais bien qu'ils jouent *Burn Baby Burn*[1] lorsque le cercueil passera derrière le rideau. T'en penses quoi ?

J'observai son visage maigre, son corps décharné, et aperçus les marques violettes sous sa veste de pyjama. J'eus envie de pleurer, de lui demander où était sa mère et qui s'occupait de lui. Mais je plongeai plutôt les yeux dans un regard plein de malice et le gratifiai de ce que j'espérais être mon plus beau sourire.

— Ça me paraît très bien, répondis-je. Ça va faire jaser, pour sûr.

C'est ce garçon de dix-huit ans qui savait qu'il ne lui restait que quelques jours à vivre qui me consola tout le temps que je passai à l'hôpital. Lorsqu'il me voyait assise dans la salle, en train de fumer une cigarette, un gobelet de café infect à la main, il me rejoignait d'un pas chancelant.

Dave mit quatre jours à mourir. Quatre jours où je lui mentis sur ma vie à Londres ; quatre jours où j'écoutai sa respiration rauque et grinçante ; quatre jours jusqu'à ce que nous accueillions ensemble sa mort.

1. « Brûle, bébé, brûle. » Chanson du duo Hudson Ford parue en 1974. (NDT)

Son visage avait jauni, ses yeux étaient éteints, et pas une seule heure ne passait sans qu'il ne souffre.

— Vous ne pouvez pas lui donner quelque chose ? demandai-je avant de finir par supplier.

— Non, me répondait-on.

Des antidouleurs affecteraient sa respiration déjà difficile.

Ils le déplacèrent dans un service plus petit et fixèrent un masque à oxygène sur son visage.

— Il a le droit de vivre aussi longtemps qu'il le peut, décréta une infirmière.

— Il a le droit de mourir en paix, pleurai-je.

Mais ce ne fut pas le cas.

Le quatrième jour, il cessa de respirer, mais ils le réanimèrent.

Ils m'annoncèrent qu'ils allaient le mettre dans un poumon d'acier.

L'infirmière m'expliqua que, pour cela, il fallait lui faire une injection.

— Ensuite, il dormira, ajouta-t-elle.

Les yeux de Dave réclamaient cette injection, réclamaient de se débarrasser de cette douleur, car il savait ce que je n'avais pas encore compris : qu'il ne se réveillerait pas.

C'est l'infirmière qui m'annonça avec tact qu'il était possible qu'il ne reprenne pas connaissance. Si je voulais lui dire quoi que ce soit, il fallait le faire avant l'injection.

Je lui tins la main et lui dis que je l'aimais.

— Je t'aime aussi, Jackie, souffla-t-il, et ce furent ses derniers mots.

On ne le mit pas dans le poumon d'acier. Son cœur lâcha avant. J'écartai les rideaux et laissai la place à l'équipe de réanimation.

L'agitation fut suivie par la voix froide du médecin annonçant l'heure exacte de la mort.

Un peu plus tard, ils m'emmenèrent dans une pièce privée, où il reposait. Il avait l'air de nouveau jeune. Je lui embrassai la joue ; sa peau glaça mes lèvres.

Il avait vingt-deux ans.

Ce soir-là, j'ai couché avec Kevin, ce que j'avais refusé de faire jusqu'ici. J'avais besoin de chaleur, de réconfort, mais cette première fois suffit à me faire comprendre qu'il ne m'offrirait jamais ni l'un ni l'autre.

Anna est la seule personne à qui j'ai confié ce qui s'était passé. Je n'avais pas envie de partager Dave davantage. Je restais muette et gardais mon chagrin enfoui en moi. C'est sûrement à cause de ça que je n'ai pas fait attention.

Pour ajouter à mon malheur, Gina annonça que Rob et elle allaient se marier et quitter Londres.

Trois mois plus tard, Kevin me surprit en train de vomir dans sa salle de bains.

— Attends, t'es pas enceinte, putain ?! lança-t-il sur un ton qui montrait que ce n'était pas une bonne nouvelle à ses yeux.

Je lui jetai un regard piteux.

— C'est possible, murmurai-je.

La colère empourpra son visage, comme s'il n'y avait qu'un responsable, et que ce responsable, ce n'était sûrement pas lui.

Je lui dis alors que j'allais rentrer chez moi. Mes parents m'accueilleraient. Il ne pouvait pas me forcer à avorter.

— Et où vivent tes parents, hein ? lâcha-t-il avec mépris. Dans une HLM sordide de la banlieue nord ?

Une montée de fierté me poussa à lui faire face et je lui révélai que mon père avait de l'argent. Mais pourquoi ai-je fait cela ? D'un coup, Kevin ne me voyait plus comme une charge mais comme un éventuel atout financier. Il ne parla pas tout de suite de mariage, mais il se contenta de poser suffisamment de questions pour commencer à croire que je disais la vérité. Puis il fit des recherches sur mes parents.

Je découvris plus tard qu'il était allé à la Chambre de commerce pour voir combien valait l'entreprise de mon père.

Mais il ne me l'avoua pas – pas plus qu'il n'était au courant de ce que j'avais fait pour Eddie et que j'avais été accro aux drogues dures. Ce ne furent ni l'amour ni la décence qui le poussèrent à me faire sa demande.

Je savais qu'il ne m'aimait pas – il ne me l'a jamais fait croire –, mais je voulais garder ce bébé. Je pense qu'après avoir vu ce qui était arrivé à Dave et le fait d'avoir à gérer mes sentiments pour Gina, je voulais également être étiquetée comme « normale ».

Alors, j'acceptai.

J'avais dix-sept ans.

Anna tenta de m'en dissuader.

— Tu ne l'aimes pas, Jackie.

Elle m'annonça qu'elle garderait l'appartement après le mariage de Gina, que je pouvais rester avec elle, qu'elle s'occuperait de moi et m'aiderait à élever le bébé. Elle ne cessait de répéter que j'avais d'autres options.

Puis elle m'a embrassée.

Mais ce n'était pas la personne que je désirais – celle dont j'allais assister au mariage.

Je me suis dégagée. Elle croyait peut-être que sa gentillesse, ses attentions allaient suffire à me faire la désirer.

Mais ce n'était pas le cas.

Je lui dis qu'elle se donnait du mal pour rien. J'allais me marier. Je vis à quel point elle fut peinée lorsqu'elle prit conscience de la solitude qui serait la sienne sans Gina ou moi.

J'ai également beaucoup de mal à parler d'elle. Son nom me rappelle non seulement la perte, mais aussi la culpabilité, car je n'ai pas été très diplomate dans mon refus de vivre avec elle.

J'ai repoussé son amitié sans même prendre en compte ce qu'elle pouvait ressentir. C'était une personne trop bonne pour ne pas prendre soin de moi. Je n'aurais jamais eu à coucher avec elle en échange.

Je savais même très bien que l'idée d'avoir un bébé dans la maison, un petit être qu'elle aurait pu inonder d'amour, et qui l'aimerait en retour, était ce qu'elle désirait.

Mais je lui ai tourné le dos et j'ai choisi un homme bien plus intéressé par l'argent de mon père que par ma personne.

56

J'ai appelé mes parents et m'en suis remise à leur bon vouloir. Le fait que l'homme dont j'étais enceinte voulait m'épouser avait rasséréné ma mère. Il fut conclu que je resterais chez eux jusqu'au mariage. Un mois après mon retour à la maison, j'étais mariée. J'étais enceinte de quatre mois.

Mes parents financèrent le mariage et nous donnèrent, à moi et mon nouveau mari, un gros chèque qui servirait de versement initial pour l'achat de notre maison.

Mon père n'aimait pas Kevin. J'imagine qu'il avait pressenti que notre union ne serait pas idyllique.

— Jackie, me dit-il une semaine avant le mariage. Tu n'es pas obligée de l'épouser, tu sais. Nous pouvons t'aider à élever le bébé.

Mais dans ma tête, je me sentais obligée. Je savais que ma mère ne voulait pas de moi à la maison et je n'avais aucune envie que mon bébé grandisse dans son foyer froid et aseptisé, comme moi.

Peu de temps après le mariage, qui ne fut pas une grande célébration en blanc qu'aurait pu un jour souhaiter ma mère, mais une petite cérémonie à la mairie avec une poignée d'amis, nous avons déménagé dans notre maison, dans la banlieue de Londres. Cinq mois plus tard, je donnais naissance à un joli petit garçon de trois kilos six. Je l'ai aimé aussitôt.

Mon mariage fut une tout autre histoire, sur laquelle je ne souhaite pas m'attarder très longtemps. Kevin était un homme grossier qui exprimait sa rancœur de m'avoir épousée avec des mots blessants et ses poings.

J'avais réussi à rester loin des drogues depuis ma cure. Mais quand mon fils commença à marcher à quatre pattes, je fis une rechute. Mon mari – grâce à qui je passais pour quelqu'un de respectable – aurait été horrifié si je l'avais accusé d'être un drogué. La cocaïne n'était pas une drogue, disait-il lorsque lui et ses amis l'inhalaient. Il y croyait peut-être vraiment, mais certains dealers que je connaissais avaient moins de scrupules. D'abord, je rachetai du Mandrax, mais ce que je voulais vraiment, c'était retrouver cet état qui m'enveloppait de coton et qui rendait le monde plus beau. Cela ferait disparaître la douleur physique lorsque mon mari me frappait, et la douleur psychique lorsqu'il me traitait de traînée et de toxico. Déterminée, je finis par en dénicher.

Après la naissance de mon fils, mon mari n'avait pas caché plus longtemps ce qu'il pensait vraiment de moi.

— Je savais ce que tu étais quand je t'ai rencontrée, railla-t-il. Tout le monde savait que tu étais une des filles d'Eddie, que tu étais une paumée. Ton père aussi ; c'est pour ça qu'il n'a pas craché suffisamment d'argent pour qu'on vive dans un endroit correct. Tu n'en vaux pas la peine, pour lui.

C'est là que je compris pourquoi il m'avait épousée : la maison était à son nom. Il avait fait le versement minimum ; le reste du chèque était bien au chaud sur son compte.

Pourquoi alors n'ai-je pas fait ce que j'aurais fait quand j'étais plus jeune : partir ? J'aurais pu admettre que mon mariage était une erreur, et mon père m'aurait aidée financièrement.

Je crois que je n'avais tout simplement plus envie de me battre.

Ce n'est qu'à la naissance de ma fille que cette envie réapparut. Il n'avait pas voulu d'un deuxième enfant, mais il aurait dû y réfléchir avant d'abuser de moi lorsqu'il était saoul.

— Elle finira comme toi, dit-il. Une petite traînée bonne à rien.

Il répétait des choses similaires à ma fille lorsqu'elle dormait.

— Tu seras une traînée et une toxico, tout comme ta putain de mère.

Elle avait six semaines.

Je fis mes valises et lui annonçai qu'il pouvait garder la maison.

Je partis un peu plus dans le Nord, là où les loyers étaient moins chers. Il y avait une maison avec un jardin que j'avais très envie de louer. Il fallait désormais que je trouve un moyen de subvenir à nos besoins, à tous les trois. Je savais en tout cas que je ne voulais ni des allocations ni de l'argent de mon père qui me ferait culpabiliser.

Je décidai alors de faire escorte. Ça payait bien, et les impôts n'en prélevaient pas une grosse partie. Sans compter que c'était la seule chose pour laquelle j'étais douée.

— Très bien, Jackie, dit ma thérapeute. Arrêtons ici. J'aimerais que vous réfléchissiez un instant. En quoi ce que vous faisait faire Eddie était si différent de ce que vous aviez décidé de faire ? Pas seulement à ce moment-là, mais aussi quand vous étiez plus jeune.

— Lorsque j'avais douze ans, répondis-je, j'appréciais de pouvoir m'acheter ce que je voulais. Et lorsque je me suis fait ces amis, de pouvoir payer ma propre drogue et de quoi boire. Mais ce n'était pas qu'une histoire d'argent. C'était plus une question de contrôle. La première fois que j'ai couché avec l'ami de mon père, j'ai eu l'impression que c'était moi qui le contrôlais. C'était donc, quelque part, une histoire de pouvoir. Dans sa voiture, lorsque j'ai vu cet air, sur son visage, j'ai su qu'il avait envie de moi. Ses mains tremblaient presque sur le volant. Il avait du mal à soutenir mon regard, et j'ai eu cette sensation de pouvoir. J'avais été contrôlée trop longtemps ; j'avais l'impression que c'était désormais mon tour. À vingt ans, je pensais pareil. Et, ajoutai-je, je vais vous dire quelque chose : beaucoup d'hommes aiment être dominés. Ils aiment avoir mal et être humiliés. J'ai trouvé ces hommes.

— Vous voulez dire que vous êtes devenue une dominatrice ?

— Oui, c'est exactement ça.

57

Pour moi, mon avenir était assuré. J'avais seulement la vingtaine et je gagnais plus d'argent que je n'en aurais jamais rêvé.

Je pus envoyer mon fils dans une école privée et embaucher une fille au pair pour s'occuper des enfants lorsque je n'étais pas là.

J'avais de nouveau une jolie garde-robe, sauf que, cette fois, je l'avais obtenue grâce à mon argent. J'avais également un compte en banque bien fourni.

Je prévoyais d'acheter deux maisons : une pour y habiter, l'autre pour la louer. Je pourrais prendre ma retraite dans quelques années, j'aurais de quoi vivre. Je pourrais éventuellement faire l'acquisition d'un petit bar à vins histoire de m'occuper.

Mais ce que j'étais déterminée à ne pas faire était de retomber amoureuse. J'avais eu des aventures agréables avec des femmes, mais rien de sérieux. Les hommes, c'était seulement pour les affaires.

— Qu'est-ce qui a changé ? demanda ma thérapeute.

— J'ai rencontré Helena – croyez-le ou non, dans un café-concert, à Manchester par contre, pas à Londres. Ça pourrait faire cliché de dire que nos regards se sont croisés dans un bar bondé, mais c'est exactement ce qui s'est passé.

Elle hocha la tête, et je lui racontai la dernière partie de mon histoire.

J'aperçus une fille mince, vêtue d'un jean tout simple et d'un pull assez ample. Ses cheveux étaient raides et luisants, sa peau, lisse, et ses yeux, marron.

Pas ce marron sombre qui rend les expressions si difficiles à déceler, mais d'une teinte claire de caramel crémeux. Lorsque je vis que ces yeux chaleureux me souriaient, je pris mon verre et allai à sa rencontre.

Ce soir-là, nous n'avons pas cessé de discuter, comme si nous nous connaissions depuis toujours. Plus rien ne comptait à part elle. Il fallait qu'on se revoie. Je pris son numéro de téléphone et l'appelai tôt le lendemain matin.

— J'ai envie de te voir, lui dis-je.

Nous nous sommes retrouvées dans un petit bar à vins charmant où elle m'apprit qu'elle avait été à l'Université de Leeds et travaillait désormais pour les services sociaux.

Elle me demanda ce que je faisais dans la vie – sujet que j'avais plus ou moins éludé le soir précédent. Je lui racontai que je cherchais du travail, ce qui, même si c'était en partie la vérité, ne donnait pas vraiment d'idée sur ma vraie profession.

Je savais déjà que je ne voudrais jamais la quitter.

Je lui ai révélé la vérité avant que nous couchions ensemble pour la première fois. J'avais le sentiment qu'il le fallait, que je le lui devais. Puis, sans le voir venir, je lui ai raconté tout le reste. Nous avons parlé – enfin, j'ai parlé et elle m'a écoutée – jusqu'au petit matin.

Alors que j'étais vidée de toute émotion, elle me prit la main et m'entraîna dans la chambre.

C'est là que je découvris pour la première fois de ma vie la différence entre faire l'amour et coucher avec quelqu'un. C'était bien plus que deux corps entrelacés c'était la communion des doigts, des orteils, des bouches et des visages, c'était vouloir fusionner avec elle, qu'elle me serre et ne me relâche jamais.

C'était s'enivrer de son odeur, de sa douceur et du son de sa voix.

Lorsque nous étions ensemble, je sentais sa peau contre la mienne, même si nous ne nous touchions pas. Chaque fois que je la voyais, une telle joie me submergeait que j'en avais le souffle court.

— Jackie, me dit-elle au bout de quelque temps. Où penses-tu que notre relation nous mène ?

Ce n'était pas une question facile. Tout ce que je savais, c'était que je voulais être avec elle, et c'est ce que je lui répondis.

Elle m'annonça alors qu'elle ne supportait pas que je sois escorte.

— Je sais que ce n'est pas à moi de te dire comment mener ta vie, mais c'est ce que je ressens.

Elle m'expliqua qu'elle comprenait pourquoi je me pensais capable de ne rien faire d'autre, mais elle insista sur le fait que c'était faux.

Elle me demanda si je me droguais de nouveau ; j'avouai que oui. Elle posa alors une nouvelle condition : je devais être clean.

Ce soir-là, je m'assis et réfléchis aux différentes options qui s'offraient à moi. Je pouvais être une escorte, gagner plein d'argent et prendre les drogues que je voulais.

Mon autre choix était de vivre une relation qui m'épanouissait, ne pas avoir beaucoup d'argent et repartir en cure de désintoxication.

Je choisis la seconde option.

La cure ne fut pas plus facile que la première. La seule différence, c'est que je savais à quoi m'attendre – et j'avais Helena pour me soutenir.

Ensuite, je savais qu'avec mon éducation en dents de scie, si je voulais faire autre chose que de me tenir derrière un bar (en espérant être assez bonne en calcul pour préparer une note) ou être serveuse, il fallait que je trouve une solution.

— Les cours du soir. Beaucoup d'adultes en suivent, m'assura Helena.

Alors, je dis adieu à mes jupes en cuir, mes bas, mes porte-jarretelles, mes Wonderbra et mes décolletés. J'enfilai un jean, un sweat et partis prendre des cours d'alphabétisation pour adultes.

Un an plus tard, nous avons emménagé ensemble. J'achetai la maison que j'avais vue. Je ne pouvais pas la payer comptant, mais j'avais suffisamment d'économies pour faire un bon versement initial. Mon divorce d'avec Kevin se passa sans heurt. Je lui laissai ma part de la vente de la maison ; il ne contesta donc rien.

Quelque temps plus tard, Helena et moi, désirant plus que simplement vivre ensemble, avons décidé de nous marier. D'abord, j'appris la nouvelle à mes parents. Je m'étais attendue à des cris outrés de la part de ma mère – après tout, elle était d'une autre génération –, mais ça ne se passa pas du tout ainsi. Elle me dit qu'elle était heureuse pour moi, que deux petits-enfants lui suffisaient et que, de toute façon, elle n'avait jamais aimé Kevin. Même son nom était commun. Eh oui, certaines choses ne changent jamais.

Cela dit, je devais admettre qu'« Helena » était tout de même plus classe. Ma mère accepta même de garder ma fille pendant notre lune de miel, et mon fils partit chez des amis.

Mon père sembla surpris à cette annonce, mais il le prit avec calme. Il conclut qu'il avait deux filles, désormais, et ce fut son seul commentaire. Il fallut ensuite l'apprendre aux enfants. Je les fis s'asseoir et, nerveuse, le leur expliquai. Mon fils lança : « Cool, maman », et ma fille : « Génial ! »

La seule ombre au tableau, c'était que, sans les drogues, la fillette de cinq ans revenait de temps en temps. Helena m'assurait que ce n'était pas grave, que ça ne la gênait pas, mais, après le mariage, j'ai décidé de demander de l'aide à un professionnel.

Ma thérapeute sourit.

— Parlez-moi du mariage, Jackie.

C'était un jour parfait, le plus beau jour de ma vie.

Helena était superbe avec sa chevelure brillante et ses grands yeux marron étincelants. Elle portait un haut à bretelles blanc, un pantalon noir et des bottes à talons hauts qui me rappelaient celles que j'avais déjà possédées.

Nous avions tout planifié ensemble : l'hôtel pour la réception, le menu et les arrangements floraux.

Ne voulant pas de la musique ringarde qu'on entend dans la plupart des mariages, nous avions choisi nous-mêmes nos CD. Les gens ont été accueillis par la version calme d'*Everytime We Touch* de Cascada.

Nous deux avons été accompagnées par *I Don't Wanna Miss a Thing* d'Aerosmith. En signant le registre, on a joué *Thank You for Loving Me* de Bon Jovi. Et enfin, nous sommes sorties sous les notes de *Truly Madly Deeply*, de Savage Garden.

Puis nous sommes parties dans un grand hôtel, à Manchester, où un buffet avait été préparé pour tout le monde. Plus tard dans la soirée, on coupa le gâteau au chocolat à trois étages.

Nous avions fait venir un DJ à qui nous avions demandé de ne rien jouer de trop « différent ».

— J'ai envie que mes parents s'amusent aussi ; donc, contente-toi des morceaux habituels, lui dis-je.

Eh oui, mes parents étaient là. Mon fils et ma fille également.

Le champagne coula à flots, les visages étaient réjouis, mes parents papotèrent avec ceux d'Helena, et nous avons dansé jusque très tard.

Une fois le dernier invité parti, Helena et moi avons fini la nuit dans la suite présidentielle et, le lendemain matin, nous nous sommes envolées vers Toronto pour notre lune de miel. C'est une ville magnifique. Nous avons loué des vélos et sommes parties en explorer le plus possible. Nous avons passé une journée à nous balader dans le Casa Loma[1], nous avons mangé en haut de la tour CN et pris le bateau jusqu'aux chutes du Niagara. Puis nous sommes rentrées à la maison.

C'était la fin de mon histoire, et le début d'une autre que je commençais tout juste. Une histoire qui sera heureuse. La seule chose que j'avais à gérer était les visites de « moi » plus jeune.

— Pourquoi ? lançai-je à ma thérapeute. Pourquoi maintenant, alors que je suis heureuse ? Qu'est-ce qu'elle veut ? C'est ce que j'aimerais lui demander.

— Je pense qu'elle cherche à savoir si vous lui en voulez encore, répondit ma thérapeute. Lorsqu'elle sera rassurée, il y a de fortes chances qu'elle disparaisse.

1. Château construit au début du XXe siècle par Henry Pellatt, riche et excentrique homme d'affaires. (NDT)

Jackie, m'interrogea-t-elle alors, que ressentez-vous vis-à-vis d'elle, aujourd'hui ?

— De la tristesse lorsque je repense à la petite fille que j'ai été et à ce que ces hommes lui ont fait. Elle n'avait pas le choix, n'est-ce pas ?

— Non, répondit ma thérapeute. En effet, mais vous, en tant qu'adulte, vous l'avez.

Après quelques séances, ma thérapeute avait parlé à Helena. Elle lui avait dit comment gérer l'apparition de la fillette de cinq ans. Le plus important était que celle-ci se sente en sécurité.

Nous avons acheté des peluches qu'Helena lui donnait lorsqu'elle venait. Au début, il fallait parfois appeler une ambulance – c'était quand la fillette était furieuse et terrorisée. Mais, peu à peu, elle sembla rassurée. Helena m'apprit qu'elle était plutôt mignonne et voulait seulement jouer.

Elle apparaît de moins en moins.

— Est-ce qu'un jour, j'irai complètement bien ? demandai-je à ma thérapeute lorsque mes séances arrivaient à leur fin.

— Qu'en pensez-vous, Jackie ?

— Je n'en suis pas certaine, répondis-je.

58

Durant la période où je la voyais, ma thérapeute m'avait suggéré d'essayer de me débarrasser de ma peine et de ma colère en écrivant aux gens qui m'avaient fait du mal. Ces lettres ne furent jamais envoyées : je n'avais aucune adresse pour la plupart.

J'écrivis à mes parents en leur disant ce que je pensais de leur négligence, du fait qu'ils n'avaient jamais remarqué que, toute petite, j'avais été traumatisée par quelque chose. Je n'ai parlé à ma mère qu'à travers ces lettres. Je mentionnai son égoïsme, son manque d'affection et la façon dont elle a toujours fait passer sa vie sociale avant moi. J'écrivis la colère que je ressentais et qu'en tant que mère, elle m'avait laissée tomber. Je révélai à mon père que j'étais consciente qu'il avait fait de son mieux.

Il avait essayé de changer les choses grâce à ces vacances en Espagne, même s'il n'avait pas réussi à m'aimer correctement. Ces lettres couvraient les causes profondes de ce que j'avais ressenti, de toute petite à l'âge adulte. Il y en avait toute une pile.

J'écrivis également à d'autres personnes que j'avais croisées sur la route de la déchéance, mais la plus grosse pile était destinée à mon oncle.

J'écrivis à quel point il avait détruit ma vie. Que c'était un pervers de la pire espèce. Je n'y allai pas de main morte. Mais c'est ma dernière lettre lui étant adressée que j'ai apportée à ma thérapeute. Même si mes séances avaient pris fin, je voulais qu'elle la voie. Je l'avais écrite après l'attaque de mon oncle.

T'es-tu demandé pourquoi les médecins t'ont donné tant de drogues pour te faire dormir ? T'es-tu également demandé pourquoi les infirmières te regardaient froidement ? Je suis sûre que oui, tu le savais peut-être même avant que je vienne te voir. Je te l'ai dit, n'est-ce pas ? Je t'ai dit ce que j'avais fait : j'avais décidé que tu ne rentrerais jamais chez toi. Je suis allée voir le médecin, celui qui dirige l'hôpital, et je lui ai dit que j'étais inquiète qu'ils t'aient placé si près du service pour enfants. Oh ! je sais bien que tu ne pouvais plus marcher, mais tu aurais pu apprendre à nouveau, n'est-ce pas ?
Étais-tu un danger ? Nous connaissons tous les deux la réponse : pas pour les enfants de ce service. Mais tu étais un danger pour moi et pour ma tranquillité d'esprit. Car chaque jour où tu vis est un jour de plus où le passé me hante. Lorsque je suis partie de Londres, tu étais à toutes les fêtes de famille, sur toutes les photos qu'on faisait passer, tu étais un nom sur les lèvres des gens. Et je voulais que tu disparaisses. Cette attaque. Si seulement on ne t'avait pas découvert si tôt, tu aurais pu ne pas t'en sortir. Mais ce n'est pas ce qui s'est passé, et on s'est pressé de t'emmener à l'hôpital.
Mais te souviens-tu de ma visite ? Je ne suis venue qu'une fois. Souviens-toi de ce que je t'ai glissé à l'oreille : qu'ils t'enverraient dans un autre hôpital, un hôpital où on place les vieux pervers.
Tu m'as crue. Tu m'as jeté un regard suppliant, car tu ne pouvais plus parler. Ta main a agrippé la

couverture, et ses faibles mouvements m'ont indiqué que tu voulais la tendre vers moi, mais tu n'en avais pas la force. Un petit filet de bave coulait sur ton menton. C'était écœurant ! J'avais envie de vomir. Alors, je suis partie. Je n'avais plus rien à dire.

Ce soir-là, le téléphone a sonné. C'était ma mère qui pleurait : tu étais son grand frère…

Je l'ai accompagnée pour te voir une dernière fois. Tu étais tout contusionné, tu sais. Ces médecins avaient fait leur possible pour te ramener à la vie. Ils avaient fait passer des décharges électriques dans ton corps pour tenter de relancer ton cœur mauvais. Mais tu n'avais pas envie de revenir, n'est-ce pas ?

Je m'en étais assurée.

Je suis allée au crématorium et j'ai regardé ton cercueil passer derrière le rideau. Je t'ai dit adieu en imaginant les flammes consumer ton corps. Ensuite, je suis allée boire un coup. J'ai levé mon verre en même temps que les autres. « À sa mémoire », ont-ils dit.

Oh ! oui, mon oncle, je me souviendrai toujours de toi.

— Est-ce vraiment ce que vous avez fait, Jackie ? demanda-t-elle.

Je compris qu'elle voulait savoir si c'était une image superposée à une autre, différente, ou si c'était la vérité.

— Qu'en pensez-vous ? répondis-je.

Nous nous sommes fait un sourire entendu.

Puis je partis rejoindre Helena et mes deux enfants, qui m'attendaient.

Achevé d'imprimer
à Noyelles sous Lens
pour le compte de France Loisirs,
123, bd de Grenelle
75015 PARIS

Imprimé en France
Dépôt légal : novembre 2012
N° d'édition : 72159